柴田書店

田中博敏

野菜かいせき

先付から甘味まで野菜料理590品

はじめに

本書では、食材に固形の魚肉類は一切使用せずに、野菜のみを使った料理を紹介いたしました。

ますます欧米化している日本の食生活のなかで、ヘルシーな野菜中心の料理を積極的に取り入れることは、家庭だけでなく外食業にとっても、これらの時代にあった選択かと思います。

料理の味つけに関しては、仕込みから提供までは、各営業店の状況（煮炊きしてすぐ提供するのか、午前中仕込みをして夜提供するのか、あるいは前日に仕込みをして翌日提供するのか、状況の違いで本書の料理解説を調整してください）、また厨房設備や仕込みの量によって適宜調整していただきたいと思います。

また「かいせき」コースで提供する場合は、すべてを薄味に仕上げると、たとえその一品がおいしくても、全体として食後印象の残らない料理になりかねないので、サラダ油で揚げてコクを出したり、自然の味を生かしてほどよくアク抜きをしたり、料理の組合せにより味つけに変化をつけたりする必要があるかと思います。

どうぞ日々努力、研究を重ねながら、お客様に満足いただける料理を提供されるよう願っております。そして本書がみなさまの毎日の仕事の参考になれば幸いです。

なお、本書を出版するにあたり、カメラマンの髙橋栄一氏、柴田書店の佐藤順子さんには、一年を通して大変お世話になりました。また数多くの器を提供してくださった、うつわ屋文尚様、飯能窯様、出版に多大なる理解と協力をいただいた株式会社黒茶屋と井中居のスタッフに、深く感謝をいたします。

二〇〇八年七月

田中博敏

野菜かいせき●目次

[椀]

撮影●髙橋栄一
装幀レイアウト●阿部泰治［ペンシルハウス］
編集●佐藤順子

凡例

●第二章野菜料理一品集では、かいせきコースの料理を「先付」「前菜」「椀」「向付」「焼物」「焚合・鍋物」「蒸物」「揚物」「酢物」「飯」「水物」「甘味」のジャンルに分けて、順次解説している。またそれぞれの料理ジャンルごとに春夏秋冬の順に並べている。なお春の料理は３～５月、夏の料理は６～８月、秋の料理は９～11月、冬の料理は12～翌２月とし、柱の色を春は濃桃色、夏は青色、秋は橙色、冬は緑色で分類した。

●（→★頁）は参照頁および料理名を示す。極力該当頁内で解説しているが、配合やつくり方など、頻繁に登場する共通の内容の場合に限って、参照頁を記した。

●共通のだしや合せ調味料は、28頁にまとめて配合とつくり方を解説している。

●本書で使うだしやスープ類は冒頭にまとめて解説している。料理解説頁で「だし」としたのは、一番だし煮炊き用、および二番だし。とくに使い分けせず、どちらも同じように使用している。

●本文材料欄において、合せだれやだしなど、括弧内に材料と配合のみを記しているものについては、カッコ内の材料を混ぜ合わせるのみで加熱や調理などは必要ないものである。

●本文材料欄において、単位記号なしの数字のみで表記している場合は、総量は適量で、配合する割合を数字で示している。

●単位記号のmlはccと同量。また小さじ１は５ml、大さじ１は15ml。１リットルは１０００ml。

●薄塩は少量の塩をふること。薄味をつけたいとき、また水っぽさを除いて旨みを凝縮させたり、においやくせなどを除きたいときに行なう。また旨塩とは、ミネラル分の多い自然塩のこと。

●板ゼラチンは１枚10ｇのものを使用している。

●水物で用いたレモンシロップの砂糖の分量は、果物の熟れ具合や好みによって２割ほど減らしてもよい。

●本書副題でうたった５９０品は、前菜、野菜かいせき、野菜弁当、野菜お節を構成する一つひとつの料理をカウントして加えた数である。

第一章

野菜料理の基本

野菜料理をおいしく料理するために必要なだしやスープのとり方、野菜のもち味を生かすための下調理などの知識をＱ＆Ａ形式でまとめた。本篇の料理をつくる前にぜひ知っておきたい野菜料理の基本。

章の最後に本書でよく使う共通のだしや合せ調味料などの配合例をまとめた。

野菜料理をおいしく食べるために

野菜は生き物、鮮度が命

野菜料理をおいしく食べる―野菜はそれぞれ個性豊かな味をもっている。一つひとつの持ち味を生かしつつ、料理をつくり上げることが肝心だが、野菜は生き物。なにをおいても、まず鮮度のよしあしですべてが決まるといっても過言ではない。

美しい色合い、自然な甘みや、生き生きとした香り、みずみずしい歯応え、これら野菜料理のおいしさを決めるほとんどの要素は採れたてだからこそ。幸い私どもの店は、近隣に畑が散在する場所柄、採りたての鮮度のよい野菜には恵まれている。

とはいっても、誰もが畑の隣に店を出せるわけではない。当たり前のことではあるが、野菜の持ち味を極力損なわないように、仕入れたらすぐにそれぞれ適切な下処理をして早めに使うことが、とても大事なことだ。

それぞれの旬も忘れてはならない。年中出回る野菜も多くなったが、それらの野菜にも当然旬はある。旬を迎えた野菜は、本来のおいしさを一番備えているだろう。

山菜やきのこなど、限定された短かい時期でなければ使えないという素材も、まだまだたくさんある。これらを料理に生かすことで、日本料理に欠かせない季節感を上手に盛り込むことができる。

野菜の個性を生かすために

日本料理は味とともに美しさも大切にされている。そのために、下調理は欠かせない。青菜の下ゆでや、芋や根菜類の下煮は定石である。

これらの多くは、アクを抜いたり、褐変を防いだり、加熱による変色や煮くずれを防ぐといった、大事な意味があるのだが、また同時に、それぞれの野菜の個性が薄れるということでもある。

私は野菜の焚合などをつくるとき、下ゆでなどの下調理をせずに、直焚きをすることが多い。芋類やうどなどは、その個性を活かすために、ぬめりをよく洗うなど、下調理は必要最小限にとどめている。

下煮してから炊くよりも、直焚きにしたほうが数倍、芋やうどの香りや味を楽しむことができるように思う。

野菜料理は油で揚げて旨くなる

さて野菜だけでコースをつくるときに、気をつけなければならない点はいくつかあるが、コースという一連の料理を提供するうえで、まずお客様が飽きないように、味や食感のめりはりをつけることが必要になる。

野菜料理は淡白で、ともすると味つけも単調になりがちだが、私は油で「揚げる」という調理を用いて対応している。これは揚物の献立を増やすというわけでなく、揚げてから熱湯などをかけて油抜きしたのち、焚合や和物などに使うという下調理的な意味合いを含んでいる。

茄子のようにゆでるよりも色あざやかに仕上がる野菜もあるし、なにより油のこくを加えることができる。また高温でさっと加熱することで野菜特有の歯応えを残すこともできる。

野菜のよさをぐっと引き出すという大事な役割を担う一手法が「揚げる」という調理である。

「揚げる」という調理を取り入れることで、野菜料理にほどよいアクセントをつけている。

だしの力で野菜をおいしく

油の力もさることながら、やはり日本料理はだしが決め手。だしやスープの旨みで野菜をおいしく食べていただくことができる。

本書では、だしやスープは、動物性の素材でとったものを使っている。

精進料理を提供しなければならないときには、動物性のだしは使えないが、そのように限定された条件でなければ、野菜をおいしく食べるには、だしはかつお節や鶏がら、魚のアラなどからとったものを使用するとよいだろう。

やさしい野菜の味わいがさらに引き出され、味も単調にならずにすむ。

素材の野菜や料理との相性を考えて、これらのだしを上手に取り入れるとよいだろう（↓14頁）。

出だしの先付で強い印象を

コースの料理は、流れの中で、ボリュームや盛りつけにめりはりをつけると映えるし、満足度も増す。

たとえば先付。通常先付は、コースの始まりの一皿で、こぶりな仕立てで出すものだが、あえて私は、盛りつけや提供スタイルを工夫し、飛騨焜炉の上に乗せた朴葉焼きなど、最初から存在感のある料理を提供することがよくある。

野菜料理の軽さのイメージをある意味でくつがえし、このあとの料理への期待感が高まるように、との考えからである。

先付はお客様が席につかれて最初に出す料理。出だしのインパクトを強く表現するのはとても効果がある。

メインには旬のご馳走野菜を

コースのメインとなる揚物、焚合・鍋物、焼物には、旬の野菜のなかでも、毎日の食事で食べる機会が少ない野菜を取り入れたご馳走を用意したい。

ちなみに春は筍、新玉ねぎ、新キャベツ、山菜を、夏には冬瓜、トマト、賀茂茄子、いちじく、アスパラなど。秋には松茸、茸類、栗、芋類を、冬にはかぶら、百合根、大根、白菜といった野菜をメイン料理の素材としてよく使う。

たっぷり食べていただいて、それでも食後はお腹にもたれない。そんな満足感の残る野菜料理は、女性だけでなく、最近は男性の方にも喜ばれるようになってきた。

しみじみと味わう季節のご飯

穀物のよさが近年の健康志向で見直されている。白ご飯だけでなく、雑穀米なども脚光をあびているようだが、なんといってもコースの終盤を飾るご馳走の一つは、季節の炊き込みご飯である。

本書では、米に対する具材のだいたいの分量の目安を記したが、旬の野菜や茸などを多めに使って、具沢山なご飯という印象を残すのがポイント。熱々のご飯とともにただよってくる季節の香りは、炊き込みご飯ならでは。

釜炊きで提供する炊き込みご飯や、笹や蕗、桜葉などの葉に包んだ粽や寿司など、料理屋ならではの季節感あふれる食事を用意したいものだ。

水物、甘味にも野菜のやさしさを

水物には果物、甘味には餡が欠かせないが、ここに野菜を加えると、より健康的なイメージが強まるのではないだろうか？　あしらいに蕨の蜜煮を添えるだけで、水物の印象がずいぶん変わってくるだろう。

芋類や根菜類を甘く煮含めたり、からりと揚げて餡とともに供すれば、野菜もりっぱな水物になる。このときはレモンなどの柑橘類やヨーグルトなどの酸味を加えて、さわやかな味わいを加えるよう心がけている。

また甘味では、砂糖をまぶしたじゃが芋やそら豆、蓮根、生姜などバラエティ豊かな野菜糖も、その時々の季節感が表現できて楽しいもの。

先付から甘味まで。野菜づくしのコースを組んでもよし、従来の会席コースに数品組み込んでもよし。これからの時代に求められる野菜料理の数々を、ぜひ参考にしていただきたい。

一番だし　吸物用

水　1.8リットル
昆布（利尻産天然物）40 g
本枯れ節（少し血合のある物）　80g

だしそのものを味わう吸物用。昆布は天然物、かつお節は血合の少ない本枯れ節を用い、えぐみや雑味などを出さずに、澄んだ旨みだけを抽出する。

ここでは、少量をとる場合のだしのとり方を紹介する。たとえば多めの10リットルのだしをとるときは、水が多いので、温まるまでに時間がかかるため、写真❶のように浸水の時間をとる必要はない。

吸地はこの一番だしを温めて、0.5％の旨塩で味をつけ、椀にはる直前に淡口醤油、酒各少量加える。吸地を仕込んでおく場合は塩を加えておくのみにとどめる。

一番だし　煮炊き用

水　1.8リットル
昆布　30g
本枯れ節（適度に血合のある物）　60g

こくを出すために血合の入った本枯れ節を使用している。材料の昆布は原価を考えて養殖物を使ってもよい。

煮炊き用、あるいは八方だし、吸地八方だし、濃口八方だし、旨だし、野菜浸し地などの合せだし用、赤だしや味噌汁などの汁物に用いる。

とり方は吸物用と同様。

だしのとり方

❶昆布を水に30分間ほどつける。

❷強火にかける。沸騰寸前に昆布のふくれ具合を見るために爪を立ててみる。爪がすっと通ればよい。

❸昆布を取り除いて、火にかけて沸騰させる。

❹火をとめて、かつお節（本枯れ節）を入れる。

❺すぐに冷たい台の上に移して、浮き上がったアクを玉杓子の背で寄せたのち、すくって取り除く。

❻すぐにネル布で漉す。

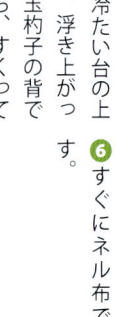

二番だし

水　3.6リットル
一番だしの残りの昆布　前述の分量
一番だしの残りのかつお節　前述の分量
追がつお（本枯れ節血合入り）　40g

一番だしで使い終えた昆布とかつお節を再度利用しただし。

一番だしと違い、煮立ってから20〜30分間中火で煮出して残っただし材料の旨みをもれなく抽出し、追がつおして旨みを追加している。

使い方は一番だしの煮炊き用と同様。煮炊き物、あるいは赤だしや味噌汁などの汁物に利用。二番だしのだしがらは、ガーゼなどに包んで、海老芋や里芋などの芋類を煮るときの落し蓋がわりに用いるとよい。ちなみにこの落し蓋をしたまま冷まして味を含め、その日のうちに使い切れば、芋類の色は変わらない。

だしのとり方

1 水の中に昆布とかつお節のだしがらを入れる。

2 強火にかけて沸かす。沸いたら中火にして20〜30分間煮る。

3 適宜浮き上がったアクを玉杓子の背で寄せたのち、すくって取り除く。

4 火にかけた状態で昆布を取り出す。

5 強火にして再度沸かし、追がつおをする。かつお節を加えたらすぐに火をとめ、アクが浮いてきたら取り除く。

6 ネル布で漉す。

7 しっかりとだしを絞って旨みを取り出す。

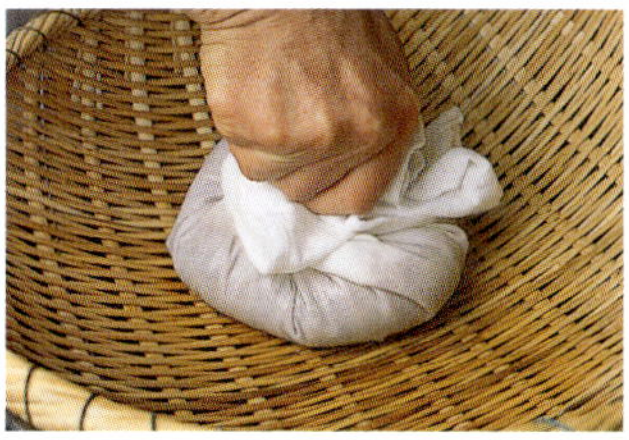

昆布だし

水　1.8リットル
昆布　60g

昆布のみでとるだし。できれば天然物を使いたい。天然物のほうがすっきりした澄んだ甘みがある。養殖物は味が少し重く、にごった感じがする。

おもな使い方は、色をつけたくないしんじょう地などをのばすときに用いたり、炊き込みご飯に使う。なお炊き込みご飯には、昆布だしを倍くらいに割ったもので十分。また、湯豆腐などに昆布だしを使う。

だしがらは、しんじょうなどをゆでるときに、鍋の下に敷くと旨みがつく。

野菜スープ

水　6リットル
昆布　30g
玉ねぎ　500g
人参　300g
長ねぎ　500g
キャベツ　300g
セロリ　100g
干し椎茸　5個

野菜のみでとるスープ。野菜を入れてことこと煮てとるが、煮くずれるとスープがにごってしまうので、野菜はなるべく切らずに丸のまま使い、弱沸騰くらいの火加減を保つ。

火加減が弱すぎて沸騰しない状態でも、アクが浮いてこないのでスープはにごってしまう。適度に沸騰させてアクをひくことが大事。煮炊き用のだしのかわりに使ってもよい。

だしのとり方

1 乾いた布巾などで昆布に付着している砂などを払う。水に昆布を1〜2時間つけて旨みを出す。

2 昆布に爪を入れてみて、柔らかく戻っていたら取り出す。

1 寸胴鍋に水を注ぎ、野菜は丸のまま、干し椎茸も戻さずにそのまま入れて強火にかける。

2 沸いたら昆布を取り出す。

3 写真程度のことことした火加減で3時間ほど煮たのちにネル布などで漉す。できあがりが3リットルになるよう調節する。

魚スープ

魚をおろして残ったアラを使っただし。魚の旨みで野菜がおいしくなる。使用するアラはくせのない白身魚ならば何でもよいが、鱧、鱸、鯛、いさきなど大型の魚のほうがよい。ここでは大型のひらめを使用した。はまちなど背の青い魚はくせがある。

アラからおいしいだしをとるコツは適切な下準備である。アラを1週間風通しのよいところに吊るしたのち、弱火の天火でじっくりと焼くのだが、干すことでアラの日持ちが長くなり、コクが増す。そして焼くことで魚特有のにおいを抑えて香ばしさと旨みが加わる。

卵の殻には動物性のアクを吸い寄せる働きがあるので加えている。

汁物、煮物に使う。

水　10リットル
白身魚のアラ　1.5kg
昆布　30g
玉ねぎ　300g
人参　200g
長ねぎ　200g
キャベツ　200g
セロリ　100g
生姜　100g
卵の殻　適量

だしのとり方

1. 寸胴鍋に白身魚のアラと野菜と卵の殻を丸のまま入れて、水を注いで強火にかける。
2. 沸騰してアクが浮いてきたらすくい取る。
3. 静かに沸いている状態を保ちながら（写真）3時間ほど煮る。ぐらぐら沸かすとにごってしまう。
4. 途中昆布が柔らかくなったら取り除く。アラなどを取り除いてから漉して使う。できあがりが5リットルになるよう調節する。

鱧スープ

鱧のアラでとったスープはくせがなく、上品な旨みがある。

水　1.8リットル
酒　180ml
昆布　20g
鱧のアラ　3～4本分

1. 鱧の頭は梨割にし、中骨は適宜に切る。ともに塩をふって5分間ほどおいたのち、熱湯でさっと霜降りして冷水にとり、ていねいに掃除する。
2. 鍋に水をはり、昆布、酒、アラを合わせて火にかける。沸騰直前に昆布を取り出す。
3. 沸騰したら中火にし、アクをひく。
4. 弱火にして30分間ほど煮出す。この間もこまめにアクをひく。
5. 布巾で漉してスープをとる。

●鶏がらスープ

肉のスープだが、くせがないので味の淡白な野菜によく合い、野菜の旨みを引き立ててくれる。

材料の鶏がらは、首や胴などすべてを使う。血合が残っているとにごるので、ていねいに水洗いすること。

また野菜だけでとるスープよりもアクが出やすいので、西洋料理のコンソメのように、アクを集める役割がある卵の殻を使っている。

玉ネギを丸ごと煮たり、ざっくりと大きく切ったキャベツを煮るスープとして最適。煮炊き物、鍋物、汁物などあらゆる野菜をおいしく引き立てる旨みをもつ。

水　10リットル
鶏ガラ　3kg
昆布　30g
玉ねぎ　300g
人参　200g
長ねぎ（青い部分）　200g
キャベツ　200g
セロリ　100g
生姜　100g
卵の殻　適量

だしのとり方

❶寸胴鍋に野菜と十分水洗いした鶏がら、卵の殻を入れて水を注ぐ。強火にかける。

❷沸騰してアクが浮いてきたらすくい取る。

❸昆布が柔らかくなったら取り出す。

❹途中差し水をしながらことことした火加減で5～6時間ほど煮る。漉して使う。できあがりが4リットルになるよう調節する。

牛すねスープ

牛すね骨を長い時間かけて煮出してとるスープ。鶏がらスープよりもいくぶんくせのある味。

その分旨みも強いので、淡白な野菜をぐっと引き立ててくれる。旨みをストレートに出すために、アクをきっちり取り除くことが大事。

野菜の煮炊き用、レタスしゃぶしゃぶなどの鍋物のスープにも合う。ただし、芋類にはあまり合わない。

水　10リットル
牛すね骨　3kg
昆布　30g
玉ねぎ　300g
人参　200g
長ねぎ（青い部分）　200g
キャベツ　200g
セロリ　100g
月桂樹の葉　2枚
卵の殻　適量

だしのとり方

❶寸胴鍋に野菜と十分水洗いした牛すね骨、卵の殻を入れて強火にかける。

❷沸いてアクが浮いたら取り除く。

❸写真程度の火加減で、途中差し水をしながら5～6時間ほど煮て、漉して使う。できあがりが4リットルになるよう調節する。

丸スープ

酒　0.9リットル
水　2.7リットル
すっぽん　900g
爪昆布　20g

丸とはすっぽんのこと。関西ではすっぽんではなく丸と呼ぶ。

すっぽんはアルコール分とともにくさみが飛ぶので、酒を沸騰させたのち必ず７～８分間煮ること。

爪昆布を入れることで、アクが集まりやすくなる。旨みをつけながら、卵の殻のような役目も果たしてくれる。鍋物や雑炊、また沢煮椀のようなあっさりした椀種の吸地にも向く。濃くとっているので、だしで割って野菜スープなどにもよい。

ここではしっかり濃いめにとったが、分量の水を増やしたり、煮る時間を短縮するなどあっさりととって、追がつおをしてもよいだろう。

だしのとり方

1 鍋にすっぽんを入れて酒を注ぎ、強火にかける。

2 沸いてアクが浮いてきたら取り除く。

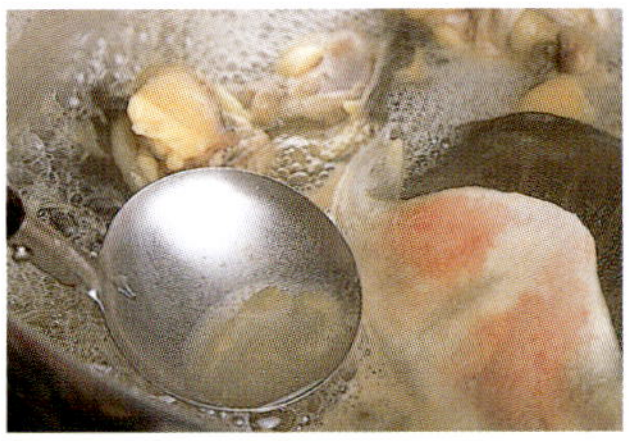

3 このまま７～８分間煮て完全にアルコールが飛んだら水と爪昆布を入れる。

4 沸騰したらアクを適宜取り除く。

5 爪昆布が柔らかくなったら取り出す。

6 写真程度のことことした火加減で40分間煮る。主に肉を食べる場合は20分間程度にとどめる。漉して使用する。

野菜調理のコツとポイントQ&A

野菜や果物の味とみずみずしい色を料理に生かすためには、正しい下調理が大事。野菜調理のコツを野菜50音順に並べて解説した。

いちじく

Q1 いちじくの皮をきれいにむくには？
―いちじくの皮の湯むき

いちじくの皮は薄くてむきづらいもの。70℃程度に熱した湯に入れて霜降りしたのち、冷水にとると、皮がむきやすくなる。

うど

Q2 うどを白く煮上げるには？
―うどのアク止めと炊き方

［アク止め・下ゆで］

アクを抜き、酢を用いることで白く煮上げることができる。

うどの茎をほどよい長さに切り、スジを残さないように皮をむく。薄いミョウバン水に20～30分間ほどつけてアク止めをする。または酢水に20～30分間つけてアク止めをする。このの5酢少量を加えた熱湯でかために下ゆでしてから煮るとよい。歯応えを生かすようにすぐに鍋ごと冷水につけて、煮すぎないようにする。

［直焚き］

うどを直焚きするときは、皮をむいたら時間をおかずにすぐに調理する。白く煮上げるには、色のつかない調味料で煮ることが大事。

削りがつおをガーゼで包み、だし、味醂、塩で味をつけて煮、香りづけの淡口醤油は最後に少量加える。少し歯応えが残るように炊き、鍋ごと冷水につけて冷ます。直焚きすると色は少し悪くなるが、香りがよく、味もよい。

えだまめ

Q3 枝豆を色よくゆでるには？
―枝豆のゆで方

何をおいても鮮度。鮮度のよい枝豆を使用すると、きれいな色が残る。

枝豆をサヤつきのまますり鉢に移して塩を多めに入れて、手のひらですり合わせて表面の産毛を取る。そのまま熱湯に入れてゆでて、ザルに上げて、熱いうちに塩をふって冷風にあてて冷ます。水にとると水っぽくなってしまう。

産毛を落とすと、食べるときに口当たりがなめらかになる。

えだまめ

Q4 枝豆とうふを色よく仕上げるには？
―枝豆の色の生かし方

涼やかな緑色が命の枝豆とうふ。まずは枝豆を色よくゆでることが第一。鮮度のよい豆を使いたい。

本書では、ゆでた枝豆を昆布だしとともにミキサーにかけた枝豆ペーストと吉野葛を混ぜ合わせたのちに練っているが、色をより鮮やかに残したいならば、まず吉野葛のみを昆布だしと合わせて30分間練ったのち、仕上げる直前に枝豆ペーストを練り込むとよい。

えんどうまめ

Q5 えんどう豆（グリーンピース）を色よく柔らかくゆでるには？
―えんどう豆のゆで方

えんどう豆の生は出まわる時期が短かいこともあり、春から初夏をいきいきと感じさせてくれる野菜の一つ。豆の大きさ、育ち方にもばらつきがあり、質が違ってくるので注意する。

まず霧吹きでえんどう豆の表面をぬらし、塩と重曹各 1％をまぶして30分間程度おく。

このの5塩を一つまみ加えたたっぷりの熱湯にえんどう豆を入れて沸騰させないような火加減で5～10分間ゆでる。重曹をまぶしているので、沸騰させると豆の表皮がはじけてしまうので注意したい。指で潰してみて柔らかくなめらかになったら、鍋の中に流水を少しずつ加えて徐々に冷まし、冷えたらザルにとる。

ゆでる時間は産地や収穫時期によって状態が違うので適宜に調整することが大事。

かき・ゆず

Q6 柿釜や柚子釜などをつくったあと、みずみずしく保つには？
―果物釜の褐変の防ぎ方

柿や柚子、レモンなど果実をくり抜いた釜は香りも色もよく、料理を引き立ててくれる。これらを利用する場合、釜の切り口をレモン水（レモン果汁をたらした水）できれいにふいて、柔らかく絞った布巾をかけて、乾燥を防ぐ。また使用時に切り口を薄く切り落として使用してもよい。

柚子の場合、いつもきれいな状態で使用するには、悪くなる前に刻んだりすりおろして料理に使用し、その都度新たに釜をつくって必要以上につくりおきしないこと。

かぶ

Q7 かぶを煮くずれさせずに形を残して煮るには？

—かぶの煮方

かぶは水分が多く火の通りが早い野菜だけあって、煮くずれしやすい。煮くずれをしたものも旨いが、形を美しく残すには切り口を面取りすることが欠かせない。だしをたっぷり加えて煮ること。短時間で柔らかくなるので注意。柔らかくなりすぎたら、鍋ごと冷水につけて余熱が入らないようにする。

きくらげ

Q8 木耳を柔らかく戻すには？

—木耳の戻し方

木耳はほとんどが乾物で出まわっている。これを柔らかく戻すには、お湯につけてある程度戻して石突きを取ったのち、熱湯でゆでて柔らかく戻し、水洗いする。下味をつけるときは、吸地八方だしで煮て味を含める。

きゅうり

Q9 もろ胡瓜の鮮やかな色を出すには？

—胡瓜の色出し

塩ずりをしたのち、塩一つまみを加えた熱湯をかけて色を出し、すぐに冷水にとると色鮮やかなもろ胡瓜となる。

ぎんなん

Q10 ぎんなんを色よく揚げるには？

—ぎんなんの色出し

ぎんなんは適切に火を通すと、鮮やかさが一層増す。

まず殻を取り除いたぎんなんを150℃前後の低温に熱したきれいなサラダ油で揚げてペーパータオルに移し、残った皮を取り除いて油をふき取る。

温度が高すぎるとぎんなんの肌がぶつぶつふくれて見た目が悪くなる。

ぎんなん

Q11 ぎんなんをふっくらと煮るには？

—餅ぎんなんの煮方

ゆっくりとじっくりと火を入れていくのがポイント。

まず火のあたりのやわらかな土鍋に残りご飯と水を入れて炊いて粥をつくる。

この中で甘皮をむいたぎんなんを沸騰しないような弱火で煮てふっくらと戻す。このようにしてつくったぎんなんを餅ぎんなんと呼ぶ。

ぎんなん

Q12 揚げたぎんなんに松葉を通す方法は？

—松葉銀杏のつくり方

前菜やあしらいなどに利用する松葉を刺したぎんなん。揚げたてのぎんなんならば、太くてしっかりした松葉を垂直に刺すと通る。または松葉より細い針などで一度刺して穴を開けておく。ここに松葉を刺すと通しやすい。

くり

Q13 栗を割らずに薄くきれいに切るには？

—栗のスライス

煎餅などの素揚げにするときの切り方。生の栗はかたいので、薄く切るときに欠けたり割れやすい。大きめの栗のほうが扱いやすい。

渋皮をむき取った栗を薄くスライスするには、薄刃包丁、もしくはより薄い刃の切れ味のよい包丁を用い、刃を大きく使ってすべらせるように切るとよい。

くり

Q14 栗を色よくゆでる（煮る）には？

—栗のゆで方

栗は火を入れると色がにごってくる。そこで、栗を煮るときには、くちなしの実とともに下ゆでして色をつける。まず栗の渋皮をむいて水洗いし、アクを洗う。くちなしの実を砕いてガーゼに包み、一緒にゆでて色をつける。あくまでも自然に近い色に薄く色づけるのがポイント。ゆでるときに酢少量を加えると色がつきやすくなる。

くわい

Q15 くわいを色よくゆでるには？

—くわいのゆで方

くわいも栗同様、淡い黄色をつけて煮ると美しい。

くわいの皮をむいて水洗いし、アクを洗い流す。くちなしの実を砕いてガーゼに包み、一緒にゆでて色づけする。くわいも自然に近い色に薄く色づけると、いきいきと美しくなる。ゆでるときに酢少量を加えると色がつきやすくなる。

こうたけ

16 香茸を上手に戻すには？
―香茸の戻し方

黒い色が美しい香茸は、料理をきりっと締めてくれる食材。ほとんどが乾物で出まわるので、上手に戻す必要がある。

まず香茸をたっぷりのお湯に一晩つける。翌日水をかえて半日おく。きれいに水洗いしたのち、水をかえて火にかける。中火で柔らかく戻し、香茸がつかる程度に煮詰まるまで戻す。下味をつける場合は八方だし（だし16、味醂1、淡口醤油1）で煮る。

ごぼう

17 きんぴらを艶よくつくるには？
―きんぴらの艶出し

きんぴらは中まで煮て味を含ませるというよりも、まわりに合せだれの味をからませるように煎り上げる料理。合せだれの分量と入れるタイミングが大事。

せん切りまたは笹がきにしたごぼうなどを胡麻油をひいて、強火で炒める。歯応えが残るよう、合せだれをかけながら炒めるが、煮ないで煎り上げることがポイント。歯応えはせん切りのほうがよくなる。

こめ

18 冷めてもおいしいご飯を炊くには？
―ご飯のおいしい炊き方

ご飯は炊きたてが一番だが、少し冷めるともっちりとして甘みが強く感じられるようになる。この粘りを上手に出すように炊き上げることがコツ。

炊くときに釜の中に備長炭を入れて炊き、酒少量を加えて蒸らしたり、もち米を1割ほど加えると粘りが出るので、冷めてもおいしく感じられる。

しかし、よい米は時間がたって冷めても、ほどほどにおいしい。したがってよい米を捜して一組ごとに釜炊きするのが一番よい。もしくは炊飯器を数台用意して小まめに炊きたてを提供するとよい。

また炊いたご飯は電気釜の中で保温せずに、炊きたてを飯きり（おひつ）に移して、かたく絞った布巾をかけて自然に冷ます。保温のまま電気釜の中におくと2時間くらいで味がおちてくる。

こめ

19 野菜の炊き込みご飯を炊くときに、ご飯に色をつけずにしっかりと味をつけるには？
―炊き込みご飯の炊き方

季節感あふれる野菜の炊き込みご飯は、コース終盤を盛り上げる一品。野菜の色や香りを損なわずに生かすには、基本的に昆布だしを用い、塩で味をつけて炊くのが一番。

淡口醤油は香りづけ程度に少量使用する。または白醤油で味つけをしてもよい。

さつまいも

20 さつま芋の皮の赤と芋の黄色を美しく煮るには？
―さつま芋の色出し

さつま芋は適宜に切り出してアクを水で洗い流す。くちなしの実を砕いてガーゼに包み、芋をゆでるときに一緒に入れて色づけする。このときに酢を少量加えると色がつきやすい。自然に近い色に薄く色づけするとよい。

さといも

21 小芋の皮をきれいにむくには？
―小芋の皮のむき方

石川芋などと呼ばれる小さな里芋は、包丁でむいていると手間もかかるし、可食部も小さくなってしまう。

そこで芋をザルに広げて、表面の皮を少し乾燥させることで、皮のみがむき取りやすくなる。布巾などでこすり取るとよい。

しいたけ

22 椎茸などの茸類をしんなりさせずに焼き上げるには？ また、ちょうどよい焼き具合の見極めは？
―椎茸の香ばしい焼き方

椎茸は焼き上がりを見極めるのが難しい。火を通しすぎると水分が出すぎてしんなりやせてしまう。

椎茸の肉厚感と香りを生かすには、石突きを半分ほど切り落とし、霧吹きで水を吹きかけて薄塩をふり、炭火の強火で傘の裏から焼き始め、裏返して酒小さじ1ほどかけて風味をつけて焼く。傘の裏から水気が出はじめ、少ししんなりしたら食べ頃。

ししとう

23 青唐辛子を破裂させずに揚げるには？
―青唐辛子の揚げ方

青唐辛子のように中に空気が入っ

ているものを丸ごと揚げる場合、破裂することがよくある。

　熱することで中に入っている空気が膨張して破裂してしまうので、揚げる前に、青唐辛子に隠し包丁を入れるか、空気穴をあけておくと破裂させずに形よく揚げることができる。

じゃが芋

24 新じゃが芋を艶よく仕上げるには？
—新じゃが芋の煮方

　新じゃが芋の中まで味をしみ込ませない濃い味つけの場合は、炊きたてが一番艶がよい。

　薄味で煮て味を含ませる場合は、昼間のうちに炊いて、夕方食べるのが一番。艶もよく、味ものっている。前日仕込んでおくと、ぼけたような色になってしまう。店舗の規模や状況に応じて、できるだけ適切な時期に仕込みを行なうことが大事。

しょうが

25 はじかみ（谷中生姜甘酢漬け）を色よく仕上げるには？
—はじかみの色出し

　焼物のあしらいとして欠かせないのがはじかみ。根元のピンク色、茎の緑色を生かして仕上げ、焼物に美しい色合いを添えたいもの。

　はじかみの根の部分の薄皮を布巾などでこそげ取り、軸を切りそろえる。生姜の茎を束ねて持ち、根の部分のみ先に熱湯につけてしんなりするくらいまでゆでる。全体を霜降りしてザルに上げ、薄塩をふって冷風にあててすぐに冷まして甘酢につける。

　急ぐ場合は、煮立てた甘酢の中に根の部分だけ入れて再度煮立てたのち、茎全体を甘酢につけて色出しし、鍋全体を冷水につけて冷ますとよい。

しろうり

26 白瓜を色よくつけるには？
—白瓜のつけ方

　表皮に色がついているのでこの色の美しさを生かすとよい。

　一番大事なのは、つける前に白瓜の表面をしっかり塩ずりすること。この一手間が大事。

　時間をおいて使用する場合、霜降りして色出しをしてつけたものは、色がぼやけてくる。

しろずいき

27 白ずいきのアクを抜くには？
—白ずいきのアク抜きと下煮

　白ずいきは茎を食用とするために栽培されている葉柄専用品種。えぐみは少ないが、透明感のある白色を美しく出すには、下ごしらえが大事になる。

　まず白ずいきは根の部分を少し切り落とし、1枚ずつはがしてから皮をむく。ほどよい大きさに縦に割り、3％濃度のミョウバン水に1時間ほどつけてアク止めする。

　熱湯に大根おろし、たかのつめ、酢少量を加えて白ずいきを入れて落し蓋をし、歯応えが残るくらいにゆでて、おか上げする。冷めたら流水で洗い流し、扱いやすいように5～6本を竹皮紐などで束ねる。

　煮立てた吸地八方だしでさっと煮て、ザルに上げ、冷風をあてる。煮汁が冷めたら、白ずいきを戻して、ガーゼで包んだ削りがつおで追がつおをする。3時間ほどつけて味を含ませて酢物や和物、お浸しなどに用いる。

そらまめ

28 そら豆にシワを寄せずにゆで上げるには？
—そら豆のゆで方

　そら豆は豆と皮の隙間があるためにどうしても皮にシワが寄りやすい。シワを寄せずにふっくらと見えるようにゆで上げるには、皮のどこかに穴をあけておくとよい。

　まずサヤから取り出し、黒い部分に包丁目を入れて塩を加えた湯でゆでる。または豆に沿って黒い部分にV字に包丁目を入れて取り除いてもよい。包丁目を入れることで、シワを寄せずにぴんとゆで上げることができる。

そうめん

29 素麺をばらさずにゆでるには？
—素麺のゆで方

　椀種などに素麺を使う場合、素麺の美しさを生かすために、そろえてゆであげるとよい。

　素麺は乾麺の状態で束のまま片側を輪ゴムでとめてから、熱湯でゆでるとよい。輪ゴムの部分は火が通っていない可能性があるので、切り落として用いる。

だいこん

30 大根おろしのくさみをおさえるには？
—大根おろしのつくり方

　大根おろしは特有のにおいが出やすい。このにおいを抑えるには、おろしたてを使用するのが一番。

　まずザルに上げて自然に水分を切

る。手で絞ったり、手のぬくもりを加えないように注意する。

つくっておかなければ間に合わないときは、レモン果汁または酢などを少量加えて、常温で放置せずに冷蔵庫に入れておくと多少効果がある。

だいこん

31 大根の風呂吹きを柔らかく、しかも煮くずれないように煮るには？

—風呂吹き大根の下ゆで

大根は柔らかく煮るのに時間がかかる。そこで切り口を面取りして角をむいて煮くずれしにくくし、米の研ぎ汁でかために下ゆでして、アク抜きをしてから使用する。

たけのこ

32 仕込みまでどのように筍を保存したらいいか？

—筍の保存

筍は春を代表する野菜の一つ。出まわる時期は短かく、産地も南から北に移動する。

何といっても鮮度が肝心で、保存のし方によって状態のよしあしが決まるのではなく、時間の経過とともに状態は確実に悪くなる。

筍に限ったことではないが、とくに筍は掘りたてのものがよく、なるべく早くアク抜きなどの処理をする必要がある。

たけのこ

33 筍のアク抜きの方法は？

—筍のアク抜き

仕入れたらすぐにアクを抜くこと。土を洗い流して、穂先を斜めに切り落とし、皮目に縦に隠し包丁を入れて火の通りをよくする。

米糠とたかのつめを入れた水から筍を強火でゆでる。鮮度や大きさにもよるが１～３時間が目安時間。串がすっと通るまで柔らかくゆでる。そのまま鍋ごとおいて冷ます。

保存するには姫皮を残して皮をむき、きれいに水洗いしてたっぷりの冷水につけて冷蔵庫で。

ちしゃとう

34 ちしゃとうを鮮やかな緑につけるには？

—ちしゃとうの色出し

ちしゃとうの緑色を鮮やかに残すには、下ゆでが肝心。皮をむいたら、すぐに塩一つまみを加えた熱湯でゆでて冷水にとって、薄塩をふっておくこと。

こののちに漬床につけると鮮やかな緑色が残る。

ながいも

35 長芋をきれいに切るには？

—長芋の切り方

長芋を輪切りにする場合、端のほうが欠けやすかったり切っている途中で割れてしまうことがある。

切るときに金切り用ノコギリを使用するときれいに切れる。もしくはより薄い刃の切れ味のよい包丁を大きく動かしてすべらせるように切る。

ながいも

36 長芋を薄く白髪に切るには？

—白髪長芋のつくり方

扱いやすいようにぬめりを極力除くことが大事。

用途によって長さを決めてから皮をむき、水洗いをしてまわりのぬめりをよくふき取ること。こののちに縦に極薄くスライスして、少しずらして重ねて白髪に切る。

なす

37 茄子の糠漬けを色よくつけるには？

—茄子糠漬けのつけ方

茄子の紫色を鮮やかに生かすには、糠床に錆びた古釘を入れておくとよい。

そして茄子に塩とミョウバンを同量ずつ合わせたものを少量すり込んでからつける。ミョウバンが多すぎると、色はきれいに仕上がるが、ミョウバンの味が残ってしまうので注意。

なす

38 茄子を色鮮やかに揚げるには？

—揚げ茄子の色出し

茄子をふっくらと紫色をきれいに残して揚げるには、茄子の中心に菜箸を通して穴を開けて火通りをよくし、１５０～１６０℃程度の低温のきれいなサラダ油で揚げること。高温の油で揚げると、中まで柔らかくなる前に表面が焼けてしまうので注意する。

なす

39 翡翠茄子の茄子の緑を鮮やかに残すには？

—翡翠茄子のつくり方

茄子は皮も美しいが、緑色がかった果肉もまた美しい。この透明感のある緑色を生かすには、茄子の皮をできるだけ薄くむくことが大事。厚くむくと、緑色がかった部分まで一緒にむきとってしまうことになる。

量が多い仕込みのときは、水につけてアクを洗って水分をふき取る。

皮をむいた茄子の中心に菜箸を通して穴を開け、１５０℃くらいの低温のきれいなサラダ油で揚げて、たっぷりの熱湯をかけて油抜きする。

揚げ茄子同様、高温で揚げると表面が焼けて、色が悪くなる。

なばな

Q40 菜花を色よくゆでるには？

—菜花の色出し

塩一つまみを加えたたっぷりの熱湯の中に、菜花をまとめて立てて持ち、火が通る時間のかかるかたい茎のほうだけを先に30秒間ほどゆでて、手を放して全体をゆでて、すぐに冷水にとる。

このように時間差をつけると火の通りやすい葉のほうの緑もきれいに残り、火も均等に入る。

にがうり

Q41 苦瓜の苦味をやわらげて食べやすくするには？

—苦瓜のくせのやわらげ方

夏の野菜としてすっかり定着した苦瓜。どうしてもこの苦味が苦手という場合は、苦瓜の両端を切り落として種を取り除き、小口から切って水にさらしたり、ゆでてから水にさらすとよい。

また調理法によっても軽減できる。油で炒めたり揚げると、ほどよく苦瓜の苦味が薄れる。

ちなみに、蕗のとうなど苦味のある食材は味噌との相性がよい。

にがうり

Q42 苦瓜に色よく熱を入れるには？

—苦瓜の色出し

苦瓜を色よくゆでるには、用途に応じて切ったのち、塩を一つまみ加えた熱湯でゆでる。ザルに上げてすぐに薄塩をふって冷風にあてて冷ます。または冷水にとってもよい。

ねいも

Q43 根芋を白くゆでるには？

—根芋のアク止めと下ゆで

根芋は３％濃度のミョウバン水に1時間ほどつけてアク止めする。

こののち大根おろしとたかのつめを入れた熱湯で落し蓋をして短時間でゆでる。ザルにとって冷風にあてて冷まし、水洗いして使用する。ゆで方が足りないとアクが出る。またゆですぎて柔らかくなりすぎないように注意する。

ふき

Q44 蕗を色よく青く煮上げるには？

—蕗の色出しと下煮

上手に煮上げると蕗は美しい色を残す。根元は色が出ないので、少し上のあたりを使うと青くて美しく煮上がる。ちなみに根元近くは当座煮やきゃら蕗などに用いている。

まず蕗は鍋に入る長さに切って塩ずりする。塩を一つまみ加えた熱湯でゆでて冷水にとる。皮をきれいにむいて、煮立った吸地八方だしでさっと一煮立ちさせたのち、ザルに上げて冷風にあてて冷ます。だしも冷まして蕗をつけ込み、ガーゼに包んだ追がつおをして３時間ほど含ませる。

ほうば

Q45 朴葉を戻す方法は？

—乾燥朴葉の戻し方

朴葉焼きなど焜炉の上にのせて使う保存用の朴葉は、そのまま使えない。まず落し蓋（新聞紙でもよい）をして熱湯を加えて、４～５時間ほどおいて戻す。汚れているので、スポンジなどで破らないようにていねいに洗う。

ご飯を包むときなど、においが気になるようであれば、３回ほどゆでこぼしてから使用する。

まつたけ

Q46 松茸の香りや色を落とさずに保存するには？

—松茸の保存法

松茸は秋を代表するごちそう。やはり採れたてが一番だが、保存するときには、木箱に入れてシダやヒバなどの葉ではさみ、乾燥しないように冷暗所で保存して早めに使用する。

まつたけ

Q47 松茸をしんなりさせずに焼き上げるには？ またちょうどよい焼き具合の見極めは？

—松茸の焼き方

茸類は松茸に限らず水洗いしたり、焼きすぎると水が出てきてしまう。

掃除は石突きを削り取り、かたく絞った布巾でゴミや汚れをきれいにふき取ればよい。

傘の部分に包丁目を入れて、軸の部分を割く。霧吹きで酒少量をふって薄塩をふり、強火の炭火で焼き、松茸の水分がにじみ出てきたら食べ頃。

やまいも

48 すりおろした山芋を褐変させないためには？

―山芋の褐変の防ぎ方

山芋は時間をおくと酸化して色がついてしまう。そこで酢少量を加えてよくすり混ぜておくと変色を防ぐことができる。

よもぎ

49 よもぎの苦味を抜くには？

―よもぎのアク抜き

よもぎは若い新芽を使うと苦味は少ない。よく水洗いして、塩一つまみを加えたたっぷりの熱湯に入れて、重曹を少量加えてゆでる。

たっぷりの冷水に浸して苦味を抜く。あまり抜きすぎるとよもぎの香りが薄くなるので注意する。

水分を絞ってすり鉢でよくすり、小分けして冷凍しておくとよい。

れんこん

50 酢蓮根の蓮根を白く仕上げるには？

―蓮根の色止め

まっ白な酢蓮根は焼物などのあしらいや前菜に美しく映える。

にごりのない白を出すためには、酢少量を入れた熱湯でゆでたのちに甘酢につけ込むとよい。または薄い小口切りにした蓮根を流水にさらして水分を切り、酒煎りしてザルに上げ、薄塩をふって冷風にあてて冷まして甘酢につけてもよい。

れんこん

51 煮蓮根の蓮根を白く煮るには？

―蓮根の煮方

蓮根は加熱すると色が黒っぽくなってしまう。酢を利用してアクを止めることが大事。

用途に応じて皮をむいて切ったのち、流水にさらして水洗いする。または酢水につけてアク抜きをして、酢少量を加えた熱湯でかためにゆでてから煮る。

基本的に白く煮上げるためには、塩で味つけし、淡口醤油は香りづけ程度の極少量にとどめる。

れんこん

52 蓮根やじゃが芋などのでんぷん質の多い野菜の薄切りを、からりと素揚げするには？

―野菜チップスのつくり方

でんぷんの多い根菜類は、揚げるときにくっつきやすい。そこで薄切りにしたら、よく洗って、水分をふき取ることが大事。

まず流水で十分洗って水分をきる。さらに布巾でまわりの水分をふき取る。

または水分をふき取ったあと、ザルに広げて表面を完全に乾かしてから揚げてもよい。

そしてくっつかないように１６０～１７０℃に熱したサラダ油で小まめに両面を返しながら揚げてゆく。

わかめ

53 若布を緑鮮やかにゆでるには？

―若布の色出し

鮮度のよい生若布ならば、たっぷりの熱湯にくぐらせて霜降りをし、冷水にとればよい。または灰を少量加えた湯で霜降りして冷水にとる。

かたい若布は短時間ゆでて冷水にとる。

いずれにしても、熱によって色鮮やかに変わったら、すぐに冷水にとるとよい。

わさび

54 花山葵の醤油漬けやお浸しの葉山葵の色と辛味を残すには？

―花山葵、葉山葵の辛味出し

花山葵、葉山葵を寸胴鍋に入れて落し蓋をし、熱湯をかけてしんなりさせて水気をきる。これをラップで密封して前後左右に強くふって放置すると辛味が出てくる。

または、切り出した花山葵をザルに広げて、たっぷりの熱湯をかけてしんなりさせ、ボウルに移して、潰れないように注意してもんでも辛味が出てくる。

わらび

55 蕨を青く美しく仕上げるには？

―蕨の青煮の方法

青緑の美しい蕨は、さまざまな春の料理に使われるが、前菜などに添えて春らしさを表現することもある。そのためには、色美しくゆで上げなければならない。

蕨に灰をまぶし、落し蓋（新聞紙でもよい）をして、たっぷりの熱湯を加えて５～６時間ほどおく。火が通ると同時にアクも抜ける。

十分に水洗いして、かたい根元の部分を切り落とし、用途に合わせて使用する。

その他

56 野菜の揚物をからりと油ぎれよく軽く仕上げるには？

―野菜の軽い揚げ方

野菜は色を残して軽く揚げることが大事。そのためには油が新しくないと油切れが悪くなり重たくなる。揚げ衣も小まめにつくり、つくりたてを使用することが肝心。

また油の温度管理も大事。食材によって最適な温度は違うが、一度に材料を多く入れると温度が下がってからりと揚がらないので注意が必要。

からっと揚がらないと、野菜の歯応えや色も残らない。

本書でよく使用する　だし・合せ調味料

本書で共通のだし・合せ調味料を紹介。これ以外のだし・合せ調味量などの配合は、本文中で解説している。

［合せだし］

吸地

吸物用一番だし、旨塩0.5%、淡口醤油少量、酒少量

●吸物用一番だしを温めて、0.5%の旨塩で味をつけ、椀にはる直前に淡口醤油、酒各少量加える。吸地を仕込んでおく場合は塩を加えておくのみにとどめる。

八方だし

だし8～20、味醂1～0.1、淡口醤油1

●だしを熱し、味醂、淡口醤油を加えて味を調える。おもに野菜の煮物などに使用する。色をつけずに仕上げるときは、淡口醤油を少なくして、塩を使用する。

濃口八方だし

だし8～16、味醂1～0.1、濃口醤油1

●だしを熱し、味醂、濃口醤油を加えて味を調える。

吸地八方だし

だし10、塩1%程度、味醂0.1～0.5、淡口醤油ごく少量

●だしを熱し、塩、味醂、淡口醤油を加えて味を調える。青み、椀種、和物などの下味をつけるときに使用する。

浸し地

だし10～12、味醂0.1、淡口醤油1

●だしを熱し、味醂、淡口醤油を合わせる。野菜の持ち味や水分の絞り方によって味を調整する。

［合せ酢］

なます用甘酢

水5、酢2、砂糖1、塩少量

はじかみ用甘酢

水3、酢2、砂糖1、塩少量

●水、酢、砂糖、塩などの材料を合わせる。火は入れない。好み、用途によって、昆布、たかのつめを少量加える。はじかみ用はなます用より酢を強めに配合する。

土佐酢

だし3～6、酢2、味醂1、淡口醤油1、追がつお

●調味料を合わせて火にかけ、沸騰直前に火をとめて追がつおをし、自然に冷まし、漉して使用する。

寿司酢

酢180ml、砂糖100g、塩40g

●酢に砂糖、塩を加えて混ぜ合わせる。

［その他］

糠床

米糠600g、昆布だし900ml、塩40g、たかのつめ5～6本（種を除く）、錆びた古釘5～6本

●米糠を香ばしく煎り、昆布だし、塩、たかのつめ、古釘を混ぜる。朝晩2回ほど混ぜながら、大根や人参の皮、白菜の外側の部分を毎日つけ込み、1週間ほどおいて、糠床を慣れさせる。つけるたびに糠床に浮いた水分を除いたり、煎り糠を足したり、塩加減を調節する。つけ込む食材は、つける前に必ず塩ずりする。

第二章

野菜料理一品集

野菜料理をコースの流れにそって「先付」「前菜」「椀」「向付」「焼物」「焚合・鍋物」「蒸物」「揚物」「酢物」「飯」「水物」「甘味」に分けて、それぞれを野菜の旬に合わせて春夏秋冬の順に並べて解説した。

春の料理は濃桃色（3～5月）、夏の料理は青色（6～8月）、秋の料理は橙色（9～11月）、冬の料理は緑色（12～翌2月）として、柱に各色で示している。

春

筍二種　木の芽揚げ　木の芽煮

筍　米糠　たかのつめ
木の芽
天ぷら薄衣＊　天ぷら油　塩
だし6　酒1　味醂1.5　濃口醤油1
胡麻油

＊天ぷら薄衣：冷水360mlに卵黄1個を溶き入れ、薄力粉180gを混ぜる。完全に混ざらなくてもよい。

❶筍は米糠とたかのつめを入れ、柔らかくゆでて、アク抜きする。

❷木の芽揚げをつくる。アク抜きした筍を食べやすい大きさに切り、水分をよくふき取り、1切れに木の芽を2～3枚ずつ貼りつけ、天ぷら薄衣をつけて170℃に熱した天ぷら油で揚げて塩をふる。

❸木の芽煮をつくる。筍を食べやすい大きさに切り、胡麻油少量で炒める。だし、酒、味醂、濃口醤油を入れて煮る。濃口醤油は3回くらいに分けて入れること。

❹仕上げる直前に木の芽をたっぷり入れて炒り上げる。

❺筍の皮に別々に盛りつける。

●それぞれ前菜、揚物、弁当にも使える。

器●手付き籠　掻敷●笹、筍皮

筍揚げ出し

筍　米糠　たかのつめ
片栗粉　天ぷら油
旨だし（だし6、味醂1、濃口醤油1）
大根おろし　赤おろし　洗いねぎ
削りがつお　もみ海苔

❶筍は米糠とたかのつめを入れ、柔らかくゆでてアク抜きする。
❷食べやすい大きさに切り、水分をよくふき取り、片栗粉をつけて余分な粉を落として、170℃に熱した天ぷら油で揚げる。
❸器に盛り、大根おろし、赤おろし、洗いねぎを添えて、温めた旨だしを注ぎ、削りがつおともみ海苔を天盛りにする。
●焚合、揚物にも向く。

器●粉引き片押向付

蕨土佐和え

蕨　灰
割り醤油（濃口醤油4、だし1）
削りがつお

❶蕨は灰でアク抜きする。4cmほどの長さに切る。
❷削りがつおを軽く手でもみ、食べやすい大きさのもみがつおをつくっておく。
❸蕨に割り醤油をからませる。ここに❷のもみがつおをまぶして土佐和えにする。
●前菜にもよい。

器●粉引き小向

野甘草お浸し

野甘草　塩　浸し地（↓28頁）
白切り胡麻

❶野甘草は塩を入れた熱湯で色よくゆで、冷水にとって水分を軽く絞る。4cmほどの長さに切り、茎の大きい部分は2～3等分に縦割りする。
❷浸し地で地洗いしてから1時間ほどつけて味をなじませる。
❸盛りつけして白切り胡麻をふる。
●前菜にも向く。

器●白磁小向

野甘草ぬた和え

野甘草　塩
田舎芥子酢味噌＊
ラディッシュ

＊田舎芥子酢味噌…練り芥子25g、田舎味噌500g、砂糖125g、酢225mlとだし適量を泡立て器で合わせてほどよいかたさにのばす。

❶野甘草は、塩を入れた熱湯で色よくゆでて冷水にとり、水分を軽く絞る。
❷4cmほどの長さに切り、茎の太い部分は2～3等分に縦に切って、芥子酢味噌で和えてぬた和えにする。
❸器に盛りつけ、スライスしたラディッシュを天盛りにする。
●前菜、箸休め、酢物としても。

器●赤絵平向

春野菜田舎煮

新じゃが芋　サラダ油
筍　米糠　たかのつめ
うど
蕗
胡麻油
だし6　味醂2　濃口醤油1
木の芽
もみ海苔

❶新じゃが芋を一口大に切って、170℃に熱したサラダ油で揚げて皮をむく。うどは3cm長さの篠にむき、大きいものは縦半分に切る。筍は米糠とたかのつめを入れ、柔らかくゆでてアク抜きしてから、食べやすい大きさに切る。蕗は生のまま3～4cm長さに切り、皮をむいて水洗いしておく。材料の割合は適量ずつ。
❷新じゃが芋、筍を胡麻油少量で炒める。材料がひたる程度のだしを入れ、味醂、濃口醤油は各半量を入れて煮る。
❸うどと蕗は、別に胡麻油で炒める。新じゃが芋が柔らかくなったら、うどと蕗を入れる。うど、蕗に煮汁がからみついたら、残りの味醂と濃口醤油を入れ、中火で煮汁がなくなるように炒り煮にする。
❹盛りつけして、もみ海苔、叩き木の芽を散らす。
●焚合、弁当にもよい。

器●黄瀬戸沓形向付

柔らか豆腐　旨だしゼリー掛け

豆乳　1リットル
にがり＊　75ml
旨だしゼリー（旨だし＊900ml、板ゼラチン10g）
青海苔
蕨　灰　吸地八方だし（↓28頁）
おろし山葵

＊にがり…海の精「料理にがり」を使用。豆乳の濃度によって分量を調整する。
＊旨だし…だし10を熱し、味醂1、濃口醤油1で味を調える。

❶豆乳を70〜75℃に温め、容器に流す。ここに分量のにがりを入れ、しゃもじで軽く混ぜ、自然に冷まして寄せて、冷蔵庫で冷やしておく。
❷旨だしゼリーをつくる。旨だしの調味料を合わせて温め、水で戻した板ゼラチンを溶かして、冷やし固める。
❸蕨は灰でアクを抜き、吸地八方だしで一煮立ちさせて、そのまま冷まして味を含ませる。
❹青海苔は熱湯で霜降りして冷水にとり、色出ししておく。
❺❶で冷やし固めた豆腐をスプーンですくって器に盛り、旨だしゼリーを軽く混ぜて適量かける。青海苔と蕨を盛りつけ、おろし山葵を添える。
●向付、前菜、冷し鉢にもよい。

器●金銀彩あやめ向付

新蓴菜　タピオカ　酸橘酢

新じゅんさい
タピオカ
酸橘酢＊
オクラ　塩
おろし山葵

＊酸橘酢…だし10、酢0.5、淡口醤油1、味醂1を熱したのちに冷まし、酸橘果汁0.5を加える。

❶新じゅんさいは熱湯にくぐらせ、色出しして冷水にとる。水気をきって冷しておく。
❷タピオカはたっぷりの水を入れて火にかける。煮立ったら火をとめて密封し、余熱で戻す。まだかたい場合は、再度火にかけては余熱で戻すことを2〜3回くり返す。戻ると、タピオカの白い芯がなくなり、透明感が出てくる。
❸冷水で洗い流し、ザルに上げて水分をきる。タピオカは、10〜20分間ほど弱火にかけて戻してもよい。
❹新じゅんさいとタピオカを同量ずつ合わせ、冷した器に盛り、酸橘酢を適量入れる。小口切りのオクラ、おろし山葵を添える。オクラはガクを取り、茎のかたいところに隠し包丁を入れ、塩ずりして塩を入れた熱湯でゆでて水にとったもの。
●前菜、酢物としても。

器●金縁高台切子杯、ギヤマン四方皿　掻敷●柿の葉

新蓴菜とろろ寄せ

新じゅんさい　長芋の2割
とろろ（おろし長芋）　720ml
寒天地（昆布だし360ml、棒寒天1本、板ゼラチン20g）
旨だし（だし8、味醂1、濃口醤油1）
オクラ　塩
おろし山葵

1. 新じゅんさいは熱湯にくぐらせて色出しして冷水にとる。水気をきって冷やしておく。
2. 寒天地をつくる。棒寒天を水につけてふやかす。昆布だしを火にかけ、水気を絞った寒天を入れて煮溶かす。混ぜながら2割ほど煮詰める。
3. 2を水嚢で漉し、水で戻した板ゼラチンを入れて溶かして寒天地をつくる。人肌に冷まし、1割ほど取り分けて、新じゅんさいを合わせる。こうすると、とろろとくっつきやすくなる。
4. 残りの寒天地を混ぜながら、分量のとろろを少しずつ混ぜ合わせて流し缶に注ぐ。寒天地と合わせた新じゅんさいをまんべんなく散らして、冷し固める。じゅんさいは長芋の2割ほどの分量が目安。
5. オクラは塩ずりして、熱湯でゆでて種を取り除き、刃叩きしておく。
6. とろろ寄せを切り出して盛り、冷たい旨だしを注ぎ、叩きオクラとおろし山葵を添える。

●前菜、向付に。

器●蛸唐草牡丹高台鉢

夏

揚げ茄子　べっ甲餡掛け

茄子　サラダ油
べっ甲餡*
長芋
茗荷
おろし生姜
もみ海苔

*べっ甲餡：だし10、味醂0.8、濃口醤油1を合わせて熱し、水で溶いた吉野葛適量を加えてとろみをつける。

1. 茄子はヘタを切り落とし、ところどころ皮をねじむきにして、一口大に切る。
2. 170℃に熱したサラダ油で中が柔らかくなるまでしっかり火を通して素揚げする。
3. 長芋は皮をむき、出刃包丁の峰で細かく叩いておく。
4. 器に盛りつけ、熱いべっ甲餡をかける。叩き長芋、刻み茗荷、おろし生姜、もみ海苔を添える。

●焚合にもよい。

器●朝顔青小鉢

野菜スタミナ合え

オクラ　長芋　納豆　モロヘイヤ　塩
大根おろし
芥子醤油＊
酢橘
もみ海苔

＊芥子醤油：だし２に対し、濃口醤油１を合わせ、練り芥子を好みの辛さに溶き入れる。

❶オクラはヘタを取り、茎の部分に十文字に包丁目を入れて塩ずりする。塩一つまみ入れた熱湯で色よくゆでて冷水にとり、水分をふいて乱切りにする。

❷長芋は皮をむき、オクラの大きさにそろえてさいのめに切る。

❸納豆は包丁で刃叩きしておく。

❹モロヘイヤは塩一つまみ入れた熱湯で色よくゆでて冷水にとる。軽く水分を絞り、刃叩きしてよく混ぜ、粘りを出す。

❺オクラ、長芋、納豆、モロヘイヤを同量ずつ混ぜ合わせ盛りつける。大根おろしを天盛りにして、芥子醤油をかけて、酢橘を搾る。もみ海苔を散らす。

●向付、箸休めにもよい。

器●吹き硝子向付

冷し小芋湯葉餡掛け

石川芋
八方だし（だし18、味醂0.5、塩少量、淡口醤油0.5）　追がつお
湯葉餡（汲み湯葉、豆乳、塩）
さやいんげん　塩　吸地八方だし（→28頁）
青柚子

❶石川芋は小粒を選ぶ。皮を布巾でこすり取り、根の部分を切る。水洗いしてぬめりをふき取り、八方だしにガーゼに包んだ追がつおを入れて直焚きする。冷まして味を含ませておく。

❷スジなしさやいんげんを塩一つまみ入れた熱湯で色よくゆでて冷水にとり、ほどよい長さに切る。吸地八方だしでさっと煮立てて、鍋ごと冷水で冷まし、味を含ませておく。

❸湯葉餡をつくる。汲み湯葉をなめらかに裏漉しし、豆乳少量でのばして塩味をつける。

❹石川芋を盛りつけ、湯葉餡をかけてさやいんげんを添え、青柚子をすりおろして、茶筅でふりかける。

●前菜、焚合、箸休め、冷し鉢としてもよい。

器●グレース切子皿

器●信楽台付変形皿

枝豆東煮

枝豆　塩
合せだし（だし4、味醂1.5、濃口醤油1）
一味唐辛子

❶枝豆は枝から切りはなし、すり鉢に入れて塩ずりして水洗いする。口当たりをよくするために産毛を取る。
❷枝豆が浸かる程度の合せだしを入れて、強火で一気に炊き、煮詰めて炒り上げる。
❸仕上げに一味唐辛子を好みでふる。

●前菜、箸休め、弁当にもよい。

器●虎竹手付き籠

秋

秋の実揚げ

ぎんなん　栗　むかご
サラダ油
旨塩

❶ぎんなんは殻を割って外す。140〜160℃に熱したサラダ油で色よく揚げて、ペーパータオルに移し、ぎんなんの皮をすべて取り除く。転がしながら油をふき取り、旨塩をふる。
❷栗は鬼皮をむき、渋皮を包丁でむいて半分に切る。170℃に熱したサラダ油でからっと揚げて、ペーパータオルに移し、転がしながら油をふき取り、旨塩をふる。
❸むかごは大きいものを選び、強火で10分間ほど蒸して火を通す。皮をむき170℃に熱したサラダ油でからっと揚げてペーパータオルに移し、転がしながら油をふき取り、旨塩をふる。
❹天紙を敷いて、ぎんなん、栗、むかごを同量ずつ盛りつける。

●前菜、箸休め、揚物としてもよい。

かくや和え

たくあん漬け　奈良漬け
胡瓜　塩
茗荷　生姜
煮切り酒　淡口醤油
白煎り胡麻

❶たくあん漬け、奈良漬け、胡瓜は4㎝長さにそろえて、マッチ棒程度のせん切りにする。
❷たくあん漬けと奈良漬けは別々にザルにとり、流水でさっと洗い流し、軽く絞って水分をきる。
❸胡瓜は薄塩をして30分間ほどおき、しんなりさせて軽くもんで水分をきる。
❹茗荷と生姜は細いせん切りにして、さっと水洗いしておく。
❺たくあん漬け1、奈良漬け1、胡瓜1を混ぜ合わせて、茗荷、生姜を全体量の5%ずつ混ぜ合わせる。煮切り酒少量と淡口醤油で味を調えて、白の煎り胡麻を適量混ぜて盛りつける。
●前菜、箸休めにもよい。

器●芝垣小鉢

茸とあけび味噌炒め　あけび釜

あけび　サラダ油
舞茸　しめじ茸　あわび茸
胡麻油
合せ味噌（田舎味噌200g、酒90㎖、味醂36㎖、砂糖50g、豆板醤10g）
三つ葉

❶あけびは皮がはじけたところから、種を取り除き、釜をつくる。5分の1ほど皮を切り取る。釜の切り口にはサラダ油を塗ってアク止めする。
❷切り取った皮は短冊に切り、170℃に熱したサラダ油で素揚げして、ペーパータオルで油をふき取る。
❸舞茸、しめじ茸、あわび茸の石突きを取り除き、あけび釜に入る大きさに分けて、❷のあけびと同量ずつを用意しておく。
❹フライパンを熱して胡麻油をひき、強火で茸を炒めたのち、揚げたあけびを混ぜて炒め、合せ味噌を適量入れて味つけして仕上げる。
❺釜に盛りつけして、色よくゆでた軸三つ葉を天盛りにする。
●箸休めとしてもよい。

器●赤絵鹿紋舟形皿　掻敷●あけび蔓

器●刷毛目六寸深皿、柿釜　掻敷●柿の葉

柿みぞれ酢和え

柿　塩
三つ葉　塩
もって菊　塩　酢
みぞれ酢（土佐酢3→28頁、大根おろし1）

❶柿は天地3対7の割合で横に切り、身をくり抜いて柿釜をつくる。塩水で洗って水分をきっておく。くり抜いた柿も大きさをそろえて塩水で洗い、水分をきっておく。
❷三つ葉は葉をむしり取り、塩を一つまみ入れた熱湯で、色よくゆでて冷水にとり、3cm長さに切っておく。
❸もって菊は花弁をむしり、塩と酢少量を入れた熱湯で、色よくゆでて冷水に取り、軽く絞っておく。
❹柿、軸三つ葉、もって菊をみぞれ酢で和えて柿釜に盛りつける。
●前菜、箸休め、酢物にも向く。

器●朱四方皿

秋の実重ね

柿　りんご　みかん　梨　塩
塩ドレッシング＊
もって菊

＊塩ドレッシング：サラダ油1.5、酢1、塩適量、白胡椒少量をよく混ぜる。

❶柿、りんご、梨はそれぞれ皮をむいて種と芯を取り除き、短冊に切って塩水で洗いアク止めする。
❷みかんは皮をむいて、甘皮をきれいに取り除く。半分に割って芯を切り取り4～5㎜の厚さに切る。
❸下ごしらえした果実2枚ずつを交互に重ねて盛りつけ、塩ドレッシングをかけて、もって菊の花弁を天に盛る。
●箸休め、酢物としてもよい。

香茸と長芋　菊花和え

香茸
戻し汁6　砂糖1.5　味醂1　濃口醤油1
長芋　旨塩
菊　塩　酢　浸し地（→28頁）
三つ葉

❶香茸はたっぷりのお湯につけて一晩おき、翌日水を取りかえて半日おく。
❷きれいに水洗いして水を取りかえて火にかける。中火で柔らかく戻し、香茸がつかるくらいに詰まったら、砂糖を加えてしばらく炊き、味醂を加える。濃口醤油は3回に分けて加える。
❸煮汁がなくなるまで炊いて甘露煮にし、4㎝長さのせん切りにする。
❹長芋は3㎝長さの拍子木に切る。水洗いして旨塩をふり、薄味をつけて6～7分間塩蒸しする。
❺菊花は花弁をむしり取り、塩一つまみと酢少量を加えた熱湯で、色よくゆでて冷水にとり、軽く絞る。浸し地で地洗いしてからつけておく。
❻同量ずつの材料を合わせて盛りつけ、色よくゆでた軸三つ葉を天盛りにする。

●前菜、箸休め、弁当にも向く。

器●赤楽刷毛目琵琶形小向

網茸と芋がら当座煮

網茸（塩漬け）
芋がら　塩
胡麻油　合せだし（だし3、味醂1.5、濃口醤油1）　一味唐辛子
柚子

❶網茸は塩漬けを使用、芋がらと同量用意する。網茸を水洗いして表面の塩を洗い流す。
❷1％濃度の塩水に1時間ほどつけて塩抜きする。網茸の塩分濃度により、2～3回くり返して塩分を抜き、ザルに上げて水分をきる。
❸芋がらはぬるま湯に1時間ほどつけたあと、軽くもみ洗いする。鍋に移して水をたっぷりはって火にかける。煮立ったら中火にして15分間煮て柔らかく戻す。流水で洗い流し、水分をきって、4㎝長さに切る。
❹鍋を熱して胡麻油をひき、強火で芋がらを炒め、途中で網茸を加える。合せだしを加えて、さっと炒め煮にする。好みの辛さの一味唐辛子を加えて仕上げる。盛りつけて針柚子を天に盛る。

●前菜、箸休め、弁当としてもよい。

器●粉引き割山椒

とんぶり山芋揚げ 濃口八方餡掛け

つくね芋　卵白
とんぶり
サラダ油
濃口八方餡＊
柚子　おろし山葵

＊濃口八方餡：だし8、味醂1、濃口醤油1を合わせて熱し、水で溶いた吉野葛を加えてとろみをつける。

❶つくね芋の皮をむき、すり鉢できめ細かくすりおろす。卵白1割を加えてよくすり合わせ、ふんわり仕上げる。

❷とんぶりをすり鉢に移して、浸るくらいの水を入れて、軽く手のひらで混ぜながら表面の薄皮をはがして、水をたっぷり加えて表面に浮いた皮を流す。これを4～5回くり返して、砂など異物が混入していないか確認して水分をきる。

❸つくね芋1、とんぶり3の割合で混ぜ合わせる。丸く取り、170℃に熱したサラダ油で、表面が固まるくらいに揚げて器に盛る。

❹熱した濃口八方餡をかけて針柚子とおろし山葵を添える。

●焚合、合肴、揚物にもよい。

器●赤絵四寸角皿

冬

丸スープ玉地蒸し

丸スープ（→20頁）2　だし4　卵1
淡口醤油適量
長ねぎ
のし餅
生姜

❶丸スープとだしに溶き卵を合わせて淡口醤油で味つけして玉地をつくる。

❷長ねぎに平串を打ち、両面をこうばしく焼き、一口大に切る。のし餅は一口大に切ってこんがり焼いておく。

❸小茶碗に玉地を注ぎ、焼ねぎ、焼餅を加えて蒸し器に入れて、強火で8分間ほど蒸す。

❹提供時、露生姜を2～3滴加える。

●吸物替り、凌ぎ、合肴、蒸物にも向く。

器●飴釉見返し金彩小吸碗

七福七運盛り

かぼちゃ　蓮根　人参　八方だし＊
ぎんなん　重曹　ご飯少量　八方だし＊
金柑
糸寒天　八方だし＊
うどん　塩
八方だし＊900ml　板ゼラチン10g
＊八方だし：だし16、味醂5、淡口醤油1を合わせる。

器●緑金彩緑交趾六寸皿、ぽんかん釜

❶かぼちゃ（南京）、蓮根、人参は、ぽんかん釜に合わせて一口大に切る。それぞれ別に八方だしで煮て、味を含ませる。

❷ぎんなんは殻を取り除く。割り箸5〜6本でかき混ぜながら重曹を少量入れた熱湯でゆで、薄皮を取り除く。

❸むきぎんなんとご飯少量を土鍋に入れて水を注ぎ火にかける。沸騰する前に弱火にし、2時間ほどかけて、はじけないように柔らかく戻し、そのまま自然に冷ます。冷めたら水洗いして八方だしで煮て、味を含ませる。

❹金柑は天地を切り落とし、2等分に切る。天火で両面を焼いておく。

❺糸寒天は30分間水につけて戻し、4cm長さに切って八方だしにつける。

❻うどんをゆでて、4cm長さに切り、薄塩をしておく。

❼以上をぽんかん釜に盛る。八方だしを熱し、火からおろして、水で戻したゼラチンを溶かして冷ます。固まりはじめたら、ぽんかん釜に注ぎ入れて冷やす。

●箸休めにも。

＊「ん」がつく食材七種の料理を盛り込む七運盛り。12月の冬至、または2月節分の頃（旧暦の冬至）に出す。

慈姑いろいろ　素揚げ　煎餅　磯辺揚げ

くわい
海苔
サラダ油　旨塩

❶素揚げ。芽くわいをきれいに掃除して170℃に熱したサラダ油で素揚げする。ペーパータオルの上で転がしながら油をふき取り、旨塩を適量ふる。

❷煎餅。くわいの大きいものを選び、きれいに掃除する。皮ごと4〜5mm厚さの輪切りにする。さっと水洗いして水分をよくふき取る。170℃に熱したサラダ油で素揚げする。ペーパータオルの上で転がしながら油をふき取り、旨塩を適量ふる。

❸磯辺揚げ。くわいの芽を残して皮をむき、さっと水洗いして水分をよくふき取る。芽を持っておろし金ですりおろす。軽く水分をきり、海苔の裏側に5〜6mm厚さに塗ってのばす。170℃に熱したサラダ油にくわいを下向きにして入れ、途中で返してからっと揚げる。一口大の大きさに切り、ペーパータオルの上で転がしながら油をふき取り、旨塩を適量ふる。

●前菜、箸休めとしてもよい。

器●焼〆たたら長皿

器●煤竹蓋付き籠　掻敷●野蕗の葉、サンシュ

春

春の前菜　七種盛り

うるい切り胡麻和え

器●黄交趾小付

うるい　塩
浸し地（↓28頁）
白切り胡麻

❶うるいは水洗いし、塩を入れた熱湯でゆでる。
❷3㎝長さに切り、地洗いしてから浸し地に1時間ほどつける。
❸うるいを取り出し、白切り胡麻で和える。

●先付、箸休めとしてもよい。

かたくり山葵浸し

器●桜形小付

かたくり菜　塩
浸し地（↓28頁）
おろし山葵

❶かたくり菜は水洗いして、塩を入れた熱湯でゆでる。
❷3cm長さに切り、地洗いしてから浸し地に1時間ほどつける。
❸浸し地適量に好みの量のおろし山葵を溶き入れて、さっと混ぜて盛りつける。浸し地を少なくすると、山葵の量も少なくてすむ。
●先付、箸休めとしてもよい。

筍くわ焼き

器●唐津船形向付

筍　米糠　たかのつめ
片栗粉　サラダ油
合せだれ（酒1、味醂2、濃口醤油1）
練り芥子

❶筍は米糠とたかのつめを入れ、柔らかくゆでてアク抜きする。食べやすい大きさに切り、片栗粉をまぶす。
❷フライパンにサラダ油をひき、筍の両面をよく焼いたのち、熱湯をかけて油抜きする。
❸フライパンに筍を戻し、合せだれ適量を加えて、こがさないようにからめて仕上げる。
❹器に盛り、練り芥子を添える。
●焼物、焚合、弁当にも向く。

蕨寿司

蕨　灰
吸地八方だし（↓28頁）　追がつお
寿司飯＊　白煎り胡麻
おろし山葵　海苔
濃口醤油

＊寿司飯：米1.8リットルを炊き、寿司酢を切り混ぜる。寿司酢は酢180mlに砂糖100g、塩40gを加えて混ぜ合わせてつくる。

❶蕨をアク抜きする。熱湯に灰（蕨の1割）を入れて蕨をゆで、水にさらしてアク抜きする。または灰をまぶし、落し蓋をして、たっぷりの熱湯を加えて5〜6時間おく。火が通ると同時にアクも抜ける。水洗いして根元を切り落とす。
❷吸地八方だしを火にかけ、煮立ったらアク抜きした蕨を入れて一煮立ちさせる。鍋ごと冷水につけて冷ます。ガーゼに削りがつおを包んで加えて追がつおし、2〜3時間おいて味を含ませる。水気をきって4cmほどに切る。
❸寿司飯の粗熱がとれたら白煎り胡麻適量を混ぜ込む。
❹寿司飯を適量とり、おろし山葵をつけて蕨をのせてにぎり寿司をつくる。
❺帯状に切った海苔で巻いてとめる。濃口醤油を一刷毛塗る。
●凌ぎ、少し大きくつくってご飯に。

独活梅肉和え

うど　焼きミョウバン水
吸地八方だし（↓28頁）　追がつお
梅肉餡＊

＊梅肉餡：だし10を温め、赤梅肉1、砂糖少量を加えて、水溶き吉野葛適量でとろみをつける。

❶うどは3cm長さに切って篠にむく。薄い焼きミョウバン水に1時間ほどつけてアク止めをする。
❷吸地八方だしに追がつおをし、うどをさっと炊いて歯応えを残し、鍋ごと冷水につけて冷ます。
❸梅肉餡は鍋ごと冷水につけて混ぜながら冷ます。
❹うどの水分をふき、梅肉餡をからませて盛りつける。
●酢物、焼物のあしらいにもよい。

蚕豆艶煮

そら豆　塩
砂糖蜜（水1、砂糖1、塩少量）

❶そら豆はサヤを外して薄皮をむき、薄塩をして軽くもんで水洗いする。
❷鍋に移してそら豆がつかる分量の砂糖蜜を注ぐ。紙蓋をして沸騰させないように弱火で10分間ほど煮て火を通し、鍋ごと冷水につけて冷ます。煮くずれしないように注意する。
●焼物や水物の添え、甘味にもよい。

桜長芋素揚げ

長芋　サラダ油
旨塩

❶長芋を金切り用ノコギリで1cm厚さに切る。
❷桜の抜き型で抜き、水洗いする。
❸水分をよくふき取り、170℃に熱したサラダ油で歯応えが残るように揚げて旨塩をふる。
●揚物や弁当などのあしらいに。

春の前菜　六種盛り

根三つ葉芥子浸し

器●仁清写ぼんぼり

根三つ葉　塩
浸し地（↓28頁）
練り芥子

器●伊賀刷毛目平向　掻敷●うるいの葉

❶根三つ葉は水洗いして適宜に束ねる。塩を入れた熱湯に根元を先に入れ、さっと色よくゆで、冷水にとる。❷軽く絞って器に合わせて切り、地洗いしてから浸し地に1時間ほどつけて味を含ませる。❸浸し地をとり分け、練り芥子を溶き入れて三つ葉をつけ、好みの辛さに仕上げる。●先付、箸休めにも。

花山葵深山漬け

器●吹墨三つ足小付

花山葵　塩
つけ酢＊

＊つけ酢：だし3、酢2、味醂0.5、濃口醤油1を合わせて熱し、冷ます。

❶花山葵は4cm長さに切る。寸胴鍋に移して塩を軽くふり、落し蓋をして、花山葵がかくれる程度の熱湯を注ぎ、1～2分間おく。❷湯を捨てて、落し蓋を外して密封し、上下左右に1～2分間強くふるか、軽くもんで、1時間ほど放置すると辛い香味が出る。❸つけ酢に3～4時間つける。●先付、箸休め、酢物にも向く。

蕗寿司

蕗　塩
吸地八方だし（↓28頁）　追がつお
寿司飯＊　白煎り胡麻
淡口醤油
葉生姜　はじかみ用甘酢（↓28頁）

＊寿司飯：米1.8リットルを炊き、寿司酢を切り混ぜる。寿司酢は酢180mlに砂糖100g、塩40gを加えて混ぜ合わせてつくる。

❶蕗青煮をつくる。蕗は鍋に入る長さに切って水洗いする。軽く塩もみする。熱湯を沸かし、強火で色よくゆでる。すぐに水にとり、皮をむく。❷吸地八方だしを火にかけ、煮立ったら蕗を入れて一煮立ちさせる。ザルに上げてあおいで冷ます。煮汁も冷まし、ともに冷めたら、蕗を煮汁に戻す。ガーゼに削りがつおを包んで煮汁に入れて追がつおし、1時間おいて味を含ませる。❸寿司飯の粗熱がとれたら白煎り胡麻適量を混ぜ込む。❹巻き簾にラップフィルムを敷いて、水分をふいた蕗を並べ、寿司飯を棒状にまとめて小袖寿司をつくる。切り出したらラップを外し、淡口醤油を一刷毛塗って盛りつける。❺葉生姜は布巾でしごいてきれいに掃除する。束ねて持ち、根元を熱湯に5～6秒つけたのち、さっと放して霜降りし、鮮やかな赤色にかわったら、すぐザルに広げて冷まし、甘酢につける。●凌ぎ、少し大きくつくってご飯に。

山独活　田舎味噌添え

山うど　酢
田舎味噌

❶山うどは3cm長さの篠にむき、縦半分に切り、酢水で洗う。
❷盛りつけて田舎味噌を添える。
●先付、箸休め、焼物のあしらいにもよい。

蕨白和え

蕨　灰
吸地八方だし（↓28頁）
白和え衣（木綿豆腐10、白胡麻1、砂糖蜜＊、塩水＊、淡口醤油各少量）

＊砂糖蜜：水180mlに砂糖450gを合わせて煮溶かして冷ましたもの。
＊塩水：水180mlに塩50gを合わせて溶かしたもの。

❶蕨をアク抜きする。熱湯に灰（蕨の1割）を入れて蕨をゆで、水にさらしてアク抜きをし、根元のかたい部分を切り落とす。
❷吸地八方だしでさっと煮て、鍋ごと冷まして下味をつける。
❸白和え衣をつくる。木綿豆腐を昆布湯（分量外）で煮立たせないようにゆでたのち、さらしで包み、抜き板ではさんで重しをし、3時間ほどおいて水切りする。これを裏漉しする。白胡麻をよく煎り、すり鉢で油が出るまですり潰し、裏漉しした豆腐を混ぜる。砂糖蜜、塩水、淡口醤油各少量で味を調えたのち、羽二重漉しをする。適宜にだしでのばして、かたさと味を調える。
❹蕨の水分を切り、ほどよい長さに切りそろえ、白和え衣で和える。
●先付、箸休めにも向く。

焼き蚕豆

そら豆　塩

❶そら豆はサヤから取り出して薄皮をむく。
❷薄塩をして30分間ほどおき、アルミホイルに並べて、オーブンまたは天火で焼く。
●先付、あしらいにもよい。

春の前菜　七種盛り

しどけ浸し

しどけ　塩
浸し地（↓28頁）
白煎り胡麻

器●あやめ珍味入れ

❶しどけは塩を入れた熱湯でゆでて冷水にとり、軽く絞って器に合わせて切る。
❷浸し地で地洗いしたのち、1時間つけて味を含める。
❸盛りつけ時、白煎り胡麻を混ぜる。
●先付、箸休めとしてもよい。

器●朱塗り八つ橋
掻敷●青紅葉

アスパラとうふ

器●青磁高台杯

ホワイトアスパラガス　3
昆布だし　6
吉野葛　1
塩　少量
旨だし（だし8、味醂1、濃口醤油1）
おろし山葵

❶アスパラとうふをつくる。ホワイトアスパラガスは根元のかたい部分の皮をむき、塩を入れた熱湯でゆでる。根元まで柔らかくなったらそのまま自然に冷ます。保存するときはゆで汁につけておく。水分をふき取り、分量の昆布だしとともにミキサーにかける。
❷右記の割合で吉野葛を合わせて裏漉しする。
❸胡麻とうふをつくる要領で、❷を鍋に入れて30〜40分間かけて練り上げる。塩で薄味をつける。
❹流し缶に流し、冷し固める。
❺器に合わせて切り出し、冷たい旨だしを注ぎ、おろし山葵を添える。
●先付、向付としてもよい。

五三竹粽寿司

五三竹（ねまがり竹）　米糠　たかのつめ
八方だし（だし12、味醂1、淡口醤油1）
寿司飯＊　木の芽
おろし山葵

＊寿司飯…米1.8リットルを炊き、寿司酢を切り混ぜる。寿司酢は酢180mlに砂糖100g、塩40gを加えて混ぜ合わせてつくる。

❶五三竹は米糠とたかのつめを入れて1時間ほどゆでて、自然に冷ましアク抜きして皮をむく。
❷五三竹を八方だしで煮て味を含ませる。7cm長さに切り、片面に切り目を入れて開くようにする。
❸内側におろし山葵をつけて、寿司飯を細長くまとめて寿司をつくる。寿司飯は叩き木の芽を混ぜておく。笹で包んでイグサで結わき、粽をつくる。
●凌ぎ、弁当にもよい。

蕗磯辺巻き

蕗青煮（↓44頁蕗寿司1〜2）
磯の雪

❶蕗青煮の水分をよく切り、8本ほどをまとめて磯の雪（真昆布を海苔状に加工したもの）で巻き、切り出す。
●先付としてもよい。

こごみ胡麻和え

こごみ　塩
吸地八方だし（↓28頁）
胡麻和え衣（白みがき胡麻100g、だし100ml、淡口醤油、煮切り味醂各少量）

❶こごみは塩を入れた熱湯で色よくゆでて冷水にとる。
❷水分を切り、食べやすい大きさに切る。吸地八方だしを温め、こごみを入れて一煮立ちさせて、鍋ごと冷水で冷まし1時間おいて薄味をつける。
❸胡麻和え衣をつくる。白みがき胡麻をよく煎り、すり鉢ですって、だしでのばす。淡口醤油、微量の煮切り味醂を加えて味を調える。
❹こごみに胡麻和え衣をからませる。
●先付にもよい。

蚕豆塩蒸し

そら豆　塩

❶そら豆はサヤから取り出し、皮をむく。
❷水でぬらし、塩をふり、軽くもんで水洗いする。
❸そら豆をバットに並べ、薄塩をして強火で蒸す。
●先付、八寸、焚合、焼物のあしらい、弁当などにも。

山独活山葵漬け和え

山うど　酢　塩
山葵漬け（練り粕＊500g、白味噌100g、茎山葵200g）

＊練り粕…板粕500gをちぎり、酒50ml、水400mlに5〜6時間浸して柔らかく戻して、裏漉しする。

❶山うどは皮をむき、小口から5〜7mm厚さに切って、酢水で洗い、アク抜きする。
❷山葵漬けをつくる。茎山葵は霜降りして小口切りにする。練り粕と白味噌を合わせ、先の茎山葵を混ぜて、一晩おいてなじませる。
❸山うどに薄塩をして30分間ほどおき、塩がなじんだら山葵漬けで和えて盛りつける。
●先付、香物、弁当としてもよい。

春の前菜　七種盛り

こしあぶら胡麻和え

器●粉引き高台杯

こしあぶら　塩
吸地八方だし（↓28頁）
胡麻和え衣（白煎り胡麻１００g、だし１００ml、淡口醤油少量、味醂少量）

❶こしあぶらは枝つきのかたい部分を切り落とし、太いものは十字に切り込みを入れる。塩を入れた熱湯で色よくゆでて冷水にとる。
❷吸地八方だしを熱し、こしあぶらを入れて、一煮立ちさせる。火からおろして鍋ごと冷水で冷まし、１時間おいて薄味を含ませておく。
❸胡麻和え衣をつくる。胡麻の香りを損なわないよう、白煎り胡麻を包丁で切り、だしと合わせる。淡口醤油、微量の味醂を加えて味を調える。
❹こしあぶらの水分をきって、器に合わせて切り、胡麻和え衣で和える。
●先付、弁当にもよい。

器●矢羽根白木板　掻敷●菖蒲、よもぎ、しだ

あいこ山芋和え

器●あやめ型珍味入れ

あいこ　塩
山葵醤油（濃口醤油、おろし山葵）
山芋

❶あいこは茎を食べる山菜。塩を入れた熱湯で色よくゆでて冷水にとる。蕗の皮をむく要領で皮をむく。
❷器に合わせてざく切りにし、好みの辛さに調えた山葵醤油で和える。
❸器に盛りつけ、おろした山芋をかける。●先付、向付にもよい。

蕨寿司

蕨　灰
旨だし（だし６、味醂１、淡口醤油１）
　追がつお
寿司飯＊　木の芽
おろし山葵

＊寿司飯：米1.8リットルを炊き、寿司酢を切り混ぜる。寿司酢は酢１８０mlに砂糖１００g、塩40gを混ぜ合わせる。

❶蕨は灰でアクを抜く。旨だしに追がつおをして、蕨をさっと煮たのち火からおろし、鍋ごと冷まして２〜３時間おいて味を含ませる。
❷寿司飯が冷めたら叩き木の芽をさっくり混ぜる。
❸巻き簾にラップフィルムを敷き、蕨を横に並べる。おろし山葵をつけて寿司飯を軽く棒状にまとめてのせ、巻き簾で締める。
❹巻き簾を外し、ラップごと切り出してラップを外し、柏の葉で包む。
●凌ぎ、弁当にも向く。

ホワイトアスパラガス磯辺揚げ　黄身酢掛け

掻敷●柿の葉

ホワイトアスパラガス
海苔
天ぷら衣＊
天ぷら油（サラダ油、胡麻油）　塩
黄身酢＊

＊天ぷら衣：薄力粉２００gに卵黄１個を混ぜた冷水３６０mlを混ぜる。
＊黄身酢：卵黄６個、酢90ml、味醂90ml、塩少量、吉野葛10mlをすべて合わせてよく混ぜ、湯煎にかける。茶筅で混ぜながら練り、マヨネーズ程度のかたさになったら、鍋ごと氷水につけて混ぜながら冷ます。

❶ホワイトアスパラは根元のかたい部分の皮をむく。

❷全体を海苔で巻き、海苔の端に天ぷら衣をつけてとめる。
❸天ぷら衣をつけて、170℃に熱した天ぷら油でからっと揚げる。紙の上で転がしながら油をふき取り、塩をふる。
❹器に合わせて切り出して盛り、黄身酢を添える。
●先付、揚物、弁当にもよい。

豌豆掻き揚げ

えんどう豆　薄力粉
天ぷら衣＊
天ぷら油（サラダ油、胡麻油）　塩

＊天ぷら衣：薄力粉200gに卵黄1個を混ぜた冷水360mlを混ぜる。

❶えんどう豆はサヤから取り出す。薄力粉をまぶし、天ぷら衣をつける。
❷ラップフィルムで丸くまとめ、160～170℃に熱した天ぷら油で揚げる。
❸紙の上で転がしながら油をふき取り、塩をふって味をつける。
●先付、揚物、弁当にもよい。

五三竹南蛮漬け

五三竹　米糠　たかのつめ
薄力粉　サラダ油
合せ酢（だし6、酢2、味醂1、淡口醤油1）　たかのつめ　生姜

❶五三竹は米糠とたかのつめを入れて、1時間ほどゆでる。自然に冷まし、アク抜きし、皮を取り除く。
❷水分をふき取り、薄力粉を薄くまぶし、170℃に熱したサラダ油で揚げる。揚げたてに熱湯をたっぷりかけて油抜きをする。
❸合せ酢を合わせて温めて、五三竹を入れる。種を抜いたたかのつめと生姜の薄切りを加えて一晩つける。
●先付、酢物、弁当にも向く。

谷中生姜　田舎味噌

葉生姜（谷中生姜）
田舎味噌

❶新ものの葉生姜は、布巾などでしごいて、薄皮をこそげ落とす。
❷軸を持ち、熱湯に根の部分のみをつけてさっとゆでる。全体を熱湯に放ち、軸の部分が赤くなったらザルに上げて冷ます。ゆでたのち、甘酢につけてもよい。
❸赤い軸を少し残して半分に切り、田舎味噌をはさんで盛りつける。
●先付、焼物のあしらい、弁当にもよい。

夏

夏の前菜　六種盛り

器●四つ手籠　掻敷●七夕飾り、葛の葉

金時草浸し

器●緑金高台ぐい呑み

金時草　塩
浸し地（↓28頁）
白煎り胡麻

❶金時草は塩一つまみを入れた熱湯でゆでて、冷水にとり、軽く絞って3cmほどの長さに切る。
❷浸し地で地洗いしてザルに上げて水分をきる。1時間ほどおき、これを浸し地につけて味をなじませる。白煎り胡麻を混ぜて盛りつける。
●先付、焚合にもよい。

酸漿とまと

器●酸漿器珍味入れ

ミニトマト
旨塩

❶ほおずきの器に合う大きさのおいしいミニトマトを用意する。
❷トマトのヘタを取り、天に小さく十文字に包丁目を入れる。
❸熱湯でさっと霜降りして冷水にとり、皮をむく。
❹盛りつけて、旨塩を天に添える。
●先付、箸休めにもよい。

白瓜小袖寿司

器●青白磁笹舟小付

白瓜　塩　昆布
寿司飯＊　白煎り胡麻
おろし山葵
吉野酢＊
はじかみ　塩　はじかみ用甘酢（↓28頁）

＊寿司飯…米1.8リットルを炊き、寿司酢を切り混ぜる。寿司酢は酢１８０mlに砂糖１００g、塩40gを加えて混ぜ合わせてつくる。
＊吉野酢…だし８に対して右記寿司酢１を合わせて熱し、水で溶いた吉野葛を加えてとろみをつける。

❶白瓜は両端を切り落として塩ずりする。縦に割って種を取り、３％濃度の塩水に１時間つける。昆布ではさみ、軽めの重しをして一晩昆布締めする。
❷寿司飯を合わせて、白煎り胡麻を混ぜる。
❸寿司飯を包みやすいよう、白瓜の皮目に縦に包丁目を入れる。
❹布巾に皮目を下にして白瓜をおき、おろし山葵を適量つける。寿司飯を棒状にのばし、布巾で締めて小袖寿司をつくる。切りやすいようラップフィルムで巻く。
❺切り出して、白瓜の皮目に吉野酢を一刷毛塗る。はじかみを添える。
❻はじかみは布巾でしごいて薄皮をこそげおとす。軸を持って熱湯に根の部分だけをつけてさっとゆでる。全体を熱湯に放ち、軸の部分が赤くなったら、ザルに上げて薄塩をふり、冷まして甘酢につける。
●凌ぎ、ご飯としてもよい。

茶筅茄子田楽

小茄子　サラダ油
赤田楽味噌＊

＊赤田楽味噌…赤味噌１kg、酒３６０ml、味醂１８０ml、砂糖５００～４００gを合わせて火にかけ、弱火で30～40分間かけて練り上げる。卵黄５個は仕上げる５～６分前に入れる。

❶小茄子のヘタのまわりに包丁を浅く入れてガクを外す。側面から中心に向かって縦に切り目を８～10本ほど入れる。底まで切りはなさないようにする。
❷１６０～１７０℃に熱したサラダ油で揚げて、ペーパータオルで油をふき取る。茄子はねじって座りをよくし、切り目の間から小さな絞り袋を使って赤田楽味噌を適量射込む。
●弁当、箸休め、焼物のあしらいとしてもよい。

玉蜀黍掻き揚げ

とうもろこし　薄力粉　天ぷら衣＊
サラダ油
塩

＊天ぷら衣…薄力粉２００gは、卵黄１個を溶き混ぜた冷水３６０mlと合わせる。完全に混ざらなくてもよい。

❶とうもろこしの粒を外し、薄力粉を薄くまぶして天ぷら衣をからめる。
❷ラップで丸くとり、１６０～１７０℃に熱したサラダ油で揚げて、ペーパータオルの上で転がして油をふき取り、塩をふる。
●先付、揚物、弁当としてもよい。

星型揚げパン

食パン　サラダ油　塩

❶食パンを５～６㎜の厚さに切り、１時間ほど風にあてて表面を乾かす。抜き型で星の形に抜く。
❷１７０℃に熱したサラダ油で両面を返しながら、きつね色に揚げる。
❸ペーパータオルで油をふき取ったのち、塩をふる。色紙や短冊に切ってキャビアなどをのせてもよい。
●色紙や短冊に切って、カナッペなどにも向く。

夏の前菜　五種盛り

白芋茎　おくら和え

白ずいき　ミョウバン　大根おろし　たかのつめ　酢
吸地八方だし（↓28頁）　追がつお
オクラ　塩
花穂紫蘇

❶白ずいきは根の部分を少し切り落とし、１枚ずつはがしてから皮をむく。ほどよい大きさに縦に割り、３％濃度のミョウバン水に１時間ほどつけてアク止めする。

❷熱湯に大根おろし、たかのつめ、酢少量を加えて白ずいきを入れて落し蓋をし、歯応えが残るくらいにゆでて、おか上げする。冷めたら流水で洗い流し、５～６本を竹皮紐などで束ねる。

❸煮立てた吸地八方だしでさっと煮て、ザルに上げ、冷風をあてる。煮汁が冷めたら、白ずいきを戻して、ガーゼで包んだ削りがつおで追がつおをする。３時間ほどつけて味を含ませる。

❹オクラはヘタを取り、茎の部分に十文字に隠し包丁目を入れて塩ずりする。塩一つまみ入れた熱湯で色よくゆでて冷水にとる。水分をきり、小口から薄く切って塩をふる。

❺白ずいきの水分をきり、２～３㎝長さに切る。オクラで和えて盛りつけ、ほぐした花穂紫蘇を天に盛る。

●先付、箸休め、弁当にもよい。

枝豆湯葉和え　酸橘搾り

枝豆　塩
汲み湯葉　豆乳　塩
おろし山葵
酸橘

❶枝豆は塩ゆでしてザルに上げて塩をふり、冷風で冷ましてサヤから豆を取り出す。塩加減をみて薄味をつける。

❷柔らかい汲み湯葉をほぐす。かたいようであれば豆乳を入れてからみやすく調整して塩味をつける。

❸枝豆を湯葉で和えて盛りつけ、おろし山葵を添えて酸橘を２～３滴搾り落とす。

●先付、箸休め、弁当にもよい。

器●三つ足煤竹丸籠
掻敷●蓮の葉、蓮の花びら

小メロン昆布締め 黄身酢掛け

小メロン　塩　昆布
黄身酢＊
丁子茄子

＊黄身酢：卵黄6個、酢90ml、味醂90ml、塩少量、吉野葛10mlをすべて合わせてよく混ぜ、湯煎にかける。茶筅で混ぜながら練り、マヨネーズ程度のかたさになったら、鍋ごと氷水につけて混ぜながら冷ます。好みで砂糖を加えてもよい。

❶小メロンは両端を切り落として塩ずりする。打ち抜きで種を抜き取り、割り箸を差し込み、ぐるぐるまわして種をきれいに取り除く。
❷3％濃度の塩水に1時間ほどつける。昆布を1cm幅に切り、種を抜いた小メロンに差し込む。昆布ではさんで軽い重しをして一晩昆布締めにする。
❸小メロンに差し込んだ昆布を抜き取り、切り出して盛りつけ、黄身酢をかけて丁子茄子を天に盛る。
●先付、向付、箸休め、香物としてもよい。

無花果胡麻クリーム掛け

いちじく
胡麻クリーム＊

＊胡麻クリーム：白あたり胡麻100gをだし60mlでのばし、淡口醤油少量、煮切り味醂ごく少量を加えて味を調える。マヨネーズほどのかたさに仕上げる。

❶いちじくは包丁で皮をむき、4〜6等分のくし形に切る。
❷器に盛りつけ、上から胡麻クリームをかける。
●先付、向付、箸休めにも向く。

管牛蒡旨煮

新ごぼう　米糠
胡麻油
濃口旨だし（だし8、味醂1、濃口醤油1）

❶新ごぼうを2cm長さに切り、米糠を入れた熱湯でさっとかためにゆでる。
❷極細の金串をごぼうの皮と芯の間に差し込んでくるりとまわして芯を抜き取り、管牛蒡をつくる。
❸胡麻油を熱し、ごぼうを強火で炒めてから、濃口旨だしを入れて煮含める。●焚合、弁当にもよい。

夏の前菜　五種盛り

苦瓜味噌炒め煮

苦瓜
胡麻油
合せ味噌（田舎味噌300g、砂糖60g、酒180ml）
一味唐辛子　真砂

❶苦瓜は縦割にして種を取り除き、小口から4～5mm厚さに切る。
❷鍋に胡麻油を入れて強火で炒め、合せ味噌を適量入れて炒りつけ、一味唐辛子を少量ふり、好みの辛さに仕上げる。
❸苦瓜を盛り、真砂を天に盛る。
●先付、箸休め、ご飯のおかずにもよい。

新蓮根　枝豆　梅肉和え

新蓮根　酢　酒　塩
枝豆　塩
梅肉＊

＊梅肉：梅肉90mlに煮切り酒180ml、淡口醤油18ml、砂糖40gを合わせて熱し、水で溶いた吉野葛少量を加えてとろみをつける。

❶新蓮根は花形にむき、薄い輪切りにして、酢水につけてアク抜きをし、ザルにとる。
❷酒を煮立てて蓮根を、さっと酒煎りして歯応えを残して仕上げ、ザルに上げて薄塩をふり冷風で冷ます。
❸枝豆は塩湯でゆでてザルに上げ、塩をふって冷風にあてて、サヤから豆を取り出す。
❹新蓮根と枝豆を同量ずつ合わせて、適量の梅肉で和えて盛る。
●先付、向付、酢物、弁当にもよい。

葉唐辛子当座煮

葉唐辛子
酒2　味醂1　濃口醤油1
白煎り胡麻

❶葉唐辛子は葉を摘み取り、きれいに水洗いして水分をきる。
❷底の広い鍋でから煎りする。しんなりしたら、酒、味醂、濃口醤油を合わせて適量加え、さっと炒め煮にする。白煎り胡麻をふり混ぜる。
●先付、箸休め、弁当、香物としてもよい。

器●額縁盛り器
掻敷●ほおずき枝

みにとまと薄衣揚げ田楽

ミニトマト
薄力粉　天ぷら薄衣＊　天ぷら油
赤田楽味噌＊
芥子の実

＊天ぷら薄衣：薄力粉180gは、卵黄1個を溶き入れた冷水360ml弱と合わせる。完全に混ざらなくてもよい。

＊赤田楽味噌：赤味噌1kg、酒360ml、味醂180ml、砂糖500～400gを合わせて火にかけ、弱火で30～40分間かけて練り上げる。卵黄5個は仕上げる5～6分前に入れる。

①ミニトマトはヘタを取る。
②薄力粉をまぶして天ぷら薄衣にくぐらせて、170℃に熱した天ぷら油で揚げる。盛りつけて、天に赤田楽味噌を添え、芥子の実をふる。
●先付、箸休め、揚物にもよい。

おくら胡麻とうふ

オクラ　塩
昆布だし6　酒0.5　白あたり胡麻1　吉野葛1　砂糖　塩
旨だし（だし4～6、味醂1、淡口醤油1）
おろし山葵

①オクラはヘタを取り、つけ根に十文字の包丁目を入れて塩ずりする。塩一つまみ入れた熱湯で色よくゆでて冷水にとる。水分をきり、縦に切って種を取り除き、包丁で細かく刃叩きする。ミキサーにかけてもよい。
②おくら胡麻とうふをつくる。昆布だし、酒、白あたり胡麻、吉野葛を合わせてよく混ぜ、裏漉しする。砂糖、塩で薄味をつける。
③鍋に移し、強火にかける。吉野葛が固まりはじめたら弱火にして、だまができないように練る。よく混ざり合ったら中火にして、30～40分間練る。
④①の叩きオクラを1割ほど混ぜて練り合わせる。
⑤淡口醤油少量で味を調え、流し缶に流す。表面が乾かないようにぬれたサラシをかけて水を少し流し入れ、自然に冷ます。
⑥器に合わせて切り出して盛り、旨だしをかけて、叩きオクラとおろし山葵を添える。
●先付、向付、椀種、箸休めにも向く。

夏の前菜　五種盛り

薯蕷とうふ　旨だしゼリー

器●吹墨朝顔小付

棒寒天1本　昆布だし540ml　板ゼラチン20g　大和芋すりおろし540ml
旨だしゼリー＊
オクラ　塩
おろし山葵
花穂紫蘇

＊旨だしゼリー：だし8、味醂1、淡口醤油1を合わせた合せだし900mlを熱し、水で戻した板ゼラチン10gを溶かし、冷やし固める。使用時よく混ぜる。

①棒寒天を水に浸してふやかし、昆布だしで煮溶かして、2割ほど煮詰める。
②火からおろして、水で戻した板ゼラチンを入れ、漉して人肌に冷ます。
③おろした大和芋を、すり鉢でよくすり混ぜたのち、少しずつ②の寒天地を入れてよくすり合わせる。流し缶に入れて冷やし固める。
④オクラはヘタを取り、つけ根の部分に十文字の包丁目を入れて塩ずりする。塩一つまみ入れた熱湯で色よくゆでて冷水にとり、縦割にして種を取り除き、包丁で細かく叩いてよく混ぜ、叩きオクラとする。
⑤切り出して器に盛り、旨だしゼリーをかけて、叩きオクラ、おろし山葵を添える。ほぐした花穂紫蘇をあしらう。
●先付、向付、冷し鉢としてもよい。

二色万願寺唐辛子射込み寿司

万願寺唐辛子　塩
寿司飯＊　白煎り胡麻
おろし山葵

＊寿司飯：米1.8リットルを炊き、寿司酢を切り混ぜる。寿司酢は酢180mlに砂糖100g、塩40gを加えて混ぜ合わせてつくる。

①赤と青の万願寺唐辛子は縦に包丁目を入れ、種を取り除く。
②薄塩をしてこげ目をつけないように弱火であぶる。
③寿司飯に白煎り胡麻を混ぜる。両方の万願寺唐辛子の内側におろし山葵をつけ、寿司飯を包み込み、形を整えて切り出す。
●凌ぎ、弁当、ご飯にもよい。

花甘草甘酢漬け

花甘草　塩
なます用甘酢（↓28頁）

❶花甘草は塩一つまみ入れた熱湯でさっとゆで、冷水にとる。
❷軽く絞って甘酢につける。
●先付、酢物にもよい。

姫大根浅漬け昆布締め

姫大根
昆布
塩

❶姫大根は茎を少し残して葉を切り落とし、昆布と交互に漬物容器に入れる。
❷２％濃度の塩水を姫大根が浸かる程度入れ、重しをして１日つける。漬物ならばこのまま使用する。ここでは前菜なので、塩漬けしたのち、昆布ではさみ、軽い重しをして一晩昆布で締めて使用する。
●先付、香物にもよい。

器●ボヘミアン切子長手皿　掻敷●桑の葉

枝豆掻き揚げ

枝豆　塩
薄力粉　天ぷら衣＊　サラダ油
旨塩

＊天ぷら衣：ボウルに薄力粉２００ｇを入れ、冷水３６０mlに卵黄１個を溶きほぐした卵水を加える。完全に混ざらなくてもよい。

❶枝豆をかために塩ゆでし、ザルに上げて冷風で冷まし、豆をサヤから取り出す。
❷薄力粉をさっとふり、天ぷら衣をからめて、ラップで丸くとる。１６０～１７０℃のサラダ油で揚げる。
❸油をきったら、旨塩をふり、味をつける。
●先付、揚物、弁当にも向く。

夏の前菜　五種盛り

つまみ菜浸し

器●吹き硝子十草ぐい呑

つまみ菜　塩
浸し地（↓28頁）
白切り胡麻

❶つまみ菜は水洗いして、塩一つまみ入れた熱湯でさっとゆでて冷水にとる。器に合わせて切りそろえ、軽く絞る。

❷冷たい浸し地で地洗いしてから浸す。１時間ほどつけたら、白切り胡麻を混ぜて盛りつける。

●先付、箸休め、焚合の添えとしてもよい。

冬瓜黒胡麻味噌掛け

器●緑金ぐい呑　掻敷●青紅葉

冬瓜　塩　重曹
吸地八方だし（↓28頁）
黒胡麻味噌＊

＊黒胡麻味噌：赤味噌１kg、酒３６０ml、味醂１８０ml、砂糖５００～４００gを合わせて火にかける。弱火で30～40分間かけて練り上げる。卵黄５個は仕上げる５～６分前に入れる。ここに黒のあたり胡麻を３割ほど混ぜて、だしで適当な柔らかさにのばす。

❶冬瓜は種を取り除き、皮を薄くむく。グラスや電球のカケラなどでこそげとるとよい。器に合わせて切り、面取りする。

❷青味を残すために薄く皮をむいてあるので表面がかたいため、柔らかくなるように、皮面に塩、重曹を極少量ずつこすりつけ、30分間ほどおく。

❸塩一つまみ入れた熱湯で色よくゆでて冷水にとる。吸地八方だしで一煮立ちさせて鍋ごと冷水につけて味を含ませておく。

❹盛りつけして黒胡麻味噌を添える。

●先付にもよい。

青唐辛子辛煮

青唐辛子　胡麻油
合せだし（だし４、味醂１、濃口醤油１）

❶青唐辛子は隠し包丁を入れる。

❷胡麻油を熱して炒め、合せだしを入れて強火で炒り煮にして仕上げる。

●先付、焼物のあしらい、香物、弁当にも向く。

器●銀縁黒漆長方皿　掻敷●どうだんつつじ

はす芋小袖寿司

はす芋　塩　たかのつめ
吸地八方だし（↓28頁）
寿司飯＊　白煎り胡麻
おろし山葵
白板昆布　水8　寿司酢1
はじかみ（↓49頁白瓜小袖寿司6）

＊寿司飯：米1.8リットルを炊き、寿司酢を切り混ぜる。寿司酢は酢180mlに砂糖100g、塩40gを加えて混ぜ合わせてつくる。

❶はす芋は皮をむき、縦に2～4つに割る。塩一つまみとたかのつめを入れた熱湯で、歯応えを残して色よくゆでて冷水にとる。
❷吸地八方だしで一煮立ちさせて、鍋ごと冷水で冷まし、ガーゼで包んだ追がつおを入れて味を含ませる。
❸寿司飯に白煎り胡麻を混ぜる。
❹水と寿司酢を合わせて煮立て、白板昆布を1枚ずつ入れる。爪を立ててみて、柔らかくなったら鍋ごと冷水につけて冷ます。
❺はす芋の水分をふき取り、6cmに切る。巻き簾にはす芋を横に並べる。皮面の緑の部分を下向きにして、仕上がりのとき表面になるようにする。おろし山葵を均等につけて、寿司飯を棒状にまとめてのせ、巻き簾で小袖寿司をつくる。小袖寿司に❹の白板昆布をのせてラップフィルムで巻いて切り出す。はじかみを添える。
●凌ぎ、ご飯、弁当にもよい。

納豆青紫蘇揚げ

納豆　濃口醤油　練り芥子
大葉
天ぷら衣＊　天ぷら油

＊天ぷら衣：薄力粉200gは冷水360mlに卵黄1個を溶きほぐした卵水と合わせる。完全に混ざらなくてもよい。

❶納豆を粗く刃叩きして濃口醤油を少量加えて味を調え、練り芥子少量を合わせる。
❷大葉で納豆を包み、天ぷら衣をつけて170℃に熱した天ぷら油で揚げる。
●先付、揚物にもよい。

夏の前菜　白芋茎五種

胡麻和え

器●縁金高台盃

白ずいき（↓50頁おくら和え1～3）
胡麻和え衣＊
三つ葉

＊胡麻和え衣：白みがき胡麻100gをよく煎り、すり鉢で半ずりにして、だし100mlでのばす。淡口醤油、ごく少量の味醂で味を調える。胡麻がなめらかになるまですりつぶす。

❶白ずいきはアク止めをし、吸地八方だしで味を含める。
❷白ずいきの水分をきって、ほどよい長さに切り、胡麻和え衣で和えて盛りつけ、色よくゆでた軸三つ葉を天盛りにする。
●先付、箸休めにもよい。

塩味　酸橘搾り

器●瑠璃色ダイヤカットぐい呑

白ずいき（↓50頁おくら和え1～3）
旨塩
酸橘
青柚子

❶白ずいきはアク止めをし、吸地八方だしで味を含ませる。水分をきり、ほどよい長さに切る。
❷旨塩で味をおぎない、器に盛りつける。酸橘を少し搾り、すりおろした青柚子をふる。
●先付、箸休め、焚合にもよい。

器●螺鈿丸皿　掻敷●葛の葉、しだ

おぼろ昆布煮

器●硝子ぐい呑

白ずいき（↓50頁おくら和え１〜３）
おぼろ昆布　淡口醤油
木の芽

❶白ずいきはアク止めをし、吸地八方だしで味を含ませる。
❷❶のだしを火にかけ、おぼろ昆布を入れてさっと煮て、淡口醤油少量で味を調える。鍋ごと冷水につけて冷ます。
❸味を含ませた白ずいきを、ほどよい長さに切り、❷のおぼろ昆布をからめて盛り、木の芽を天に盛る。
●先付、箸休め、焚合にもよい。

ずんだ和え

器●紗紋切子高盃

白ずいき（↓50頁おくら和え１〜３）
ずんだ衣＊
枝豆

＊ずんだ衣：塩ゆでした枝豆むき身２００gをすりこぎですりつぶす。だし１２０mlを加えてかたさを調え、煮切り味醂、淡口醤油各少量で味を調える。

❶吸地八方だしで含ませた白ずいきの水分をきり、ほどよい長さに切る。
❷ずんだ衣で和えて器に盛りつけ、枝豆の実を天盛りにする。
●先付、箸休めにもよい。

梅紫蘇和え

器●朝顔珍味入れ

白ずいき（↓50頁おくら和え１〜３）
梅紫蘇
大葉

❶梅干しをつけた梅紫蘇を小口より刻み、包丁で刃叩きしておく。
❷吸地八方だしで含ませた白ずいきの水分をきり、ほどよい長さに切り、梅紫蘇で和えて盛りつける。刻んだ大葉を天に盛る。
●先付、箸休め、酢物にもよい。

秋

秋の前菜　七種盛り

器●銀朱根来い草トレー　掻敷●葛の葉、菊の葉

焼き茄子ずんだ和え

器●レモン菊釜

茄子
浸し地（→28頁）
ずんだ衣＊
真砂

＊ずんだ衣：塩ゆでした枝豆むき身200ｇをすりこぎでつぶす。だし120mlを加えてかたさを調整し、煮切り味醂、淡口醤油各少量で味を調える。

❶焼き茄子をつくる。茄子の中心に菜箸を差し込み、火の通りをよくする。網にのせ強火の直火で表面をまんべんなく焼く。ヘタつきのほうから皮をむいて焼き茄子をつくる。熱いので指先を水につけて冷ましながらむくとよい。

❷ヘタを切り落とし、焼き茄子を浸し地に1時間ほどつけて味を含ませる。

❸浸した茄子の水分をきり、茄子をまな箸で割いてレモン菊釜の大きさに合わせて切る。ずんだ衣で和えて盛りつけ、真砂を天盛りする。

●先付、箸休めにも向く。

栗白和え

器●菊形珍味松の雪

栗
塩
白和え衣（木綿豆腐10、白煎り胡麻1、砂糖蜜＊、塩水＊、淡口醤油各少量）
三つ葉

＊砂糖蜜：水180mlに砂糖450ｇを合わせて煮溶かして冷ましたもの。
＊塩水：水180mlに塩50ｇを合わせて溶かしたもの。

❶栗は鬼皮をむき取り、渋皮を包丁でむく。4～6つ割程度の大きさに切り、3％濃度の塩水に5分間程度つけて薄い塩味をつける。

❷水分をきり、強火の蒸し器で10分間ほど蒸して火を通す。

❸白和え衣をつくる。木綿豆腐を昆布湯（分量外）で煮立たせないようにゆでたのち、サラシで包み、抜き板ではさんで重しをし、3時間ほどおいて水切りする。これを裏漉しする。白胡麻をよく煎り、すり鉢で油が出るまですり潰し、裏漉しした豆腐を混ぜる。砂糖蜜、塩水、淡口醤油各少量で味を調えたのち、羽二重漉しをする。適宜にだしでのばして、かたさと味を調える。

❹白和え衣で栗を和えて盛りつけ、色よくゆでた軸三つ葉を天盛りにする。

●先付、箸休めにも向く。

かぶら菊花寿司

器●竹皿、さつま芋の葉

かぶ　塩
なます用甘酢（↓28頁）　たかのつめ　昆布
寿司飯＊
白煎り胡麻

＊寿司飯：酢180mlに砂糖100g、塩40gを加えて混ぜ合わせて寿司酢をつくる。米1.8リットルを炊き、上記分量の寿司酢全量を切り混ぜる。

❶かぶは皮をむき、3.5cm厚さの輪切りにする。かぶをはさんで手前と向うに割り箸をおいて、下まで切り落とさないように細かく包丁を入れる。90度向きを変え、同様に細かく包丁を入れて、格子に切る。3％濃度の塩水に昆布を入れて、かぶを1時間ほどつける。
❷かぶを軽く絞り、たかのつめと昆布を入れた甘酢に一晩つける。
❸かぶを裏から2cm角に切り分け、軽く絞る。切り目を入れた側を花びらのように広げて、かぶの下側に寿司飯を抱かせて菊花に見立てる。たかのつめを輪切りにして中心に飾る。

●凌ぎ、弁当にもよい。

きりたんぽ胡麻味噌焼き

ご飯
胡麻味噌＊

＊胡麻味噌：田舎味噌100g、白あたり胡麻30g、砂糖10g、卵黄1個を合わせて煮切り酒でかたさを調整する。

❶新米の炊きたてのご飯をボウルに移し、すりこぎで半潰しにして粘りを出す。割り箸に水分を十分含ませて、半潰しのご飯を均等な厚さに巻きつける。
❷ぬらした布巾に並べて、強火の蒸し器で5分間ほど蒸す。人肌に冷めたら割り箸をまわして抜き取りやすくしておく。
❸胡麻味噌を塗って焼き、一口大に切り出す。

●焼物、弁当にもよい。

エリンギ白芋茎巻き黄身醤油焼き

エリンギ茸
濃口八方だし（だし8、味醂1、濃口醤油1）
白ずいき（↓50頁おくら和え1～2）
浸し地（だし8、味醂1、淡口醤油0.5、塩少量）
黄身醤油＊

＊黄身醤油：酒3、味醂1、淡口醤油1の割で混ぜ合わせる。100mlに対して卵黄2個を混ぜ合わせる。

❶エリンギ茸は長くて大きいものを選び、縦4つ割にする。濃口八方だしでさっと煮る。
❷白ずいきは下ゆでする。冷めたら流水で洗い流し、布巾で軽く押さえて水分をふき取る。浸し地にからませておく。白ずいきは外側の部分を使用するので、中心部分は和物などに使用する。
❸エリンギ茸、白ずいきともに水分をきる。エリンギ茸を芯にして端から白ずいきをらせん状に巻く。白ずいきの端を竹皮紐で結び、巻き終わりも同様に結んでとめる。
❹扇串を打って強火で両面を焼き、中火にして黄身醤油を両面に3回ずつかけて焼く。

●焼物、弁当にも向く。

小芋あられ揚げ

石川芋
薄力粉　卵白　真砂　サラダ油　旨塩

❶石川芋は中粒のものを選ぶ。水洗いして強火で15分間ほど蒸し、自然に冷ましてから皮をむく。
❷皮をむいた石川芋に薄力粉をつけて卵白（サラシで包んで絞り、コシをきる）をつけ、真砂をまぶす。
❸160～170℃に熱したサラダ油でからっと揚げる。ペーパータオルにとって、転がしながら油をふき取り、旨塩をふる。

●先付、箸休め、揚物、弁当にも向く。

蓮根煎餅

蓮根
サラダ油
旨塩

❶蓮根は皮をむき、2mmほどの厚さに小口から切る。蓮根を水にさらす。3～4回水をとりかえたのち（都合20分間ほど）、水洗いしてアク抜きする。水気をきって、乾いた布巾に並べて水気をふいて表面を乾かす。
❷サラダ油を160℃に熱して蓮根を入れる。最後は180℃まで温度を上げて、透き通ってキツネ色になるようにからっと揚げる。
❸和紙で油をふき取って旨塩をふり、味をつける。

●先付、箸休め、揚物にもよい。

器●あけび籠　掻敷●葛の葉、紅葉

秋の前菜　三種盛り

あけびと柿重ね揚げ

器●あけび釜　掻敷●すすき籠

あけび　サラダ油
柿（種無し）
薄力粉　天ぷら衣＊　天ぷら油
旨塩

＊天ぷら衣：薄力粉200g、冷水360ml、卵黄1個は冷やしておく。冷水と卵黄を混ぜ、ふるった薄力粉をざっくりと合わせる。

①小さめのあけびを選び、皮のはじけた所から種を取り除く。釜の切り口にはサラダ油を塗ってアク止めしておく。別のあけびの皮を短冊に切る。
②柿はヘタを切り落とし、皮つきのままあけびの皮に合わせて5～6mmの厚さにそろえて切る。
③甘い柿と苦味のあるあけびの皮を重ねて、楊枝で刺す。
④薄力粉をまぶして天ぷら衣をつけ、170℃に熱した天ぷら油でからりと揚げる。楊枝を抜き、ペーパータオルの上で転がしながら油をふき取り、旨塩をふる。
⑤あけび釜に天紙を敷いて盛りつける。
●先付、揚物にもよい。

焼き舞茸もって菊浸し　酸橘搾り

器●田舎家伊羅保

舞茸　塩
もって菊　塩　酢　浸し地（↓28頁）
酸橘

①舞茸は3％濃度の塩水に10分間ほどつけて薄味をつけ、天火で焼く。器に入る大きさに分けておく。
②もって菊は花弁をむしり、塩一つまみと酢少量を入れた熱湯で色よくゆでて冷水にとり、軽く絞っておく。
③下ごしらえした舞茸3、もって菊1を合わせて、冷たい浸し地に1時間つける。
④盛りつけして酸橘を数滴搾る。
●先付、箸休めにもよい。

吹き寄せ揚げ

器●志野楓皿

しめじ茸　菱の実　栗　蓮根　紅葉麸
ぎんなん　むかご　さつま芋
サラダ油　旨塩

①しめじ茸は石突きを取り、1本ずつに分ける。
②菱の実は水に30～60分間つけてアク抜きする。塩を入れた熱湯で15分間ほどゆでてザルにとる。鬼皮の両面に切り目を入れて皮をむき取る。
③栗は鬼皮をむき取り、渋皮を包丁で形よくむいて水洗いしておく。
④蓮根は59頁蓮根煎餅を参照。2mm厚さに切って水にさらす。水気をふき取って160℃に熱したサラダ油で火を通し、最後は180℃にしてからりと揚げて塩をふる。
⑤紅葉麸は4～5mm厚さに切る。ぎんなん、むかごは36頁秋の実揚げに準ずる。
⑥さつま芋を4～5mm厚さの小口切りにする。いちょうの形の抜き型で形取り、水洗いしてアク抜きして水分をふき取る。
⑦しめじ茸、菱の実、栗、紅葉麸、ぎんなん、むかご、さつま芋はそれぞれ170℃に熱したサラダ油で、両面を小まめに返しながらからりと揚げて、ペーパータオルの上で転がしながら油をふき取る。
⑧旨塩をふって、ざっくりと盛る。

秋の前菜　七種盛り

零余子
じゃが芋胡桃和え

器●重ね紅葉小付

むかご　サラダ油　旨塩
じゃが芋　サラダ油　旨塩
くるみ和え衣＊

＊くるみ和え衣：あたりくるみ100gをだし60mlでのばしてかたさを調整し、淡口醤油少量、煮切り味醂微量で味を調える。

❶むかごは強火で10分間蒸して皮をむく。170℃に熱したサラダ油でさっと揚げて、ペーパータオルの上で転がしながら油をふき取り、旨塩をふる。

❷じゃが芋は皮をむいて、むかごの大きさに合わせてさいのめに切り、水洗いして水分をふき取る。170℃に熱したサラダ油でからっと揚げて、ペーパータオルの上で転がして油をふき取り、旨塩をふる。

❸むかご、じゃが芋を同量ずつ合わせ、くるみ和え衣で和えて盛りつける。

●先付にもよい。

昆布籠盛り　銀杏　落花生
銀杏芋

ぎんなん　落花生　さつま芋　昆布籠
サラダ油
旨塩

❶ぎんなんは殻を割って外し、140～160℃に熱したサラダ油で色よく揚げて薄皮をすべて取り除く。

❷落花生は殻を割って外し、170℃に熱したサラダ油でからっと揚げる。

❸銀杏芋をつくる。さつま芋を3mmほどの厚さの小口切りにし、いちょうの抜き型で抜き、水洗いしてアク抜きし、水分をふき取って、170℃に熱したサラダ油で小まめに返しながらからっと揚げる。

❹昆布籠は160℃の低温で、食べられるようにこがさずにぱりっと揚げる。

❺これらを、ペーパータオルの上で転がして油をふき取り、旨塩をふって、揚げた昆布籠に盛りつける。

●先付、箸休めにもよい。

器●木製布張縁かんな目盛り器　掻敷●柿の葉、紅葉

エリンギ寿司　酸橘のせ

エリンギ茸　塩
寿司飯＊　白煎り胡麻
三つ葉
酸橘

＊寿司飯：米1.8リットルを炊く。酢180ml、砂糖100g、塩40gを合わせて、炊きたてのご飯に切り混ぜる。

❶エリンギ茸は5cm長さに切り、5mm厚さに切る。3％濃度の塩水に10分間ほどつけて薄味をつける。水分をきって強火の天火でさっと焼く。
❷寿司飯に白煎り胡麻を混ぜる。エリンギ茸で寿司を握り、寿司飯と離れないように、色よくゆでた軸三つ葉で結ぶ。酸橘の半月の薄切りをのせる。

●凌ぎにもよい。

焼き目大葉百合根梅肉落とし

大葉百合根　塩　梅肉酢＊

＊梅肉酢：甘塩梅干し10個を裏漉しする。砂糖小さじ1、煮切り酒適量を加えてよく混ぜる。

❶大葉百合根は外側の大きい鱗片を外す。黒い部分を削って掃除し、形を整える。
❷薄塩をふって蒸し器に入れ、ぬれたサラシをかけて中火で蒸して火を通す。サラシをかけるのは蒸気をやわらげて、蒸し器から出したときに空気にふれて生じる表面のひび割れを防ぐため。蒸しすぎても、ひび割れや型くずれするので注意。
❸強火の天火で側面に焼き目をつけて、梅肉酢を落として盛りつける。

●先付、弁当、あしらいにもよい。

蒟蒻田楽

こんにゃく　胡麻油
赤田楽味噌＊　芥子の実

＊赤田楽味噌：赤味噌1kg、酒360ml、味醂180ml、砂糖500～400gを合わせて火にかけ、弱火で30分間ほど練る。仕上がる5分前に卵黄5個を入れる。

❶こんにゃくは表面に鹿の子に包丁目を入れる。水から火にかけて一煮立ちさせ、ザルにとる。
❷フライパンに胡麻油をひき、中火で両面をしっかり焼く。
❸一口大の小角に切り、赤田楽味噌を塗って、弱火の天火で、味噌をこがさないように焼いて芥子の実をつける。

●弁当、大きくつくって焼物にも。

さつま芋胡麻揚げ

さつま芋　薄力粉　卵白　白煎り胡麻
サラダ油　旨塩

❶さつま芋は3cm長さの拍子木に切り、強火で5分間ほど蒸してかために仕上げる。
❷薄力粉をまぶして卵白（サラシに包んで絞り、コシをきる）にくぐらせて、白煎り胡麻をつける。
❸170℃に熱したサラダ油でからっと揚げて、ペーパータオルの上で転がしながら油をふき取り、旨塩をふる。

●揚物、弁当にも向く。

栗煎餅

栗　サラダ油
旨塩

❶栗は鬼皮を外し、渋皮をむいて、小口から3mm厚さの薄切りにして水洗いする。
❷水分をよくふき取り、広げて表面を乾かす。160～170℃に熱したサラダ油で、小まめに返しながらきつね色に揚げる。
❸ペーパータオルの上で転がしながら油をふき取り、旨塩をふる。

●先付、箸休めにもよい。

秋の前菜　七種盛り

菱の実味噌白和え

器●紅交趾菊の葉小付

菱の実　塩　サラダ油　旨塩
味噌白和え衣＊
くこの実　吸地八方だし（↓28頁）

＊味噌白和え衣：木綿豆腐10を昆布湯で静かにゆでたのち、抜き板にはさんで水切りをし裏漉しする。白みがき胡麻1を煎って、油が出るまでする。裏漉しした豆腐をすり合わせ、田舎味噌で味をつける。必要に応じてだしを加えてのばす。

❶菱の実は水に30～60分間つけてアク抜きする。塩を入れた熱湯で15分間ほどゆでてザルにとる。鬼皮の両面に切り目を入れて皮をむき取る。

❷4つに切って170℃のサラダ油で揚げて、ペーパータオルの上で転がして油をふき取り、旨塩をふり、ごく薄く下味をつける。

❸味噌白和え衣で和えて盛りつけ、くこの実を天盛りにする。くこの実は水洗いしてザルにとり、吸地八方だしでさっと一煮立ちさせて、自然に冷まして薄味をつけたもの。

●先付、箸休めにもよい。

落花生とうふ玄米揚げ
湿地茸みじん粉揚げ
紅葉さつま芋

器●緑交趾菊の葉小付

落花生とうふ＊
薄力粉　卵白　煎り玄米　サラダ油
しめじ茸　卵白　みじん粉　サラダ油
さつま芋　サラダ油　旨塩

＊落花生とうふ：昆布だし6.5、あたり落花生0.8、吉野葛1、酒0.5を合わせ、少量の砂糖、塩、淡口醤油で味をつける。火にかけて40分間ほど練り、流し缶に流してサラシをかけ、冷やし固める。

❶切り出した落花生とうふに薄力粉をまぶし、卵白（サラシに包んで絞ってコシをきる）にくぐらせ、煎り玄米をつける。

❷170℃に熱したサラダ油でからっと揚げて、ペーパータオルの上で転がして油をふき取り、旨塩をふる。

❸しめじ茸は石突きを切り落とし、1本ずつ分ける。薄力粉をまぶして、卵白にくぐらせて、みじん粉をつける。160℃に熱したサラダ油で、みじん粉に色がつかないように揚げる。

❹さつま芋は2㎜厚さの小口切りにする。紅葉の型で抜き、水洗いして水分をよくふき取り、170℃に熱したサラダ油で、両面を小まめに返しながらからっと揚げる。ペーパータオルの上で転がしながら油をふき取り、旨塩をふる。

❺三種を器に盛りつける。

●先付、揚物、弁当にもよい。

器●一閑三つ足盛り器
掻敷●紅葉

里芋カレー風味焼き

器●黄交趾菊の葉小付

里芋　塩　バター　カレー粉

❶里芋は小粒のものを選ぶ。器の大きさに合わせて皮をむき、水洗いしてぬめりを取る。

❷穴あきバットに並べて、薄塩をふり、強火の蒸し器で15分間ほど蒸して火を通す。

❸フライパンにバターをひき、蒸した里芋を焼く。きつね色に焼き目をつけて塩で味を調える。カレー粉を適量ふりかけて仕上げる。

●あしらい、弁当にもよい。

枝豆　百合根茶巾絞り

枝豆　塩
百合根　塩　砂糖蜜（水1、砂糖3）
塩水

❶枝豆は塩ゆでして、サヤから豆を取り出し、薄皮をむいて塩をふる。

❷百合根はきれいに掃除して、1枚ずつばらして、水洗いする。薄塩をふり、中火で10分間ほど蒸して、熱いうちに裏漉しする。

❸砂糖蜜と塩水少量で薄味をつけて火にかけて練り混ぜる。12gほどの丸にとり分け、枝豆を5～6個表面につけてガーゼで茶巾に絞る。

●あしらい、弁当にもよい。

零余子炒り煮

むかご　サラダ油
合せだれ（酒1、味醂2、濃口醤油1）

❶むかごは強火で10分間ほど蒸して火を通す。薄皮をむき、１７０℃に熱したサラダ油で揚げる。

❷たっぷりの熱湯をかけて油抜きする。合せだれを煮立てて、むかごを炒りつけて仕上げる。

❸三種を器に盛りつける。

●先付、弁当にも向く。

秋の前菜　七種盛り

干瓢胡麻和え

器●つぼつぼ、伊羅保田舎家

かんぴょう
吸地八方だし（→28頁）
胡麻和え衣＊
真砂

＊胡麻和え衣：白みがき胡麻１００gをよく煎って半ずりにすり、だし１００mlでのばす。少量の淡口醤油、煮切り味醂で味を調える。

❶かんぴょうはほこりなどを洗い流し、塩をたっぷりふってもみ、洗い流す。

❷たっぷりの熱湯でゆでる。爪を立ててみて、ややかために戻してザルに上げて冷ます。

❸戻したかんぴょうを適当な長さに切り、吸地八方だしで歯応えが少し残るように炊く。鍋ごと冷水で冷まして含ませておく。

❹かんぴょうの水分を軽く絞り、器に入る長さに切りそろえて、胡麻和え衣で和えて盛りつける。真砂を天に盛る。

●先付にもよい。

芥子蓮根

蓮根
合せ芥子味噌＊
薄力粉　天ぷら衣＊　サラダ油

＊合せ芥子味噌：から煎りした卵の花3、練り玉＊2はそれぞれ手のひらで握ってみて、ようやく固まるくらいに調整する。練り芥子1.5、信州味噌1、白味噌1で味を調えて混ぜ合わせる。

＊練り玉：全卵を溶いて湯煎にかけ、とろりとするまで練り上げて裏漉しする。

＊天ぷら衣：薄力粉３００gに、冷水３６０mlと卵黄1個を合わせた卵水を合わせる。

❶蓮根は両側の節を切り落とし、皮つきのままかためにゆでる。水分を抜くために20分間ほど蒸して乾かす。

❷合せ芥子味噌を平らな面器にのばし、蓮根の切り口の片側をこすりつけながら蓮根の穴に詰める。

❸表面に薄力粉をまぶし、かための天ぷら衣をつけて、１６０～１７０℃に熱したサラダ油で揚げる。

❹粗熱がとれたら好みの厚さに切り出して盛りつける。

●先付、弁当にも。

器●あけび籠盛台　掻敷●しだ、紅葉、銀杏

芋がら小袖寿司

芋がら　胡麻油
旨だし（だし8、砂糖0.5、味醂1、濃口醤油1）
寿司飯＊
おろし山葵

＊寿司飯：酢180mlに砂糖100g、塩40gを混ぜ合わせて寿司酢をつくる。米1.8リットルを炊き、寿司酢全量を切り混ぜる。白煎り胡麻を混ぜ込む。

① 芋がらはぬるま湯に1時間ほどつけて軽くもみ洗いする。鍋に移してたっぷりの水を入れて火にかける。煮立ったら中火にして15分間煮て、柔らかく戻す。流水で洗い流して水分をきり、巻き簾の長さに切りそろえる。

② 熱した鍋に胡麻油を加えて、さっと炒めて旨だしで煮る。

③ 芋がらの水気を絞り、皮面を下にして巻き簾の上に7〜8cm幅に並べる。おろし山葵を塗り、棒状にまとめた寿司飯を巻いて小袖寿司をつくる。

④ 切りやすいようラップフィルムで巻く。器に合わせて切り出し、ラップフィルムを外して盛る。

● 凌ぎ、弁当、ご飯にも。

零余子二色揚げ
黄金揚げ、みじん粉揚げ

むかご
薄力粉　卵黄　卵白　みじん粉
サラダ油　旨塩

① むかごは強火で10分間ほど蒸して皮をむく。

② 黄金揚げは、むかごに薄力粉をまぶして卵黄をくぐらせ、150℃に熱したサラダ油で卵黄に色がつかないように黄金色に揚げる。

③ みじん粉揚げは、むかごに薄力粉をまぶして卵白（サラシで包んで絞り、コシをきる）にくぐらせ、みじん粉をつける。150℃に熱したサラダ油で、みじん粉に色がつかないように白く揚げる。

④ 揚げたむかごをペーパータオルの上で、転がしながら油をふき取り、旨塩をふる。

● 先付、弁当にもよい。

秋の前菜　七種盛り

賽の目かぶら甘酢漬け

かぶ　塩　はじかみ用甘酢（↓28頁）　たかのつめ　爪昆布

❶かぶの皮をむき、さいのめに切る。かぶに1％の塩をふり、30分間おいたのち、たかのつめと爪昆布を入れた甘酢につける。

●香物、あしらいにもよい。

菊芋きんぴら

器●青磁紅葉豆皿

菊芋　胡麻油
合せだれ（酒1、味醂3、濃口醤油2）
一味唐辛子　白煎り胡麻

❶菊芋は皮をむいて、器に合わせた細めの拍子木に切る。

❷熱した鍋に胡麻油をひき、強火で菊芋を炒める。合せだれを少しずつ菊芋に加えながら、炒めて味をつける。仕上げに一味唐辛子を好みの辛さにふる。白胡麻を天に盛る。

●先付、弁当にも向く。

松笠銀杏旨煮

器●赤金彩豆皿

ぎんなん
サラダ油
旨だし（だし8、味醂1、濃口醤油1）

❶殻を取り除いたぎんなんを、160〜170℃に熱したサラダ油の中で、転がしながら揚げて、表面がひび割れ状態になったら取り出す。

❷鍋に移してたっぷりの水を加えて中火で柔らかく戻し、流水で洗い流して水分を切る。

❸これを旨だしで煮含める。料理の組み合せ次第で砂糖蜜で含ませてもよい。

●先付、焼物のあしらい、弁当にも向く。

干瓢ピリ辛煮

器●金彩石榴酒盃

かんぴょう　塩
胡麻油
合せだし（だし4、味醂1.5、濃口醤油1）
一味唐辛子　柚子

❶かんぴょうはほこりなどを洗い流し、塩をたっぷりふり、手早くもんで洗い流し、熱湯でゆでる。

❷かために戻して（爪を立ててみる）ザルに上げて冷ます。器に合わせて2cmほどの長さに切る。

❸熱した鍋に胡麻油をひき、強火でさっと炒める。合せだしを少しずつ加えながら炒め煮にする。

❹仕上げに一味唐辛子を好みの辛さだけ加えて仕上げる。針柚子を天に盛る。

●先付、弁当にも向く。

湿地茸胡桃和え

器●飴釉田舎家珍味入れ

しめじ茸　塩
くるみ和え衣（あたりくるみ、だし、淡口醤油、煮切り味醂）
真砂

❶しめじ茸は石突きを取り除き、1本ずつに分ける。軸の長いものは器に合わせて切っておく。

❷3％濃度の塩水に10分間ほどつけて、薄い塩味をつけ、水分をきる。アルミホイルに広げて強火の天火で焼く。

❸くるみ和え衣は、あたりくるみをだしでのばし淡口醤油で味つけして、煮切り味醂少量で味を調えて、マヨネーズほどのかたさに仕上げる。

❹しめじ茸を和えて盛りつけ、真砂を天に盛る。

●先付、箸休めにもよい。

銀杏白和え

器●焼〆割山椒小付、織部貼合せ長皿

ぎんなん　粥
八方だし（だし12、味醂1、淡口醤油1）
白和え衣（木綿豆腐10、白煎り胡麻1、砂糖蜜＊、塩水＊、淡口醤油各少量）
三つ葉

＊砂糖蜜：水180mlに砂糖450gを合わせて煮溶かして冷ましたもの。
＊塩水：水180mlに塩50gを合わせて溶かしたもの。

❶ぎんなんは殻を取り除く。ゆでて薄皮をむいたぎんなんを土鍋に移し、残りご飯を加えて、柔らかいお粥の中で、弱火で2時間ほどかけて煮る。自然に冷ましてふっくらした餅ぎんなんに仕上げて、流水で洗い、水分を切る。

❷餅ぎんなんを八方だしで煮含める。

❸白和え衣をつくる。木綿豆腐を昆布湯で煮たのち水切りして裏漉しする。白胡麻をよく煎ったのち、すり鉢でする。裏漉しした豆腐を混ぜ、砂糖蜜、塩水、淡口醤油各少量で味を調えたのち、羽二重漉しをする。必要に応じてだしでのばす。

❹ぎんなんの水分をふき、白和え衣で和える。

❺器に盛り、色よくゆでた軸三つ葉を天盛りする。

●先付、箸休めにもよい。

器●干菓子刷毛目丸皿　掻敷●紅葉

食パンアーモンド焼き

食パン
卵黄　スライスアーモンド　塩

❶食パンは1cm厚さに切って両面をこんがり焼く。食パンのミミを切り落として表面に卵黄を塗る。

❷香ばしく焼いたスライスアーモンドを均等に散らし、卵黄にからめて塩をふる。

❸アーモンドの上に卵黄を塗り、こがさないように弱火で焼いて切り出す。

●吹寄せ盛り、弁当にもよい。

寄せじゃが芋

じゃが芋（男爵）　マーガリン　砂糖蜜（水3、砂糖1）　塩
百合根　塩
木耳　吸地八方だし（↓28頁）
松の実

❶じゃが芋を皮つきのまま強火で20～30分間蒸して、皮をむく。

❷じゃが芋の分量の5％のマーガリンと砂糖蜜、塩水少量ずつを加えて、マッシャーでつぶして薄味をつける。じゃが芋の水分が多いようであれば火にかけて練る。

❸百合根はきれいに掃除してばらす。じゃが芋の分量の3割を用意する。薄塩をして蒸しておく。

❹木耳は湯で戻し、石突きを取る。さらに熱湯でゆでて柔らかく戻し、水洗いして、吸地八方だしで煮る。じゃが芋の1.5割が目安量。

❺潰したじゃが芋に、分量の百合根と木耳を、ざっくり混ぜ合わせる。押し枠で2cmの高さに型取り、香ばしく炒った松の実を散らして、もう一度軽く押して型取る。一口大に切る。

●焼いて焼物や弁当にもよい。

金時人参かぶら巻き

かぶ（天王寺かぶ、近江かぶ、聖護院かぶなど）　塩　昆布
甘酢（水2、酢2、砂糖1、塩少量）
金時人参　甘酢（水3、酢2、砂糖1、塩少量）　たかのつめ

❶かぶはスジが残らないように皮を厚めにむき、3mm厚さの薄切りにする。抜き板に薄塩をふってかぶを並べ、上からさらに薄塩をふる。このまま1時間ほどおいて塩をなじませる。

❷昆布はぬれた布巾できれいにふいて、3cm幅に切る。漬物樽にかぶを並べ、甘酢をふりかけて、昆布を2～3枚入れる。これをくり返して仕込み、1日おいて千枚かぶらとする。

❸金時人参は千枚かぶらの長さに合わせて1cm角の長い拍子木に切る。薄塩をして30分間おいて、しんなりさせ、たかのつめを入れた甘酢に一晩つける。

❹千枚かぶらを広げて、❸の金時人参を芯にして巻いて切り出す。

●酢物、あしらいにもよい。

山牛蒡干瓢巻きつけ焼き

山牛蒡旨煮（→69頁山牛蒡旨煮1）
かんぴょう　塩　合せだれ（酒3、味醂1、淡口醤油1）

❶山牛蒡旨煮はかんぴょうで巻いたときに折れない程度のかたさに煮る。

❷かんぴょうはほこりなどを洗い流し、塩をたっぷりふって手早くもみ、洗い流す。たっぷりの熱湯でゆでる。爪を立ててみて、そのまま食べられる柔らかさに戻して、ザルに上げて冷ます。合せだれにからめて20分間おく。

❸山ごぼうの片方の端から、かんぴょうをらせん状に巻きつけて、竹皮紐などで結んでとめる。平串を打って、合せだれを3～4回ずつ両面にかけて焼いて切り出す。

●焼物、弁当にも向く。

秋の前菜　五種盛り

柿あられ揚げ　胡麻酢掛け

器●赤楽柿珍味入れ

柿
薄力粉　卵白　真砂　サラダ油
胡麻酢＊

＊胡麻酢：白みがき胡麻100gをよく煎り、すり鉢で半ずりにして土佐酢＊100mlでのばして味を調える。

＊土佐酢：だし3、酢2、味醂1、淡口醤油1を合わせて火にかけ、沸騰直前に火をとめて追がつおをして自然に冷ます。

器●黒塗盛鉢
掻敷●紅葉　柿の葉

❶柿は拍子木に切る。薄力粉をまぶして卵白（サラシで包んで絞りコシをきる）にくぐらせて真砂をつける。
❷１５０～１６０℃に熱したサラダ油で揚げる。盛りつけして胡麻酢をかける。
●先付にもよい。

山牛蒡旨煮　芥子の実和え

器●紅葉絵小皿

山ごぼう　旨だし（だし8、味醂1.5、濃口醤油1、煮干し適量）
芥子の実

❶山ごぼうは皮の香りがよいので、皮がむけないように水洗いする。４cmほどの長さに切り、鍋に移して直焚きする。山ごぼうがつかるくらいのだしを加え、煮干し（お腹と頭を除く）を数本入れて火にかける。味醂を加えて一煮立ちしたら濃口醤油を加えてさっと炊き、鍋ごと冷水につけて歯応えが残るように仕上げる。２～３時間ほどおいて味を含ませる。
❷水分をふき取り、芥子の実をまぶして盛りつける。
●先付、焚合、弁当にも向く。

ぜんまい黄金揚げ

器●織部六角猪口

ぜんまい（乾物）
八方だし（だし12、淡口醤油1、味醂1）
追がつお
薄力粉　卵黄　サラダ油
三つ葉

❶ぜんまいは、ぬるま湯に丸１日つけてふやかす。そのまま鍋に移して、弱火で３～４時間煮て、ふっくらと柔らかく戻す。約８～９倍にふくれる。沸騰させたり、長時間煮すぎると表面がずるむけてしまうので注意。
❷八方だしに追がつおをし、ぜんまいを入れて沸騰させないようさっと煮る。そのまま冷まして味を含ませる。
❸水分をふき、薄力粉をまぶし、溶いた卵黄にくぐらせて１５０℃に熱したサラダ油で揚げる。
❹４cmに切って５～６本をまとめ、ゆがいた三つ葉の軸で束ねる。
❺器に入る長さに切り、盛りつける。
●先付、弁当、焚合にも向く。

大根の皮醤油漬け

器●錦瓜紋ぐい呑

大根の皮
合せ醤油だれ（酒0.5、味醂1、濃口醤油2）
たかのつめ
柚子

❶大根の皮を厚くむいて（または焚合などに芯を打ち抜いて使用した残りの皮を利用）、皮の表面に浅く飾り包丁を入れて一口大に切る。
❷ザルに広げて風通しのよいところで表面を乾燥させる。漬物樽に移して、合せ醤油だれを大根がかぶる程度注ぎ、たかのつめを数本加えて、軽い重しをして一晩つける。針柚子を添える。

銀杏とうふ　旨だしゼリー

器●菊割呉須小付

銀杏とうふ（昆布だし7、酒0.5、むきぎんなん1、吉野葛1、砂糖、塩、淡口醤油各少量）
旨だしゼリー（旨だし＊９００ml、板ゼラチン10g）
揚げ銀杏　おろし山葵

＊旨だし：だし10を熱し、味醂0.5、濃口醤油１を加えて一煮立ちさせる。

❶銀杏とうふをつくる。ぎんなんは殻を取り除き、薄皮をむく。ぎんなんと昆布だしの一部をミキサーにかける。
❷残りの昆布だしと酒、吉野葛を混ぜ合わせて裏漉しする。鍋に移し、砂糖、塩で薄味をつけて火にかける。
❸最初は強火で練り、固まり始めたら弱火にして手早く混ぜる。混ざり合ったら中火にして30～40分間練り、淡口醤油で味をつけて流し缶に流す。ぬらしたサラシをかけて、水少量を流し入れ表面が乾燥しないようにして自然に冷ます。
❹旨だしを熱し、水で戻した板ゼラチンを溶かして冷やし固めてゼリーをつくる。
❺切り出して器に盛りつけ、よく混ぜた旨だしゼリーをかけて、揚げ銀杏とおろし山葵を添える。揚げ銀杏は、むきぎんなんを小口切りにして、１５０℃に熱したサラダ油でさっと揚げて、ペーパータオルで油をふき取り、塩をふったもの。
●先付、椀種、向付にもよい。

冬

冬の前菜　五種盛り

器●溜塗長方盛り器

寒干し大根柚香漬け

器●粉引き高台小付

寒干し大根　たかのつめ　昆布　柚子

合せ酢（だし8、酢1、味醂1、淡口醤油1）

❶寒干し大根は水洗いして、ぬらした布巾に包んで30〜40分間おく。ほどよく戻ったら、小口から薄く切る。

❷大根を容器に移して、たかのつめ、昆布、柚子の皮を適量入れる。大根の倍量の合せ酢を温めて容器に注ぎ、密封して自然に冷まして、一晩おいて味を含ませる。

●お通し、酢物にも向く。

香茸胡麻酢和え

器●朱巻福字紋小付

香茸

戻し汁6　砂糖1.5　味醂0.5　濃口醤油1

胡麻酢＊

＊胡麻酢：白あたり胡麻100gを土佐酢＊100mlでのばす。

＊土佐酢：だし6、酢2、味醂1、淡口醤油1を合わせて火にかけ、沸騰直前に火をとめて追がつおをし、自然に冷まして漉す。

❶香茸はたっぷりのお湯につけて一晩おき、翌日水をかえて半日おく。水をかえて中火にかけ、柔らかく戻す。

❷香茸がつかる程度まで煮詰まったら、砂糖を加えてしばらく炊き、味醂と半量の濃口醤油を加え、旨だし程度の味をつける。

❸濃口醤油は3回に分けて加え、煮汁がなくなるまで炊いて甘露煮にする。器に合わせて切り、胡麻酢で和える。

●先付にもよい。

柚子皮寿司

器●朱塗かぶら形小付

柚子　吸地八方だし（↓28頁）
寿司飯＊　白煎り胡麻
おろし山葵

＊寿司飯：酢１８０mlに砂糖１００g、塩40gを加えて混ぜ合わせて寿司酢をつくる。米1.8リットルを炊き、寿司酢全量を切り混ぜる。白煎り胡麻を混ぜる。

❶柚子の皮は艶のある表面を目の細かいおろし金で削り取る。縦半分に割り果肉を取り除く。
❷皮を米の研ぎ汁でゆでて自然に冷ます。水洗いして甘皮部分のスジを取り除く。たっぷりの水からもう一度ゆでて自然に冷まし、ほどよくアク抜きして水洗いする。
❸吸地八方だしに味醂を少し多めに加え、ほんのり甘めに味つけして一煮立ちさせ、冷まして味を含ませておく。
❹柚子皮の水分をふき取り、おろし山葵をつけて、棒状にとった寿司飯を包み小袖寿司をつくる。ラップフィルムで巻いて切り出す。
●凌ぎ、弁当にも向く。

松葉かぶら甘酢漬け

かぶ　塩　はじかみ用甘酢（↓28頁）　たかのつめ

❶かぶを器に合わせて松葉に切り、薄塩をして30分間ほどおく。種をとったたかのつめを入れた甘酢につける。
●あしらいにもよい。

干し柿千枚かぶら鳴門巻き

器●白磁卵形小付

かぶ（天王寺かぶ、近江かぶ、聖護院かぶなど）　塩　昆布　甘酢（水2、酢2、砂糖1、塩少量）
干し柿

❶千枚かぶらをつくる。かぶはスジが残らないように皮を厚めにむき、3㎜厚さの薄切りにする。抜き板に薄塩をふってかぶを並べ、上からさらに薄塩をふる。このまま1時間ほどおいて塩をなじませる。
❷昆布はぬれた布巾できれいにふいて、3㎝幅に切る。漬物樽にかぶを並べ、甘酢をふりかけて、昆布を2～3枚入れる。これをくり返して仕込み、1日おいて使う。
❸干し柿は開いて種を取る。巻き簾に水分をきった千枚かぶらを敷き、開いた干し柿を並べて巻き込み、巻き簾で締める。ラップフィルムで巻いて切り出す。
●先付、弁当にもよい。

金時人参甘酢漬け

金時人参　塩　はじかみ用甘酢（↓28頁）

❶金時人参は拍子木に切り、薄塩をあてて30分間おく。しんなりしたら甘酢につける。
●あしらいにもよい。

百合根黄金揚げ

器●呉須線隅入猪口

百合根　塩　片栗粉　卵黄　サラダ油
旨塩

❶百合根はさばいてきれいに掃除する。薄塩をあて中火の蒸し器でかために蒸す。
❷片栗粉をまぶして卵黄にくぐらせ、１５０℃に熱したサラダ油で黄金色に揚げる。
❸ペーパータオルで油をふき取り、旨塩をふる。
●大葉百合根で揚物に。また弁当にも向く。

芽慈姑唐揚げ

芽くわい　サラダ油
旨塩

❶芽くわいはきれいに掃除して、皮つきのまま１７０℃に熱したサラダ油で素揚げする。
❷ペーパータオルで油をふき取り、旨塩をふって塩味をつける。
●先付、箸休め、弁当にもよい。

冬の前菜　七種盛り

器●樽板曙塗り

長芋柚子醤油漬け

器●柚子釜

長芋
合せだれ（煮切り酒1、淡口醤油1、味醂0.5、すり柚子適量）
柚子

❶長芋は皮をむき、10cmほどの長さに切り、縦に4つ割にする。金切り用ノコギリで切ると割れない。
❷合せだれに一晩つける。切り出して刻み柚子をからめ、柚子釜に盛る。
●先付、箸休め、香物にもよい。

芹　湿地茸林檎和え

器●灰釉角猪口

芹　塩　浸し地（↓28頁）
しめじ茸　塩
りんご（紅玉）　塩　砂糖蜜（水3、砂糖1）

❶芹は塩一つまみを加えた熱湯で色よくゆでる。冷水にとり、軽く絞って、冷たい浸し地につけて味を含ませる。2cmほどの長さに切る。
❷しめじ茸は石突きを取り除き、1本ずつに分け、3％濃度の塩水に10分間つける。アルミホイルに広げて強火の天火で焼く。
❸りんごは皮をむき、4つ割にし、種を取り除く。塩水で洗って強火の蒸し器で5～6分間蒸して火を通す。ミキサーにかけて、砂糖蜜と塩水各少量で薄く味をつける。
❹芹としめじ茸を❸のりんごで和えて盛る。
●先付、箸休め、土佐酢を加えて酢物にもよい。

椎茸芋寿司

器●飴釉木の葉猪口

甘露椎茸（干し椎茸（小）、砂糖、戻し汁6、砂糖1.2～1.5、濃口醤油1、味醂1、たまり醤油少量）
大和芋　塩　寿司酢＊
芥子の実

＊寿司酢：酢180mlに砂糖100g、塩40gを加えて混ぜ合わせる。

❶甘露椎茸を煮る。干し椎茸は水洗

いし、砂糖一つまみ入れたぬるま湯に一晩つけて戻し、石突きを取る。戻し汁を漉して鍋に注ぎ、椎茸を入れて火にかける。戻し汁は椎茸が十分つかる分量とする。柔らかくなったら砂糖を加えてしばらく炊く。濃口醤油は数回に小分けして加える。煮汁が少なくなったら、味醂、たまり醤油を加えてけり上げ（汁気を煮詰めて飛ばすこと）、艶を出す。

❷芋寿司は大和芋の皮をむき２cmほどの厚さに切り水洗いする。ぬめりをふき取り、薄塩をふって強火で10分間ほど蒸して火を通し、熱いうちに裏漉しする。寿司酢少量を練り混ぜる。

❸甘露椎茸で芋寿司をつくり、芥子の実を中心につける。

●凌ぎ、弁当にも向く。

あられかぶ甘酢漬け

かぶ　塩
はじかみ用甘酢（→28頁）　たかのつめ

❶かぶの皮をむき、あられ切りにする。薄塩をして30分間ほどおいてしんなりさせる。甘酢にたかのつめを加えて一晩つける。口直しなので酸っぱめにつける。

●あしらいによい。

柚子巻き百合根

柚子　米の研ぎ汁
砂糖蜜（水1.5、砂糖１）
百合根　塩

❶柚子は艶のある表面を、目の細かいおろし金で削り取る。縦に半分に切って、実を取り出す。

❷皮を米の研ぎ汁でゆで、甘皮のスジを取り除く。鍋に柚子を入れてたっぷりの水を注ぎ、もう一度ゆでる。

❸皮の両端を内側に包み込むように曲げて、編み笠の形にし、穴あき面器に並べて20分間ほど蒸して水分を抜く。

❹鍋に水で戻した竹皮をところどころ割いて敷き、柚子を並べる。砂糖蜜を柚子がつかるくらい注ぎ、紙蓋をして火にかける。中火から弱火で煮含ませて、蜜がなくなるまで煮詰める。

❺きれいに掃除した百合根に薄塩をあて中火で蒸して火を通し、熱いうちに裏漉しする。柚子皮が甘いので百合根は塩水で薄い塩味をつける。

❻柚子皮の水分をふき取り、棒状にとった百合根を芯に巻いて、小袖につくり、一口大に切り出す。

●弁当、甘味にも向く。

蒟蒻鹿の子焼き

こんにゃく
だし８　砂糖１　濃口醤油１
卵黄

❶こんにゃくは両面とも鹿の子に包丁目を入れて、鍋に移し、２～３分間ゆでる。砂糖と濃口醤油を加えただしで煮含めて、自然に冷ます。

❷強火の天火で両面を焼く。弱火にしてこんにゃくの表面に卵黄を塗っては乾かす。これを３回くり返して、卵黄をこがさないように焼いて、一口大に切り出す。

●先付、弁当にも。

馬鈴薯紫蘇巻き揚げ

じゃが芋（男爵芋）
マーガリン　砂糖蜜（水３、砂糖１）
塩
梅紫蘇
天ぷら薄衣＊　サラダ油

＊天ぷら薄衣：冷水３６０mlに卵黄１個を溶き入れ、薄力粉１８０gを混ぜる。完全に混ざらなくてもよい。

❶じゃが芋は皮つきのまま強火で20～30分間蒸して火を通し、皮をむく。

❷じゃが芋の５％のマーガリンと砂糖蜜、塩水少量を加えて、マッシャーで潰して薄く味つけする。

❸押し枠で押して固めて、冷蔵庫で３時間ほど冷やして締める。１cm角の棒状に切って梅紫蘇で巻く。

❹梅紫蘇巻きに天ぷら薄衣をつけて、１７０℃に熱したサラダ油で揚げる。一口大に切り出して盛る。

●揚物、弁当にも。

萵苣薹床漬け

ちしゃとう　塩
粕床（練り粕＊１、白味噌１）

＊練り粕：板粕５００g、酒50ml、水４００mlを合わせて裏漉しする。

❶ちしゃとうを４cm長さの篠にむき、歯応えが残るように、少量の塩を加えた熱湯で色よくゆで、冷水にとる。

❷水気を切り、薄塩をあて、30分間ほどおいて味をなじませる。

❸バットに粕床を広げて、ちしゃとうをガーゼにはさんでおき、上からさらに粕床をかぶせて一晩つける。

❹取り出して器に合わせて一口大に切って盛りつける。

器●朱若狭盆　掻敷●ひいらぎ、つわぶき

冬の前菜　七種盛り

菜花山葵浸し

器●砧青磁小付

菜花　塩　浸け地（↓28頁）
おろし山葵
煎り玉（卵黄、塩少量）

❶菜花は塩を入れた熱湯で色よくゆでて冷水にとる。軽く絞って器に合わせ、３cm長さに切る。
❷浸け地で地洗いしたのち、浸け地につける。
❸煎り玉をつくる。卵黄を鍋に入れ、塩少量で薄味をつけ、割り箸５～６本を束ね、かき混ぜながら一気に火を通して裏漉しする。鍋に入れて湯煎にかけ、束ねた割り箸で混ぜながらふんわりと煎る。
❹提供時に、好みの辛さのおろし山葵を溶き入れる。煎り玉を天に盛る。
●先付、箸休め、焚合、弁当にもよい。

青大豆黄金揚げ

器●六角小付

黒豆蜜煮（↓277頁）
青大豆　青大豆戻し汁６　味醂0.5　淡口醤油１
片栗粉　卵黄　サラダ油

❶青大豆は水洗いして、たっぷりの水に一晩つけて戻し、そのまま火にかける。煮立ったら中火にして、アクを取りザルに上げる。青大豆の戻し汁を計って鍋に移し、青大豆を戻して上記の割で味醂、淡口醤油を加えて味つけする。黒豆の甘さ、柔らかさに対して、歯応えのある、少し醤油の勝った味つけにする。自然に冷ますと火が入って柔らかくなるので鍋ごと氷水で冷やす。
❷味を含んだ青大豆の水分をふき取り、軽く片栗粉をふって卵黄をつけ、１５０℃に熱したサラダ油で黄金色に揚げる。ペーパータオルの上で転がして油をふき取る。油の温度が高いと卵黄に色がついて仕上がりが悪くなる。
❸黒豆蜜煮と青大豆を小鉢に盛り合わせる。
●先付、箸休め、弁当にも向く。

小袖いなり寿司　はじかみ生姜

油揚げ　八方だし＊
寿司飯＊
ごぼう　八方だし＊
黒煎り胡麻

三つ葉
はじかみ（↓49頁白瓜小袖寿司6）

＊八方だし：だし8を熱し、味醂1、砂糖0.5、淡口醤油1を加える。
＊寿司飯：米1.8リットルを炊き、寿司酢を切り混ぜる。寿司酢は酢180mlに砂糖100g、塩40gを加えて混ぜ合わせてつくる。

❶熱湯に油揚げを入れて落し蓋をし、5～6分間ゆでる。油揚げを流水に入れ、手で軽く押さえて絞りながら油抜きする。軽く絞って鍋に移し、少し甘めの八方だしで10分間ほど煮て味を含ませておく。冷めたら油揚げの3辺を切り離して、1枚に開く。
❷小さく柔らかいごぼうを笹がきにし、水洗いしてアク抜きする。八方だしで歯応えが残るように、さっと煮て味を含ませておく。
❸寿司飯に煮汁を絞った笹がきごぼうと、黒煎り胡麻を適量ずつ混ぜて布巾をかぶせて常温に冷ましておく。
❹巻き簾に、開いて軽く絞った油揚げを広げ、❸を巻いて小袖寿司をつくる。切り出す大きさを考えて、ゆでた三つ葉を結わき一口大に切り出す。はじかみを添える。

●凌ぎ、弁当にも向く。

百合根茶巾絞り

百合根　砂糖蜜（水1、砂糖3）　塩水
くこの実
梅肉

❶くこの実はさっと水洗いして、蒸し器でさっと蒸して柔らかく戻しておく。
❷百合根は水洗いして1枚ずつばらす。蒸し器で蒸し、熱いうちに裏漉しする。
❸火にかけて練りながら砂糖蜜、塩水を加えて薄味をつけて、べとつかない程度のかたさに練る。
❹❸を一口大に分け、くこの実5個をバランスよく散らす。ぬらしてかたく絞ったガーゼで茶巾に絞る。天に梅肉を添える。

●焼物のあしらい、弁当にも。

蕗の臺田舎煮

蕗のとう　サラダ油
だし6　酒1　砂糖0.5　味醂1　濃口醤油1
芥子の実

❶蕗のとうは160℃に熱したサラダ油で揚げる。揚げることで苦味が和らぐ。ザルに移してたっぷりの熱湯をかけて油抜きする。
❷蕗のとうの形を1個ずつ整えて、鍋に2～3段重ねに並べる。
❸だしと酒を蕗のとうが浸かる程度の分量を入れ、火にかける。砂糖、味醂を入れて、一煮立ちしたら、濃口醤油を入れる。アクを取りながら弱火で煮含め、煮汁がなくなるように炊き上げる。芥子の実をふる。

●焼物のあしらい、弁当、香物にも向く。

酒粕のつけ焼き

酒粕　濃口醤油

❶板の酒粕を焼き台で軽く焼く。
❷濃口醤油を一刷毛塗ってさっとあぶる。同じように両面をあぶる。
❸一口大に切り出す。

●先付、焼物のあしらい、弁当にも。

梅花のし梅　かぶら紫蘇酢漬け

聖護院かぶ　塩　なます用甘酢（↓28頁）
梅紫蘇
のし梅

❶聖護院かぶを5mmほどの厚さに切り、小さい梅花に型抜きする。抜いたかぶに薄塩をして1時間ほどおく。
❷かぶを甘酢につけ、薄く色づく程度の梅紫蘇を加えて一晩おく。
❸のし梅を梅花かぶの大きさに合わせて、梅花に型抜きする。
❹甘酢につけた梅花かぶの水分をふき取り、型抜きしたのし梅を重ねる。

●焼物のあしらい、弁当にもよい。

冬の前菜　七種盛り

器●黒塗り八寸盆

田芹胡麻和え

田芹　塩　胡麻和え衣＊
白切り胡麻

器●飴釉内黄小付

＊胡麻和え衣：白煎り胡麻１００gをすり鉢でなめらかにすり、だし１６０mlでのばして淡口醤油16mlと微量の煮切り味醂で味を調える。

❶田芹はよく水洗いして、塩を入れた熱湯でゆでる。冷水にとって水気を切り、３cm長さに切る。

❷胡麻和え衣で田芹を和え、盛りつける。天に白切り胡麻を少量ふる。

●先付、箸休め、弁当にも向く。

仙台浅葱油焼き　芥子酢味噌和え

器●赤濃金蘭手粉付

仙台あさつき　つくし　サラダ油
芥子酢味噌＊

＊芥子酢味噌：練り芥子15gに裏漉しした白味噌２００g、砂糖15gをすり混ぜる。酢54mlでのばし、使用時生食用卵黄１個を混ぜる。

❶仙台あさつきはサラダ油にくぐらせて、アルミホイルにのせて焼き台で焼き、器に合わせて３cmほどの長さに切る。

❷つくしははかまを取り除き１６０℃のサラダ油で揚げてペーパータオルで油をふく。油で揚げるとほどよく苦味が抜ける。

❸仙台あさつきとつくしを芥子酢味噌で和えて盛る。つくしを天に盛る。

●先付、箸休めにもよい。

千枚かぶら寿司　三つ葉結び

かぶ＊　塩　昆布　甘酢（水２、酢２、砂糖１、塩少量）
寿司飯＊　白煎り胡麻
三つ葉

＊かぶ：天王寺かぶ、近江かぶ、聖護院かぶなど大きいかぶを使用。
＊寿司飯：米1.8リットルを炊き、寿司酢を切り混ぜる。寿司酢は酢１８０mlに砂

糖100g、塩40gを加えて混ぜ合わせてつくる。

❶千枚かぶらをつくる。かぶはスジが残らないように皮を厚めにむき、3mm厚さの薄切りにする。抜き板に薄塩をふってかぶを並べ、上からさらに薄塩をふる。このまま1時間ほどおいて塩をなじませる。

❷昆布はぬれた布巾できれいにふいて、3cm幅に切る。漬物樽にかぶを並べ、甘酢をふりかけて、昆布を2〜3枚入れる。これをくり返して仕込み、1日おいて使う。

❸❷の千枚かぶらの水分をふき取り、巻き簾に広げて、白煎り胡麻を混ぜて棒状にまとめた寿司飯を巻いて小袖寿司をつくる。一口大に切り、ゆがいた軸三つ葉で結ぶ。

● 凌ぎ、弁当にもよい。

焼き山牛蒡

山ごぼう　濃口八方だし(だし8、味醂1、濃口醤油1)

❶山ごぼうの大きい部分を皮をむかないように水洗いする。皮の部分が一番旨い。3cm長さに切り、濃口八方だしで、歯応えが残るように炊いて、味を含ませておく。

❷焼き台の強火で、山ごぼうの表面を香ばしく焼く。

● 先付、焼物のあしらい、弁当にも向く。

寒筍粉鰹煮

筍　米糠　たかのつめ
八方だし(だし20、味醂0.5、淡口醤油0.5、塩少量)　追がつお
削りがつお

❶筍のアクを抜く。筍は皮つきのまま穂先を斜めに切り落とし、皮に縦に切り込みを入れて、米糠、たかのつめを加えた水で1〜3時間ほどゆでる。火をとめてそのまま冷ましてアクを抜く。

❷盛りつけを考えて食べやすい大きさに切る。

❸八方だしに追がつおをして、1時間ほどじっくりと煮込み、鍋ごと自然に冷ます。

❹削りがつおを乾燥させ、軽くもんで、散らないように、金漉しにかけて粉がつおをつくる。

❺筍の煮汁をきって粉がつおをまぶして盛りつける。

● 先付、焚合、弁当にも向く。

蕗田舎煮

蕗　塩　胡麻油
合せだし(だし4、味醂1、濃口醤油1)

❶蕗は鍋に入る長さに切り水洗いする。塩を入れた熱湯で、歯応えが残るようにゆでて冷水にとる。皮をむいて、器に合わせて3〜4cm長さに切る。

❷胡麻油少量を鍋に入れて熱し、蕗を強火でさっと炒める。分量の合せだしを入れて、強火で炒り上げる。

● 先付、焼物のあしらい、弁当、香物にも向く。

菜花　雪花菜和え

菜花　塩　吸地八方だし(↓28頁)
おから
魚スープ(↓17頁)
砂糖　塩　淡口醤油
卵黄

❶菜花は塩を入れた熱湯で色よくゆでて冷水にとる。3cm長さに切る。

❷吸地八方だしを火にかけ、煮立ったら菜花を入れて、さっと煮立てて、鍋ごと氷水につける。色が飛ばないように鍋をくるくるまわしながら手早く冷まして味を含ませておく。

❸雪花菜をつくる。おからは水でとろりとのばし、ミキサーにかけたのち、水を加えながら少し目が粗い漉し器で漉す。この漉し水を布巾で絞って水気をきっておく。

❹❸のおからとおからと同量の魚スープを注いで火にかけ、砂糖、塩、淡口醤油各少量でごく薄味に調える。水分がなくなってきたら湯煎にかえ、卵黄を入れて5〜6本の箸でかき混ぜてふんわりと仕上げる。

❺菜花の水分をきって雪花菜で和えて盛りつける。

● 先付、弁当にも向く。

かぎ蕨

蕨　灰　吸地八方だし(↓28頁)
追がつお

❶蕨をアク抜きする(↓43ページ蕨寿司1)。

❷吸地八方だしを火にかけ、煮立ったら蕨を入れて一煮立ちさせて鍋ごと冷水につけて冷ます。ガーゼで削りがつおを包んで鍋に入れて2〜3時間おく。

春

揚げ豆腐と若竹椀

絹漉し豆腐　塩　薄力粉　サラダ油
筍　米糠　たかのつめ
若布
吸地八方だし（↓28頁）
吸地（↓28頁）
木の芽

❶絹漉し豆腐を椀に合わせて２cm厚さの大きさに切る。薄塩をして抜き板に並べ、抜き板を斜めにして１時間ほどおき、水分をきる。

❷筍は米糠とたかのつめを入れ、柔らかくゆでてアク抜きする。４～５mm厚さに切る。吸地八方だしで煮て味を含ませておく。

❸若布は茎を取り除き、霜降りして色出しし、冷水にとる。７～８cmに切り、吸地八方だしにつけて味を含ませる。

❹水切りした豆腐に薄力粉を薄くまぶして、１７０℃に熱したサラダ油でからりと揚げ、ペーパータオルで油をふき取り、椀に盛る。若布、筍も温めて盛りつける。温めた吸地をはり、吸口に木の芽を添える。

器●春秋煮物椀

山菜薄葛仕立て

山うど　酢
筍　米糠　たかのつめ
うるい　塩
蕨　灰
蕗青煮（↓44頁蕗寿司1〜2）
かたくり菜　塩
吸地八方だし（↓28頁）追がつお
吸地（↓28頁）吉野葛
白髪うど　木の芽

器●桜蓋朱振分平椀

❶山うどは4cmほどの長さの短冊に切り、酢水で洗ってアク抜きする。
❷筍は米糠とたかのつめを入れて、柔らかくゆでて、アク抜きする。短冊に切り、吸地八方だしでさっと煮て味を含ませておく。
❸うるいは水洗いし、塩を入れた熱湯で色よくゆでて冷水にとる。吸地八方だしに浸して含ませておき、4cmほどの長さに切る。
❹蕨をアク抜きする。熱湯に灰（蕨の1割）を入れて蕨をゆで、水にさらしてアク抜きをし、3cm長さに切る。
❺吸地八方だしで蕨を一煮立ちさせる。鍋ごと冷水につけて冷ます。ガーゼに削りがつおを包んで追がつおし、2〜3時間おいて味を含ませる。水気をきって4cmほどに切る。
❻蕗青煮をつくる。
❼かたくり菜は塩を入れた熱湯でゆで、冷水にとる。吸地八方だしに1時間つけて、4cm長さに切る。
❽下ごしらえした材料を同量ずつ合わせ、1人前の椀種の山をつくって用意する。強火でさっと温めて椀に盛り、水で溶いた吉野葛を吸地に加えてつくった葛仕立てをはって、白髪うどと吸口の木の芽を天盛りにする。

蓬とうふ

よもぎ　塩　重曹
胡麻とうふ（昆布だし6、白胡麻1、吉野葛1、酒0.5、砂糖、塩、淡口醤油各適量）
吸地（↓28頁）
人参　吸地八方だし（↓28頁）　うど　酢
白髪うど　木の芽

❶よもぎの若葉を水に4～5時間つけてアク抜きをする。途中2～3回水をとりかえる。塩一つまみと重曹を少量入れた熱湯でゆでて絞り、みじんに刻んですり鉢でする。
❷胡麻とうふをつくる。白胡麻を煎り、すり鉢でよくする。クリーム状になったら昆布だしを少しずつ加えてのばし、酒、吉野葛を加えてさらにすり混ぜる。砂糖、塩で薄味をつけて裏漉しする。
❸鍋に移し、中火で30～40分間練り、練り上がる直前に❶のよもぎを適量加えて混ぜ、最後に淡口醤油少量をたらして味を調える。流し缶に流し、乾かないようにぬれたサラシをかぶせ、水を少量加えて冷し固める。
❹蓬とうふは、椀に合わせて角切りにしておく。
❺人参、うどを花弁の形にむき、うどは酢水で洗ってアク抜きする。人参は吸地八方だしでさっと煮る。
❻蓬とうふを温めて椀盛し、花弁野菜を散らして、温めた吸地をはり、白髪うどと木の芽を天盛りにする。

器● 七宝朱羽反煮物椀

ホワイトアスパラガスとうふ清汁仕立て

ホワイトアスパラガスとうふ（↓46頁アスパラとうふ1～4）
吸地（↓28頁）
吹流し野菜（うど、胡瓜、人参、水菜）
三つ葉
吸地八方だし（↓28頁）
木の芽

❶ホワイトアスパラガスとうふは、椀に合わせて角に切り出し、蒸し器で温める。
❷だしを熱し、塩と淡口醤油で味を調え、吸地をつくる。
❸吹流し野菜はそれぞれ10㎝ほどの長さに切り、水菜の軸の太さに合わせて、うど、胡瓜、人参を細く切る。人参は塩を入れた熱湯でゆでる。うど、水菜、胡瓜はさっとゆでる。2本ずつをまとめて、片方の端をゆでた軸三つ葉で結び、吸地八方だしに浸しておく。
❹椀に温めたホワイトアスパラガスとうふを盛る。吹流し野菜を添えて、吸口に木の芽をあしらって、熱い吸地をはる。

器● 白鷺蒔絵利久椀

豌豆新緑仕立て

木綿豆腐　塩　薄力粉　サラダ油
えんどう豆450g　重曹4.5g　塩4.5g
だし900ml　塩5.4g　吉野葛適量　淡口醤油　酒各少量
蕨　灰　吸地八方だし（↓28頁）
溶き芥子

❶えんどう豆はサヤをむく。霧吹きで表面をぬらし、塩と重曹をふってまんべんなく混ぜ、30分間おく。
❷塩を入れた熱湯にえんどう豆を入れ、豆の皮がはじけないよう沸騰させずに5～10分間ほどゆでる。
❸指で潰してみて、柔らかくなったら、水道水を少しずつ加えて、徐々に冷ます。冷めたらザルに上げる。
❹ゆでたえんどう豆にだしを入れてミキサーにかけて裏漉しする。
❺鍋に戻して火にかけ、塩（だしの0.6％）を加えて、水溶き吉野葛でとろみをつける。少量の淡口醤油と酒で味を調え、すり流しをつくる。
❻木綿豆腐を椀に合わせてすくい取り、水きりする。薄塩をして、30分間ほどおき、塩をなじませる。水分をふき取り、薄力粉を薄くまぶして、170℃のサラダ油で揚げる。
❼蕨は灰でアクを抜き、吸地八方だしで一煮立ちさせて、そのまま冷まして味を含ませる。
❽椀に豆腐を盛り、蕨を添える。すり流しを注ぎ、溶き芥子を落とす。

器●天金朱網目平椀

グリーンアスパラガスすり流し

あられ揚げ（グリーンアスパラガス、塩、薄力粉、卵白、ぶぶあられ、サラダ油）
グリーンアスパラガス450g　だし900ml　塩5.4g　吉野葛適量　淡口醤油　酒各少量
溶き芥子

❶グリーンアスパラガスは、根元のかたい部分の皮をむく。塩を入れた熱湯で色よくゆでて冷水にとる。
❷ゆでたアスパラを分量のだしとともにミキサーにかけて裏漉しする。
❸鍋に戻して火にかけ、塩を加えて味をつけ、水溶き吉野葛を適量溶き入れてとろみをつける。淡口醤油少量、酒少量ずつたらして味を調え、すり流しをつくる。
❹あられ揚げをつくる。皮をむいたグリーンアスパラを4～5cmに切り、薄塩をふる。薄力粉をまぶし、卵白にくぐらせて、まわりにぶぶあられをつける。170℃に熱したサラダ油で揚げ、ペーパータオルで油をふき取る。
❺椀にすり流しをはり、揚げたてのあられ揚げを椀に盛る。吸口に溶き芥子を添える。

器●あやめ八つ橋蒔絵煮物椀

豆腐おぼろ仕立て

木綿豆腐
吸地（↓28頁） 吉野葛
三つ葉
淡口醤油 酒

❶木綿豆腐を抜き板にのせ、斜めにして１時間ほどおき水きりする。泡立て器で撹拌して細かくくずす。
❷吸地（ここでは撹拌した豆腐が加わり、薄葛を引くので塩分0.6〜0.7％と少し濃いめ）をつくり、撹拌した豆腐を３割ほど入れる。水溶きした吉野葛を溶き入れ、豆腐が沈まない程度の薄葛仕立てとする。
❸三つ葉を３cm長さに切って入れ、味を確認し、足りなければ淡口醤油、酒、各少量を入れて調え、椀にはる。

器● 天竜型桜蒔絵煮物椀

夏

丸スープ薄葛仕立て

丸スープ（↓20頁） 1
吸物用一番だし（↓14頁） 2
淡口醤油
吉野葛
酒 生姜
新じゅんさい
引き上げ湯葉 吸地八方だし（↓28頁）
はす芋（↓56頁はす芋小袖寿司１〜２）
洗いねぎ

❶丸スープと吸物用一番だしを用意する。
❷新じゅんさいは熱湯で色よくゆでて、冷水にとり、水分をきっておく。
❸引き上げ湯葉を４cmほどの長さに切って、吸地八方だしでさっと一煮立ちさせる。
❹吸地八方だしで含ませたはす芋は、４cmほどの長さに切る。
❺丸スープとだしを合わせて火にかけ、淡口醤油で味を調える。
❻ここに下ごしらえした❷〜❹までの材料を同量ずつ入れて、水溶き吉野葛を加えて薄葛仕立てにする。再度味を確認して、酒を少量落として椀にはる。洗いねぎを添えて、露生姜を落とす。
●汁を少なくして吉野煮として焚合にしてもよい。

器● 銀溜平椀

冬瓜薄葛仕立て

冬瓜　塩　吸地八方だし（↓28頁）
追がつお
新じゅんさい
人参　吸地八方だし
胡瓜　塩　吸地八方だし
吸地（↓28頁）
白髪ねぎ　生姜

❶冬瓜は皮をむき、５～６㎝厚さの輪切りにして種を取り除く。椀に合わせて角に切り、面取りする。塩を入れた熱湯で竹串が通るくらいまでゆでる。吸地八方だしに追がつおをして、割り箸ですっと切れるくらいの柔らかさに煮含める。

❷新じゅんさいは、熱湯で色出しし、冷水にとったのち、水分をきる。

❸人参は胡瓜の大きさに合わせて円柱に形取ってむき、打ち抜きで中心を抜く。小口切りにして蛇の目とする。吸地八方だしで味を煮含める。

❹胡瓜は塩ずりして、種の部分を打ち抜きで抜き、小口切りにして蛇の目とする。塩を入れた熱湯でさっとゆでて歯応えを残し、冷水にとる。吸地八方だしに浸しておく。

❺材料を温め、椀に盛り、白髪ねぎを添えて、吸地をはり、吸口に露生姜を落とす。

器● 見返し胡瓜蒔絵椀

揚げ冬瓜　早松茸

冬瓜　塩　吸地八方だし（↓28頁）
追がつお
薄力粉　サラダ油
早松茸
吸地（↓28頁）
三つ葉
酸橘

❶冬瓜は皮を薄くむいて5～6㎝厚さの輪切りにして種を取り除く。椀に合わせて角切りし、面取りする。

❷塩一つまみを入れた熱湯で、竹串が通る程度までゆでて冷水にとる。吸地八方だしにガーゼで包んだ追がつおをして煮含め、自然に冷まして味を含ませる。

❸早松茸は石突きを削り取り、かたく絞った布巾で汚れをふき取り、切っておく。三つ葉の軸をゆでて結ぶ。

❹酸橘は薄い輪切りにして種を取り除く。

❺冬瓜の水分をよくふき取り、薄力粉をつけて、１７０℃に熱したサラダ油で揚げる。

❻ペーパータオルで油をふき取り、椀に盛る。

❼吸地に松茸を入れて温める。冬瓜の上に松茸、結び三つ葉、酸橘を添える。吸地の味を確認して、必要ならば淡口醤油、煮切り酒各少量を落として椀にはる。

器● 波千鳥蒔絵吸物椀

新牛蒡飛龍頭

木綿豆腐　5丁
新ごぼう　豆腐の4割
山芋　豆腐の1割
卵　5個
砂糖　塩　淡口醤油
片栗粉　サラダ油　吸地八方だし(↓28頁)
吸地(↓28頁)
浜防風　青柚子

❶新牛蒡飛龍頭をつくる。木綿豆腐を布巾で包み、抜き板ではさんで重しをし、4～5時間おいて水をきる。

❷新ごぼうは太い部分を小口切り、細い部分を笹打ちして水洗いし、アク抜きする。吸地八方だしで煮る。

❸卵をほぐし、割り箸5～6本で混ぜながら火にかける。粘りが出てきたら火からおろして練り玉とする。

❹裏漉しした木綿豆腐、おろし山芋、練り玉をすり混ぜ、砂糖、塩、淡口醤油で薄味をつける。

❺❷の新ごぼうの水分をきり、片栗粉をふって❹の生地に混ぜ込む。手にサラダ油を塗り、椀に合わせて形取り、160～170℃に熱したサラダ油できつね色に揚げる。熱湯をかけて油抜きして、吸地八方だしで煮含める。

❽新牛蒡飛龍頭を温め、椀に盛る。塩湯をかけて色出しして結んだ浜防風、青柚子の皮を添えて温めた吸地をはる。

器●見返し朝顔蒔絵平椀

玉蜀黍すり流し

とうもろこし　400g
吸物用一番だし　900ml　塩
吉野葛
淡口醤油　酒
おこげ　サラダ油
三つ葉
溶き芥子

❶とうもろこしの粒を包丁でそぎ取り、吸物用一番だしとともにミキサーにかけたのち、粗い裏漉し器で漉して絞る。さらにもう一度目の細かい裏漉しにかけてなめらかにする。

❷これを火にかけて熱し、塩で味をつける。とうもろこしの甘みが薄い場合は、砂糖を極少量補うとよい。水溶き吉野葛少量でとろみをつけて、淡口醤油、酒を少量落として味を調えてすり流しをつくる。

❸すり流しを椀にはり、揚げたてのおこげを盛りつけ、色よくゆでた軸三つ葉を散らす。吸口に溶き芥子を添える。おこげは170℃に熱したサラダ油で揚げて使用する。

器●見返し蟹絵吸物椀

冷しおくらとろろ　汲み湯葉

オクラ　5
山芋　1
吸地（↓28頁）　6
汲み湯葉　塩
塩水

❶オクラはヘタを取り、つけ根のかたい部分に十文字に包丁目を入れて塩ずりする。塩一つまみを入れた熱湯で色よくゆでて冷水にとる。水分をきり、縦半分に切って種を取り除く。ミキサーにかけてなめらかにする。

❷山芋は皮をむいてすり鉢できめ細かにすりおろし、すりこぎでよくすってなめらかにして粘りを出しておく。

❸汲み湯葉をほぐして塩で薄味をつける。

❹オクラ5、山芋1の割でよくすり合わせる。少し濃いめに調えた冷たい吸地で徐々にのばす。ここで塩を入れると溶けにくいので、必要ならば調理用塩水で調整する。

❺器に汲み湯葉を盛り、冷やしたオクラとろろを流す。

●先付、箸休めに。

器●飛鳥箸洗い　渕千筋桔梗皿
掻敷●かえで葉蓋

湯葉すり流し

汲み湯葉　1
だし　2
塩　淡口醤油
オクラ　塩
山葵

❶柔らかい汲み湯葉と倍量のだしをミキサーにかけて薄い塩味をつける。なめらかにするため、裏漉して冷やしておく。

❷オクラはヘタを取り、つけ根のかたい部分に十文字に包丁目を入れて塩ずりする。塩一つまみを入れた熱湯で色よくゆで、冷水にとって小口から切る。

❸山葵は茎を落とし皮をみがいてきれいに掃除する。薄くスライスする。

❹冷やした湯葉のすり流しに、淡口醤油をごく少量加えて味を調え、小吸物用の器に盛る。小口切りのオクラと吸口の山葵を添える。

●先付、箸休めに。

器●笹ノ葉紋切子　小吸物　染付丸紋正角皿
掻敷●桑の葉

枝豆すり流し

枝豆 1
だし 1.5
塩
淡口醤油
新じゅんさい

❶枝豆を塩ゆでしてザルに上げる。塩をふり、冷風で冷まして、サヤから豆を取り出し、薄皮をむく。
❷だしと合わせてミキサーにかけて薄い塩味をつける。なめらかにするため、裏漉しして十分冷やしてすり流しとする。
❸新じゅんさいは熱湯で色よくさっとゆでて、冷水にとり、水分をきっておく。
❹冷やした❷の枝豆のすり流しに、淡口醤油をごく少量入れて味を調え、小吸物用の器に盛る。冷やした新じゅんさいを添える。
●先付、箸休めに。

器● 硝子小吸物
色絵露草六寸皿
掻敷● 山芋の葉

秋

松茸土瓶蒸し　鱧スープ

松茸
のし餅
粟麩
六条豆腐＊
鱧スープ（↓17頁）　旨塩
淡口醤油　酒
三つ葉　酢橘

＊六条豆腐：かつお節のようにかたい豆腐。乾物でかつお節削り器で薄く削って用いる。

❶鱧スープに旨塩で吸物味をつける。
❷松茸は石突きを削り取り、かたく絞った布巾できれいに掃除して、土瓶蒸しの器に合わせて切り分ける。
❸のし餅と粟麩を香ばしく焼く。
❹土瓶蒸しの器に松茸、焼き餅、焼き粟麩、六条豆腐を入れて鱧スープを注ぎ、10分間ほど蒸して味を確認する。生の切り三つ葉と淡口醤油、酒を各少量落とし、酢橘を添えて提供する。
●蒸物としても。

器● 焼〆土瓶
掻敷● しだ

きのこ汁

なめこ茸　網茸　なら茸　山伏茸　平茸
あわび茸
だし30　豚背脂適量　淡口醤油1
柚子胡椒　酒
のし餅　三つ葉

❶茸は何でもよいが、ぬめりのあるほうがおいしい。天然物ならば石突きを削り落とし、木の葉などをよく水洗いする。塩を入れた熱湯でさっとゆでて冷水にとる。水洗いしてザルに上げて水分をきり、食べやすい大きさに切る。

❷塩漬茸であれば、まず水洗いして薄い塩水（1％程度）に1時間ほどつけて塩抜きする。塩漬けの状態により3回ほど塩水をかえる。塩を一つまみ入れた熱湯でさっとゆでて冷水にとり、水洗いしてザルに上げて水分をきり、食べやすい大きさに切っておく。

❸三つ葉は水洗いして3㎝長さに切っておく。のし餅を一口大に切り、こんがり焼いておく。

❹だしに焼いた豚背脂を入れて、一煮立ちさせる。だしの半量程度の茸を入れて沸かし、アクを取り除く。淡口醤油を加え、好みの辛さの柚子胡椒を入れる。最後に背脂は取り出す。仕上がりに焼き餅と三つ葉を入れて、酒を少量落として椀にはる。

器●根来合鹿椀

菊花仕立て　揚げ枝豆とうふ

枝豆とうふ（↓271頁）
薄力粉　サラダ油
しめじ茸　吸地八方だし（↓28頁）
つる菜　塩　吸地八方だし
吸地（↓28頁）　吉野葛　淡口醤油　酒
菊花　塩　酢
酸橘

❶枝豆とうふは椀に合わせて角切りにする。中火の蒸し器で5～6分間蒸し、芯まで温める。

❷薄力粉をとうふ全体にまぶしてよく払い落とす。180℃に熱したサラダ油で表面のみをからっと揚げて、ペーパータオルで油をふき取る。

❸しめじ茸は石突きを取り除き、吸地八方だしで一煮立ちさせる。

❹つる菜は塩を一つまみ入れた熱湯で色よくゆでて冷水にとり、吸地八方だしに浸して下味をつける。

❺菊花は花弁をむしり、塩と酢少量を入れた熱湯で色よくゆでて冷水にとり、軽く絞っておく。

❻吸地にゆでた菊花を入れ、水溶き吉野葛で菊花が沈まない程度のとろみをつける。味を確認して淡口醤油少量で加減して酒少量を落として菊花仕立てとする。

❼椀に枝豆とうふを盛りつけて、温めたしめじ茸とつる菜を盛りつけ、吸口に酸橘の輪切りを添えて、菊花仕立ての吸地をはる。

器●菊蒔絵椀

小かぶと落花生とうふ

落花生とうふ（昆布だし6.5、あたり落花生0.8、酒0.5、吉野葛1、砂糖、塩、淡口醤油各少量）
小かぶ　吸地八方だし（↓28頁）
舞茸　吸地八方だし
吸地（↓28頁）
三つ葉　塩
柚子

❶落花生とうふをつくる。昆布だし、あたり落花生、吉野葛、酒を合わせ、少量の砂糖、塩、淡口醤油で薄味をつける。裏漉しし鍋に入れる。
❷鍋を火にかけ、こがさないように40分間ほどじっくりと練り、流し缶に流す。ぬれたサラシをかけて乾かぬよう水少量を流し冷やし固める。
❸小かぶは茎を切り落とし、縦半分に切って、スジが残らないように皮をむく。吸地八方だしで割り箸で切れるくらいまで煮る。
❹舞茸は椀に合わせて切り、熱湯をかけて冷水にとり、アク抜きしてから、吸地八方だしで煮る。
❺三つ葉は塩を入れた熱湯でさっとゆでて冷水にとり、2～3本分をまとめて結ぶ。
❻すべての材料を温めて、小かぶを椀に盛り、1cm厚さの名刺大に切った落花生とうふを小かぶの上にのせる。舞茸、結び三つ葉を盛り合わせ、吸口に柚子を添えて、吸地をはる。

器●鶉蒔絵椀

里芋　舞茸椀

里芋　八方だし（だし20、追がつお、味醂1、淡口醤油0.5、塩少量）
サラダ油
舞茸　塩
人参　吸地八方だし（↓28頁）
吸地（↓28頁）
三つ葉　酸橘

❶里芋は椀に合う大きさをそろえる。皮をむき、水洗いしてぬめりをふき取る。たっぷりのだしにガーゼに包んだ追がつおをして里芋を入れて煮る。煮立ったら中火にして味醂を加え、10分間ほど炊き、塩を加える。最後に弱火にして淡口醤油を加えて、柔らかく煮含ませる。
❷舞茸は6～7cm長さのほどよい大きさに割いて、3％濃度の塩水に10分間つけて薄い塩味をつける。水分をきって、アルミホイルに広げて天火で焼く。
❸人参は4cm長さのせん切りにして、吸地八方だしでさっと煮ておく。
❹里芋を温めて水分をふき取り、170℃に熱したサラダ油で揚げて香ばしさを出す。ペーパータオルで油をふき取り、椀に盛る。
❺温めた舞茸、人参、結び三つ葉を盛りつけ、吸口に酸橘の薄切りを添えて、吸地をはる。

器●古代朱煮物椀

里芋とうふ

里芋とうふ（里芋3、昆布だし6、酒0.5、吉野葛1、砂糖、塩、淡口醤油各少量）
吸地（↓28頁）
人参
菊菜
柚子

❶里芋は水洗いして強火で20分間ほど蒸して火を通す。皮をむき、薄塩（分量外）をして、マッシャーでざっくりと潰す。
❷昆布だし、酒、吉野葛を合わせて裏漉しする。砂糖、塩で薄味をつけて火にかける。はじめは強火で練り、固まってきたら弱火にして手早く混ぜる。混ざったら中火にして20～30分間ほど練り、潰した里芋を加えて混ぜ、さらに10分間ほど練って淡口醤油少量で味を調えて流し缶に流す。
❸ぬらしたサラシをかけて水少量を流し入れ、表面が乾燥しないようにして自然に冷ます。
❹椀に合わせて里芋とうふを切り出し、吸地八方だし（分量外）で温めた短冊切りの人参、ゆがいた菊菜、松葉柚子を盛り、温めた吸地をはる。
●里芋とうふは、先付、前菜、焼物、焚合に。

器●秋草椀

蓮根餅　薄葛仕立て

蓮根餅（蓮根1kg、白玉粉100g、旨塩少量）　薄力粉　サラダ油
蓮根　酢　吸地八方だし（↓28頁）
大根　人参　壬生菜　吸地八方だし
吸地（↓28頁）　吉野葛　淡口醤油　酒
柚子

❶蓮根は身厚の大きいものを選ぶ。皮をむいてアクを洗い、水分をふき取る。粗目のおろし金ですりおろし、ザルに上げる。絞らない。
❷白玉粉に蓮根の汁少量を加えて耳たぶのかたさに練る。すりおろした蓮根と白玉粉を練り合わせて、旨塩で薄味をつける。60gに丸めて、中火で15分間ほど蒸して火を通す。
❸蒸した蓮根餅に薄力粉を少量まぶして、170℃に熱したサラダ油で揚げる。ペーパータオルで油をふき取る。
❹椀に盛りつけ、温めた花蓮根と水引野菜を盛り、吸口に糸柚子を添える。花蓮根は花形にむいた蓮根を酢を入れた熱湯でゆで、吸地八方だしにつけて味を含ませたもの。水引野菜は、大根、人参、壬生菜を7cm長さのせん切りにして吸地八方だしでさっと煮たもの。
❺吸地に水溶き吉野葛を溶き入れて、淡口醤油、酒を各少量加えて味を調え、椀にはる。
●揚物、焚合、弁当にもよい。

器●雲錦蒔絵椀

銀杏とうふ

銀杏とうふ（↓69頁1～3）
岩茸　吸地八方だし（↓28頁）
菊菜　塩　吸地八方だし
ぎんなん　サラダ油
吸地（↓28頁）
柚子

❶銀杏とうふは、提供時に椀に合わせて角切りして蒸し器で温める。
❷岩茸は湯につけて戻し、石突きを取り除く。熱湯でゆでてかたいようであれば重曹を一つまみ入れて柔らかく煮る。水洗いして吸地八方だしでさっと煮て下味をつけておく。
❸菊菜は塩一つまみを入れた熱湯で、色よくゆでて冷水にとり、軽く絞る。長さをそろえて、吸地八方だしに浸して下味をつけておく。
❹殻をむいたぎんなんを１５０℃に熱したサラダ油で、色よく揚げてペーパータオルで油をふき取り、薄皮をむいて旨塩で薄味をつける。
❺温めた銀杏とうふ、岩茸、菊菜を椀に盛りつけ、揚げたてのぎんなんと吸口にばち形に切った柚子を添える。吸地を温め、必要ならば淡口醤油、酒各少量ずつを加えて味を調えて椀にはる。
●先付、前菜、向付、焼物にも向く。

器●金箔春秋椀

揚げ豆腐　丸仕立て

絹漉し豆腐　旨塩　薄力粉　サラダ油
丸スープ（↓20頁）1　吸物用一番だし（↓14頁）2　淡口醤油　酒　生姜
壬生菜　吸地八方だし（↓28頁）
白髪ねぎ

❶抜き板にサラシを敷き、絹漉し豆腐を並べる。上にもサラシをかけて、１時間ほどおいて水分をきる。
❷椀に合わせて丸形の打ち抜きで形取り、旨塩をふって30分間ほどおいて下味をつける。薄力粉を薄めにまぶして１７０℃に熱したサラダ油で揚げて、ペーパータオルで油をふき取る。
❸揚げたての豆腐を椀に盛り、壬生菜を添える。壬生菜はゆがいたのち吸地八方だしにつけて味を含ませたもの。
❹丸スープと吸物用一番だしを合わせて淡口醤油（30分の1）、酒少量で味を調えて椀にはり、露生姜を２～３滴たらす。白髪ねぎを添えて提供する。

器●洗朱稲穂蒔絵椀

銀杏すり流し　おこげ

ぎんなん　40個（120g）
吸地（↓28頁）　900ml
吉野葛　塩　淡口醤油　酒
おこげ　サラダ油
生姜

❶ぎんなんは殻を割って取り除き、薄皮をむいてすり鉢で粗く潰す。
❷吸地を温めて、潰したぎんなんを入れる。火が通るととろみが出る。とろみ加減をみて、水溶き吉野葛を少し補う。塩、淡口醤油、酒を各少量加えて味を調える。
❸おこげは椀に合う大きさに割って、タイミングを見計って170℃に熱したサラダ油でさっと揚げる。
❹椀にすり流しを張り、揚げたてのおこげを椀に盛る。露生姜を極少量落とす。

器●紅葉蒔絵椀

冬

胡桃とうふ

胡桃とうふ（あたりくるみ0.8、昆布だし6、酒0.5、吉野葛1、砂糖、塩、淡口醤油各少量）
揚げくるみ（くるみ、サラダ油）
芽かぶ　塩　吸地八方だし（↓28頁）
吸地（↓28頁）
柚子　おろし山葵

❶あたりくるみ、昆布だし、酒、吉野葛を合わせて裏漉しし、鍋に移して砂糖、塩で薄味をつける。
❷最初は強火で、固まりだしたら弱火にして、だまができないように手早く混ぜ合わせる。
❸中火で30〜40分間ほど練り、淡口醤油少量で味を調える。流し缶に移し、ぬれたサラシをかけて少量の水を注ぎ、乾燥を防いで冷ます。
❹提供時にとうふを椀に合わせて切り出し、蒸して温める。
❺揚げくるみをつくる。皮をむいたくるみを170℃に熱したサラダ油で揚げる。
❻芽かぶは塩一つまみを加えた熱湯でゆでて冷水にとる。軽く絞って、吸地八方だしにつけて味を含ませる。
❼すべての材料を温めて椀に盛り、色紙に切り出した柚子とおろし山葵少量を添えて、温めた吸地を注ぐ。

器●椿椀

かぶらとうふ

かぶらとうふ（おろしたかぶ3、昆布だし4、酒0.5、白あたり胡麻0.5、吉野葛1、砂糖、塩、淡口醤油各少量）
金時人参　吸地八方だし（↓28頁）
ごぼう　サラダ油
うぐいす菜　塩　吸地八方だし
吸地（↓28頁）　柚子

❶かぶの皮はスジが残らないように厚くむき、粗めのおろし金ですりおろしてサラシに包んで軽く絞る。
❷昆布だし、酒、あたり胡麻、吉野葛を合わせて裏漉しし、強火にかける。固まってきたら弱火にして、だまができないように手早く混ぜる。
❸混ざったら中火で30分間ほど練り、❶のかぶを入れて砂糖、塩で薄味をつける。5～6分間練り、淡口醤油を少量加えて流し缶に流す。
❹ぬれたサラシをかけて水を注ぎ、乾燥を防いで冷ます。椀に合わせて切り出し、蒸して温める。
❺金時人参を色紙に切り、吸地八方だしでさっと煮る。うぐいす菜は塩一つまみを加えた熱湯でゆでて冷水にとり、吸地八方だしにつけておく。
❻ごぼうは桂むきして細いせん切りに。流水でアク抜きする。水分をふき、170℃のサラダ油で揚げる。
❼椀に温めたかぶらとうふ、色紙人参、うぐいす菜を盛り、揚げごぼうと松葉柚子を添えて吸地をはる。

器●椿蒔絵椀

やさい梅椀

引き上げ湯葉　吸地八方だし（↓28頁）
梅干し
筍　米糠　たかのつめ　吸地八方だし
うぐいす菜　塩　吸地八方だし
干し椎茸　砂糖　塩　淡口醤油
吸地（↓28頁）
柚子

❶引き上げ湯葉は5～6㎝幅に切り、吸地八方だしで煮て味を含ませる。
❷梅干しに針打ちして十分つかるほどの水に一晩つける。水を取りかえて火にかける。梅干しがくずれないよう火加減に注意。1時間ほどしたら火からおろし、自然に冷ます。これを3～5回ほどくり返して梅干しを戻しつつ塩分をほどよく抜く。
❸寒筍は米糠とたかのつめでアク抜きし、一口大に切って、吸地八方だしで煮て、味を含ませる。
❹うぐいす菜は塩を入れた熱湯でゆで、吸地八方だしにつける。
❺干し椎茸はぬるま湯に砂糖を一つまみ入れ、落し蓋をして一晩おいて戻す。石突きを取り除き、戻し汁を漉して椎茸と共に鍋に入れて火にかける。アクを取りながら柔らかく煮戻し、椀用に塩、淡口醤油で薄味をつける。
❻すべての材料を温めて椀に盛り、吸口にはばち形に切った柚子を添えて、熱した吸地をはる。

器●溜塗り吸物椀

薄氷仕立て

黒胡麻とうふ（黒あたり胡麻0.5、白あたり胡麻0.5、昆布だし6、酒0.5、吉野葛1、砂糖、塩、淡口醤油各少量）
人参　芽かぶ　かぶか大根　塩　吸地八方だし（↓28頁）
吸地（↓28頁）　柚子

❶黒胡麻とうふをつくる。黒、白のあたり胡麻、吉野葛を昆布だしと酒でのばし水嚢で漉す。鍋に移し、砂糖、塩で薄味をつけて火にかける。最初は強火で練り、固まりはじめたら弱火にして、手早く混ぜる。混ざったら中火にして、30～40分間ほど練り、淡口醤油で味を調える。

❷小ボウルにラップフィルムを敷き、❶を流し、茶巾に絞って輪ゴムでとめる。冷水に落として冷ます。

❸人参を10㎝長さのせん切りにする。塩をして30分間ほどおいてしんなりさせ、結んでゆでる。塩加減を確認して吸地八方だしにつける。

❹芽かぶは塩湯でゆで、吸地八方だしにつけておく。

❺椀の大きさに合わせて、かぶ、または大根の皮をむき、透けるほど極薄くスライスする。塩を入れた熱湯でゆでたのち吸地八方だしにつける。

❻黒胡麻とうふ、結び人参、芽かぶを温めて椀に盛る。短冊柚子をあしらい、温めたかぶの薄切りを上にかぶせて吸地をはって薄氷に見立てる。

器● 秀平煮物椀

じゃが芋すり流し

じゃが芋　マーガリン　砂糖蜜（水3、砂糖1）　塩　薄力粉　サラダ油
すり流し（吸地900㎖、じゃが芋250g、淡口醤油、酒）
人参　吸地八方だし（↓28頁）　柚子
岩茸　重曹　吸地八方だし

❶じゃが芋は皮つきのまま、強火で20～30分間蒸して皮をむく。等分に分けて半分は裏漉ししておく。

❷残りはじゃが芋の5％のマーガリンと砂糖蜜、塩水各少量を加えてマッシャーで潰し、薄味をつける。50～60ｇに分けて、かたく絞ったサラシで茶巾に絞る。薄力粉をまぶして170℃に熱したサラダ油で揚げる。

❸すり流しをつくる。吸地に❶のじゃが芋を溶き入れて、淡口醤油、酒を各少量加えて味を調える。

❹人参をあられに切り、吸地八方だしで一煮立ちさせる。人参と同量の柚子皮をあられに切っておく。岩茸は熱湯につけて、石突きを取り除いてゆでる。かたければ重曹少量を加えて、柔らかくして、水にさらしてアク抜きする。かたく絞って、吸地八方だしで一煮立ちさせる。

❺揚げたての茶巾揚げを椀に盛り、温めた岩茸を天に盛る。温めたすり流しを注ぎ、あられ人参、あられ柚子をバランスよく散らす。

器● 雪輪蒔絵椀

青海苔仕立て

海老芋　だし20　追がつお　味醂0.5　塩少量　淡口醤油0.5
薄力粉　卵白　みじん粉　サラダ油
吸物用一番だし（↓14頁）　塩　吉野葛
青海苔　淡口醤油　酒
菜花　人参　塩　吸地八方だし（↓28頁）
柚子

❶海老芋は椀に合う大きさのものを用意する。椀に合わせて皮をむき、十分水洗いして水分をふき取る。みじん粉をつけて揚げるので、むいたときより少し大きくなる。

❷海老芋を鍋に移し、芋がつかる量の倍ほどのだしを入れ、追がつおをして火にかける。沸いてきたら中火にして味醂を加えて20分間ほど煮る。海老芋に竹串が通るようになったら塩を適量入れる。塩が溶けたら分量の淡口醤油を入れ弱火でじっくりと煮含める。椀種に使うので、煮物より薄味に。自然に冷まし味を含ませる。

❸菜花は塩ゆでして、吸地八方だしに浸して味を含ませておく。

❹人参は、椀に合わせて、6㎝長さのせん切りにし、吸地八方だしでさっと煮る。

❺吸物用一番だしに0.5～0.6％ほどの塩で味をつけ、水溶き吉野葛で薄葛を引く。生青海苔を適量入れたら味を確認する。

❻❷の海老芋の水分をよくふき取り、薄力粉、卵白をつけてみじん粉をまぶす。150～160℃の低温のサラダ油で、みじん粉にこげ目がつかないように揚げる。海老芋を温めてから揚げると短時間で揚がる。

❼揚げたてを椀に盛り、水引人参、菜花を温めて盛り、結び柚子を添える。青海苔仕立ての吸地に淡口醤油、酒を極少量落として椀に注ぐ。

器　研出し根来椀

酒粕汁

大根　人参
板こんにゃく　ごぼう　油揚げ
だし　900ml
練り粕（板粕500g、酒50ml、水400ml）200g
塩　淡口醤油　酒
七味唐辛子　万能ねぎ

1 練り粕を準備する。酒の板粕を酒と水に5〜6時間浸して柔らかく戻して裏漉しする。
2 大根、人参は5cm長さのせん切りにして、それぞれかためにゆでて水引野菜とする。
3 板こんにゃくは水引野菜と同じ大きさのせん切りにしてゆで、アク抜きする。
4 ごぼうは皮を落とさないように水洗いする。小さい笹がきにし、水洗いしてアク抜きしておく。
5 油揚げは5cmほどのせん切りにして、ゆでこぼして油抜きする。
6 万能ねぎは1.5cmの長さに切る。
7 酒粕汁を仕立てる。だし900ml、練り粕200gを合わせて熱し、塩で味つけする。
8 水引野菜、こんにゃく、ごぼう、油揚げを同量ずつ合わせて、粕汁でさっと煮て下味をつけて椀に盛り、合わせた粕汁に淡口醤油、酒を少量落とし味を確認して椀に注ぎ、万能ねぎと七味唐辛子を散らす。

器 日の出吸物椀

雑煮　薄葛仕立て

のし餅
大根　人参
壬生菜　塩
吸地八方だし（↓28頁）
吸地（↓28頁）　吉野葛
柚子

1 紅白色紙野菜をつくる。人参、大根を厚さ3mm、幅2cm強ほどの色紙に切り、人参、大根を別々に吸地八方だしでさっと煮て下味をつけ、自然に冷ましておく。
2 壬生菜は塩を入れた熱湯でさっとゆで、6cm長さに切り、冷ました吸地八方だしにつけて下味をつける。
3 椀に合わせて切ったのし餅を2切れ用意する。こんがりと焼き、焼きたてを椀に盛る。
4 吸地を熱し、金勺でまわしながら水溶き吉野葛適量を細く流し入れて仕立てる。
5 他の材料も温めて椀に盛り、吸口に組み松葉柚子を天盛りにし、できたての薄葛仕立ての吸地を椀にはる。

器 鈴型煮物椀

雑煮　沢煮仕立て

のし餅
大根　人参　ごぼう　椎茸　水菜
鯛スープ（鯛のアラ、塩、酒、爪昆布）
塩　淡口醤油　酒
うど　木の芽

❶鯛のアラは適当な大きさに切り、塩をして30～40分間おく。熱湯でさっと霜降りして冷水に落とし、手早く血やウロコを洗い流し、水気をきる。
❷鍋に鯛のアラを入れ、鯛がつかる倍量の水と水の１割の酒を入れる。爪昆布（水1.8リットルに20ｇ）の表面をふいて入れ、火にかける。沸騰直前に爪昆布を取り出す。アクを取りながら、30分間ほど火にかけて鯛の旨みを煮出したのち、アラを除き、汁を布漉しして鯛スープをとる。
❸大根、人参は５cm長さのせん切りに、ごぼうはできるだけ細く笹がきにする。椎茸は短冊に切る。別々に鯛スープでさっと煮て下味をつけておく。水菜は５cm長さに切っておく。うどは５cmほどの針に切り、水洗いしてアク抜きする。
❹椀に焼いたのし餅を入れ、大根、人参、椎茸、ごぼうを適量ずつさっと温め、水菜を混ぜて餅の上に盛る。
❺鯛スープを温めて、塩、淡口醤油、酒各少量で味を調えて椀にはり、針うどを盛り、吸口に木の芽を添える。

器●松葉蒔絵椀

雑煮　白味噌仕立て

丸餅
大根　金時人参
うぐいす菜　塩
吸地八方だし（→28頁）
吸物用一番だし（→14頁）９００ml　白味噌２００g
溶き芥子

❶大根、金時人参は皮をむいて厚さ５㎜、直径３cmの輪切りにする（椀や餅の大きさに合わせる）。人参、大根を別々に吸地八方だしで煮て、下味をつけておく。
❷うぐいす菜は塩を入れた熱湯でさっとゆでて、冷ました吸地八方だしにつけて下味をつける。
❸丸餅は昆布を入れたお湯につけて柔らかく戻して、水気をきり、椀に盛る。
❹だしを熱し、白味噌を溶き入れる。
❺日の出人参、大根、うぐいす菜を温めて盛りつけ、できたての白味噌仕立ての吸地を椀にはり、吸口に溶き芥子を落として仕上げる。

器●老松吸物椀

雑煮　みぞれ仕立て

のし餅　サラダ油
大根　人参　鈴菜　塩
吸地八方だし（↓28頁）
吸地（↓28頁）　吉野葛　大根おろし
柚子

❶大根、人参を10㎝長さのせん切りにし、適量の塩をふって30分間ほどおく。しんなりしたら大根、人参を一緒に結んで塩を洗い流し、吸地八方だしでさっと煮て、下味をつけ、自然に冷ましておく。

❷鈴菜は根の部分の皮を薄くむき、塩を入れた熱湯でゆでて、冷ました吸地八方だしにつけて下味をつけておく。

❸椀に合わせて切ったのし餅を２切れ用意する。１６０℃程度に熱したサラダ油で揚げ、揚げたてを椀に盛る。

❹吸地を熱し、吸地を金勺でまわしながら、水溶き吉野葛適量を細く流し入れて、薄葛を引く。おろしたての大根おろしを軽く水切りして適量混ぜ、みぞれ仕立てにする。

❺他の材料も温めて椀に盛り、吸口に松葉柚子を天盛りにして、できたてのみぞれ仕立ての吸地を椀にはる。薄葛仕立てや、みぞれ仕立てには葛を溶いたり、大根おろしを入れるので吸地は通常より少し濃いめの味に。

器●赤絵椿椀

雑煮　とろろ仕立て

のし餅　濃口醤油　焼き海苔
人参　大根
菜花　塩
吸地八方だし（↓28頁）
吸地（↓28頁）　つくね芋
柚子

❶人参、大根を椀に合わせた長さに切り、人参、大根を別々に吸地八方だしでさっと煮て下味をつけて紅白水引野菜をつくる。

❷菜花は塩を入れた熱湯で色よくゆでて、冷ました吸地八方だしにつけて下味をつけておく。

❸椀に合わせて切ったのし餅を２切れ用意する。餅が変形しないように弱火で焼き、柔らかくなったら濃口醤油をつけてさっとあぶり、醤油の香ばしさを引き出す。餅に合わせて切った焼き海苔を巻き、焼きたてを椀に盛る。

❹つくね芋の皮をむき、すり鉢でめ細かくすりおろし、すりこぎでよくする。つくね芋に、冷ました吸地を少しずつ入れてすりのばし、火にかける。

❺椀に磯辺焼き餅と温めた水引野菜、菜花を盛りつけ、結び柚子を吸口に添える。できたてのとろろ仕立ての吸地を椀にはる。

器●金彩結び椀

器●伊羅保たたら皿、青竹皿、焼〆丸小付　掻敷●野蕗、しだ

春

山菜いろいろ

うるい　こごみ　塩
蕨　灰
吸地八方だし（↓28頁）　追がつお
蕗青煮（↓44頁蕗寿司１～２）
野蒜　行者にんにく　山うど　塩
田舎芥子酢味噌＊

＊田舎芥子酢味噌…田舎味噌５００g、練り芥子25g、砂糖１２５g、酢２２５mlを泡立て器で混ぜてつくる。

❶うるいとこごみは水洗いし、それぞれ塩を入れた熱湯で色よくゆでて冷水にとる。吸地八方だしに浸して含ませておき、３～４㎝ほどの長さに切る。

❷蕨をアク抜きする。（↓43頁蕨寿司１）。

❸蕗青煮は適宜に切る。野蒜、行者にんにくは塩を入れた熱湯でゆで、ザルに上げて薄塩をふって冷ます。野蒜は球根が見えるようにして茎を軸にして葉の部分を巻きつける。行者にんにくは千代結びにしておく。山うどは皮をむき食べやすい大きさの乱切りにする。

❹すべての材料を野蕗の葉に野趣に盛りつける。田舎芥子酢味噌を添える。

●先付、酢物にも向く。

筍　菜花

筍　米糠　たかのつめ
菜花　塩
紫芽
おろし山葵
割り醤油（濃口醤油2、だし1）

❶筍は米糠とたかのつめを入れた水でゆでてアク抜きしておく。
❷菜花は塩を入れた熱湯で色よくゆで、冷水にとり、つぼみ部分を3cm長さに切っておく。
❸筍の器をつくる。筍を水洗いして縦半分に切る。筍の部分を切り出して、皮で筍釜をつくる。
❹筍を食べやすい大きさにスライスし、筍釜に盛りつけ、菜花をあしらう。紫芽、おろし山葵を添える。別に割り醤油をつける。
●先付にもよい。

器●三つ足虎竹籠　掻敷●笹

筍桜の葉〆

筍　米糠　たかのつめ
桜葉（塩漬け）
うど　人参
おろし山葵
割り醤油（濃口醤油1、だし1）

❶筍は米糠、たかのつめを入れて柔らかくゆでてアク抜きする。
❷筍は穂先の部分を5mm厚さに切る。桜葉の塩漬けをさっと水洗いして水分をふき取り、バットに敷く。葉の上に筍を並べ、上から葉をかぶせる。同じサイズのバットを重ねて一晩おき、桜の香りをつける。
❸うどと人参を花弁の形にむく。
❹筍を桜の葉で巻いて盛りつけ、花弁野菜を散らして、おろし山葵を添える。●先付、前菜にも。

器●御深井釉六角高台皿、染付七宝四方押菱型小付

さしみ蒟蒻

さしみこんにゃく
蕨　灰
五三竹　米糠　たかのつめ
田舎芥子酢味噌（↓98頁）

❶さしみこんにゃくは、そぎ切りにする。
❷蕨は灰でアク抜きする。3～4cm長さに切る。
❸五三竹は米糠とたかのつめを入れて1時間ほどゆでて、そのまま自然に冷ましてアク抜きする。皮を取り除き、3～4cm長さに切る。
❹青竹の器に氷を詰め、熊笹を敷いて、さしみこんにゃく、蕨、五三竹を盛りつける。別に田舎芥子酢味噌を添える。
●先付、前菜、冷し鉢、酢物にもよい。

器●刷毛目灰釉変形皿、青竹筒　掻敷●熊笹、しだ

蓬胡麻とうふ

よもぎ　塩　重曹
胡麻とうふ（昆布だし6、白胡麻1、吉野葛1、酒0.5、砂糖、塩、淡口醤油各適量）
よもぎ味噌（白味噌200g、よもぎ20g、砂糖15g、だし適量）　練り芥子

❶よもぎの若葉をたっぷりの水に4〜5時間つけてアク抜きをする。途中2〜3回水をとりかえる。塩一つまみと重曹少量を入れた熱湯でゆでる。かたく絞り、みじんに刻んですり鉢でする。
❷胡麻とうふを練る。白胡麻を煎り、すり鉢でクリーム状になるまでよくする。クリーム状になったら昆布だしを少しずつ加えてのばし、酒、吉野葛を加えてさらにすり混ぜる。砂糖、塩で薄味をつけて裏漉しする。
❸鍋に移し、中火で30〜40分間練り、練り上がる直前に❶のよもぎを適量加えて混ぜ、最後に淡口醤油少量をたらして味を調える。流し缶に流し、乾かないようにぬれたサラシをかぶせ、水を少量加えて冷し固める。
❹よもぎ味噌をつくる。❶のよもぎ20gをすり鉢ですり、分量の白味噌、砂糖を加えてよく混ぜる。使用する分だけだし適量でのばす。
❺蓬胡麻とうふを切り出し、器に盛り、よもぎ味噌を適量かけて練り芥子を添える。
●先付にもよい。

器●桜花向付

三色アスパラガス

グリーンアスパラガス
ホワイトアスパラガス
ムラサキアスパラガス
塩
マヨネーズ味噌（田舎味噌100g、マヨネーズ50g）

❶グリーンアスパラガスとムラサキアスパラガスは根元のかたい部分の皮をむく。塩を入れた熱湯で色よくゆでて冷水にとる。
❷ホワイトアスパラガスは根元のかたい部分の皮をむく。塩を入れた熱湯でゆで、根元の部分に竹串が刺さるようになったらそのまま自然に冷ます。
❸それぞれ冷やして、食べやすく切って、盛りつける。別に味噌とマヨネーズを混ぜ合わせたマヨネーズ味噌を添える。
●先付、前菜、冷し鉢としてもよい。

器●ボヘミア切子長手皿、白磁輪花小付

器●淡青桔梗渕向付

蕨叩き長芋掛け

蕨　灰
旨だしゼリー（旨だし＊900ml、板ゼラチン10g）
長芋
おろし山葵

＊旨だし：だし4を熱し、味醂0.5、濃口醤油1で味を調える。

❶蕨は灰でアク抜きする。4〜5cm長さに切る。
❷旨だしゼリーをつくる。だしを熱し、味醂、濃口醤油で味を調えて旨だしをつくる。粗熱がとれたら、水で戻した板ゼラチンを溶かして、冷やし固める。
❸長芋は皮をむき、包丁の峰でざっくりと適当に叩く。
❹器に蕨を盛りつけ、旨だしゼリーを適量かける。叩き長芋をかけ、おろし山葵を添える。
●先付、冷し鉢にもよい。

夏

器●緑彩ひさご形向付

無花果胡麻餡掛け

いちじく　塩
旨だし（だし16、砂糖1、塩少量）
胡麻餡＊
花穂紫蘇

＊胡麻餡：白あたり胡麻100gをだし60mlでのばし、淡口醤油、煮切り味醂各少量で味を調える。マヨネーズくらいのかたさに。

❶いちじくは70℃に熱した湯につけたのち冷水にとって、薄皮をむく（湯むき）。塩を少量ふり、中火で10分間ほど蒸す。
❷冷たい旨だしに2〜3時間つけて味を含ませて冷やしておく。いちじくが熟れていたら、旨だしの砂糖の分量は減らす。
❸いちじくの水気をきって盛りつけ、胡麻餡をかけ、花穂紫蘇を天盛りにする。
●先付、前菜、箸休めとしてもよい。

焼き茄子　アボカド掛け

茄子
アボカド　レモン
割り醤油（濃口醤油1、だし1）
おろし山葵
花穂紫蘇

❶焼き茄子をつくる。茄子の中心に菜箸を差し込んで穴を開けて、火を通りやすくする。網にのせて強火の直火でまんべんなく焼く。
❷ヘタつきのほうから皮をむく。熱いので指先を水につけて冷ましながらむくとよい。皮をむくとき熱いが、茄子を水につけないほうが香ばしさが残る。
❸アボカドは半割にして種を取り、皮をむく。裏漉しし、レモン果汁を少量加えてよく混ぜ、変色を防ぐ。
❹茄子のヘタを切り落とし、箸で縦に割いて盛りつけ、アボカドをかけて花穂紫蘇、おろし山葵を添える。割り醤油をかけて供する。
●先付、箸休め、合肴にもよい。

器●筆洗形ペルシャ向付

アボカド　とまと山掛け

アボカド　レモン
ミニトマト
つくね芋
割り醤油（濃口醤油1、だし1）
花穂紫蘇
より人参
おろし山葵

❶アボカドは半割にして種を取る。皮をむいて食べやすい大きさに切り、レモン水で洗ってアク止めしておく。
❷ミニトマトは小さめのものを用意してヘタを取り、天に小さく十字に包丁目を入れる。熱湯でさっと霜降りして冷水にとり、皮をむく。
❸つくね芋の皮をむき、水洗いして水分をよくふき取り、すり鉢ですりおろす。十分すり合わせてふんわりと仕上げる。
❹アボカドとミニトマトを盛りつけ、すりおろしたつくね芋をかける。花穂紫蘇、より人参を飾り、おろし山葵を添え、割り醤油を適量注ぐ。
●先付、冷し鉢、箸休めにもよい。

器●浅葱交趾櫛目角向付

器●花縁切子麻ノ葉向、祥瑞捻りつぼつぼ、白磁花渕小付

夏野菜水貝風

冬瓜　塩　重曹　石川芋　米の研ぎ汁
もろ胡瓜　さくらんぼ　ミニトマト
パプリカ赤・黄　グリーンアスパラガス
昆布だし　塩
旨塩
芥子酢味噌＊

＊芥子酢味噌…白味噌200gを裏漉しする。練り芥子15gをすり鉢であたり、白味噌、砂糖15gをすり混ぜる。酢54mlを少しずつ加えてほどよいかたさにのばす。使用時に生食用卵黄1個を混ぜる。

❶冬瓜は薄く皮をむく。コップや電球のカケラなどでこそげとるとよい。縦に半割にして種を取り除く。一口大の小角に切り、面取りする。

❷皮面に塩、重曹を極少量ずつすりつけ、30分間ほどおく。青味を残すため薄く皮をむいてあるために皮面がかたいので柔らかくするため。塩一つまみ入れた熱湯で色よくゆで冷水にとる。

❸石川芋は小粒のものを選び、布巾でしごいて皮をむく。米の研ぎ汁で柔らかくゆでて水洗いし、冷やしておく。

❹もろ胡瓜は両端を切って塩ずりする。熱湯でさっと霜降りし、色出しして冷水にとる。一口大の乱切りにする。

❺ミニトマトはヘタを取り、天に小さく十字に包丁目を入れる。熱湯で霜降りして冷水にとり、皮をむく。

❻パプリカの赤、黄ともに金串を刺して直火で表面をこんがりと焼いて皮をむく。又は熱湯で軽くゆでてからむいてもよい。食べやすい大きさに切る。

❼グリーンアスパラは根元の部分のかたい皮を薄くむき、塩一つまみを入れた熱湯で色よくゆでで冷水にとり、食べやすい長さに切る。

❽すべての野菜を冷やして盛りつけし、立て塩程度に塩で味を調えた昆布だしを冷やして提供時に注ぎ、かち割り氷を入れる。旨塩と芥子酢味噌を添える。

●先付、箸休め、止肴にもよい。

冷し野菜　とまといろいろ もろ胡瓜

赤長玉トマト
ミディトマト
黄純愛トマト
もろ胡瓜　塩
旨塩
ピンク旨塩

❶トマトはそれぞれヘタを取り、天に小さく十字に包丁目を入れる。熱湯でさっと霜降りして冷水に取り、皮をむいて冷やしておく。

❷もろ胡瓜は両端を切って塩ずりする、熱湯でさっと霜降りし色出しして冷水にとる。食べやすい長さに切る。

❸トマトともろ胡瓜をかき氷に埋め込み、盛りつける。白とピンクの塩を添える。

●箸休め、止肴にも向く。

器●
青釉三方なぶり鉢
木の葉形小付
白瓷渕錆長方小付

滝川豆腐　旨だしゼリー

棒寒天　2本
水　360ml
豆乳　1080ml
旨だしゼリー（旨だし＊900ml、板ゼラチン10g）
オクラ　塩
おろし山葵
花穂紫蘇

＊旨だし…だし8、味醂1、濃口醤油1を合わせる。

❶滝川豆腐をつくる。棒寒天を水に3時間ほどつけてふやかす。かたく絞ってほどよくちぎり、分量の水を合わせて混ぜながら煮溶かす。

❷豆乳を湯煎にかけて混ぜながら温める。ここに煮溶かした寒天地を入れて、混ぜながら2割ほど煮詰め、裏漉しする。鍋底を冷水につけて、混ぜながら人肌ほどに冷まして流し缶に流し、表面の泡を取り除いて冷やし固める。

❸旨だしを熱し、水で戻した板ゼラチンを溶かして冷やし固める。

❹冷やした滝川豆腐を切り出し、寒天突きで突いて流れるように盛りつける。

❺旨だしゼリーをよく混ぜて注ぐ。色よく塩ゆでした小口切りのオクラと花穂紫蘇をほぐして盛りつけ、おろし山葵を添える。

●先付、前菜に。

器●
青磁平向

湯葉おくら掛け

汲み湯葉
オクラ　塩
花穂紫蘇
おろし山葵
割り醤油（だし2、濃口醤油1）

❶叩きオクラをつくる。オクラはヘタを取り、つけ根の硬い部分に十文字に隠し包丁を入れて塩ずりする。塩一つまみを入れた熱湯で色よくゆでて冷水にとる。水分をきって縦割にし、種を取り除き、包丁で細かく刃叩きする。

❷汲み湯葉を器に盛り、叩きオクラを盛る。花穂紫蘇とおろし山葵を添えて、割り醤油を注ぐ。

●先付、前菜、冷し鉢としてもよい。

器●花渕ダイヤ切子舟形向付

玉蜀黍とうふ　旨だしゼリー

玉蜀黍とうふ（とうもろこし3、昆布だし6、酒0.5、吉野葛1、塩、淡口醤油）
旨だしゼリー（旨だし＊900ml、板ゼラチン10g）
花穂紫蘇　三つ葉
おろし山葵
＊旨だし：だし12、味醂0.5、淡口醤油1を合わせる。

❶玉蜀黍とうふをつくる。とうもろこしの実を包丁でそぎ取り、昆布だしと酒を合わせてミキサーにかける。粗い裏漉しで漉して絞る。吉野葛を混ぜ合わせ、もう一度目の細かい裏漉しにかけて、塩少量で味を調える。とうもろこしの甘さ加減で砂糖を少量加えるとよい。

❷火にかけて最初は強火で練り、固まりはじめたら弱火にして、手早く混ぜる。よく混ざったら中火にして30〜40分間練り、淡口醤油少量で味を調えて、流し缶に流す。表面が乾かないようにぬれたサラシをかけて水を少量入れて自然に冷ます。

❸旨だしゼリーは、旨だしを熱して、水で戻した板ゼラチンを溶かして冷し固める。

❹すくい取って蓮の葉に盛りつけて、旨だしゼリーをかける。花穂紫蘇、軸三つ葉をあしらい、おろし山葵を添える。

器●蓮の葉

青竹胡麻とうふ　旨だしゼリー

胡麻とうふ（白煎り胡麻2、昆布だし6、酒0.5、吉野葛1、砂糖、塩、淡口醤油各適量）
旨だしゼリー（旨だし＊900ml、板ゼラチン10g）
じゅんさい　オクラ　塩　おろし山葵

＊旨だし：だし12、味醂0.5、淡口醤油1を合わせる。

❶胡麻とうふをつくる。白煎り胡麻をすり鉢でよくすり、昆布だしで少しずつのばし、酒、吉野葛を加えてよく混ぜ、水嚢で漉す。
❷鍋に移し、砂糖と塩で薄味をつけて火にかける。最初は強火で、固まりはじめたら弱火で手早く混ぜる。
❸混ざったら中火にして30〜40分間練り、淡口醤油少量を加えて味を調えて、青竹の器に流す。表面が乾かないように水少量を流し入れて、ぬれたサラシをかけて自然に冷ます。
❹じゅんさいは熱湯でさっとゆでて冷水にとり、水分をきって冷やす。オクラは塩ずりして、塩一つまみ入れた熱湯で色よくゆでて冷水にとり、水分をきって小口切りにする。
❺旨だしゼリーをつくる。旨だしを熱して、水で戻した板ゼラチンを溶かして冷やし固める。
❻❸に旨だしゼリーをかけ、じゅんさい、オクラ、山葵を添える。

器●染付輪花七寸鉢
青竹
掻敷●笹

秋

焼き松茸　水菜酸橘醤油和え

松茸　酒　塩
水菜　塩
酸橘醤油（酸橘果汁1、濃口醤油1、だし3）
菊花

❶松茸は石突きを削り取り、かたく絞った布巾できれいに掃除する。傘の部分に包丁目を入れて半分に割く。
❷酒少量をふりかけ、薄塩をふる。アルミホイルに包んで5〜6分間ほど蒸し焼きにして、食べやすい大きさに割く。
❸水菜は水洗いして、塩一つまみを入れた熱湯で色よくゆでて冷水にとる。そろえて軽く絞り、4cm長さに切りそろえる。
❹水菜と松茸を合わせ、酸橘醤油を適量加えて混ぜ合わせ、味つけする。器に盛りつけて、菊花を散らす。
●先付、前菜、箸休めにもよい。

器●焼〆割山椒向付

焼き椎茸　卸しポン酢和え

椎茸　塩
大根おろし　紅葉おろし　ポン酢
万能ねぎ
柚子

❶身の厚い大きい椎茸を選び、石突きを取り除く。3％濃度の塩水に10分間ほどつけて塩味をつける。
❷強火で焼いて一口大の大きさに切る。
❸大根おろしに適量のポン酢と紅葉おろしを加えて好みの辛味をつける。
❹焼いた椎茸と小口に切った万能ねぎをざっくり混ぜ合わせて盛りつけ、針柚子を天盛りにする。

●先付、前菜、酢物にもよい。

器●伊羅保深向付

揚げ里芋胡桃和え

里芋　サラダ油　旨塩
しめじ茸　塩
ちしゃとう　塩　旨塩
くるみ和え衣＊
あられ

＊くるみ和え衣：あたりくるみ100gにだし60mlを加えてのばし、かたさを調整する。淡口醤油少量と煮切り味醂少量で味を調える。

❶里芋は皮をむき、3～4mm厚さに切る。大きければ2～4等分にする。流水にさらしてアク抜きをし、水分をふき取り、広げて表面を乾かす。
❷170℃に熱したサラダ油でからりと揚げる。ペーパータオルで油をふき、旨塩をふって薄味をつける。
❸しめじ茸は石突きを取り除き、1本ずつ分けておく。3％濃度の塩水に10分間ほどつけて塩味をつける。アルミホイルに広げて強火で焼く。
❹ちしゃとうは皮をむき、3mm厚さの小口切りにする。塩を加えた熱湯でさっと色よく歯応えが残る程度にゆでて、冷水にとる。水分をふき取り、旨塩をふって薄味をつけておく。
❺里芋、しめじ茸、ちしゃとうを同量ずつ合わせて、くるみ和え衣で和える。
❻器に盛り、あられをふる。

器●絵唐津新草紋向付

長芋磯辺和え

長芋　旨塩　サラダ油　もみ海苔
温泉玉子　とんぶり
おろし山葵
割り醤油（濃口醤油1、だし2）

❶長芋は皮をむいて1cm厚さの輪切りにし、大きければ2～4等分に切る。ぬめりを洗って水分をふいて旨塩をふる。30分間おいて、ごく薄い塩味をつける。

❷170℃に熱したサラダ油で、長芋を歯応えが残るくらいに素揚げして、ペーパータオルで油をふき取りながら、もみ海苔を混ぜ合わせる。

❸とんぶりはすり鉢に移して、ひたるくらいの水を入れて、軽く手のひらで混ぜながら表面の薄皮をはがし、表面に浮いた皮を洗い流す。これを4～5回くり返して、砂など異物が混入していないか確認して水分をきる。

❹温泉玉子をつくる。卵が直接鍋底にあたらないように鍋底にタオルを敷く。竹編みザルに、常温に戻した卵を並べて鍋に入れる。たっぷりのぬるま湯を加えて火にかけ、65～70℃を保ち25～30分間ゆでる。1個割って確認する。すぐ冷水につけて冷ます。

❺揚げたての長芋を器に盛り、温泉玉子をかける。とんぶりとおろし山葵を添えて割り醤油を注ぐ。

器　乾山写し竜田川向付

カシューナッツとうふ旨だしゼリー掛け

カシューナッツとうふ（カシューナッツ3、昆布だし6、吉野葛1、酒0.5、砂糖、塩、淡口醤油）
旨だしゼリー（旨だし＊900ml、板ゼラチン10g）
菊花　とんぶり　オクラ　塩　酢
おろし山葵

＊旨だし：だし10、味醂0.5、濃口醤油1の割で合わせる。

❶カシューナッツはフライパンで煎って昆布だしとともにミキサーにかける。吉野葛を混ぜ合わせて裏漉しする。酒、少量の砂糖と塩で味をつける。

❷鍋に移し、胡麻とうふの要領で30～40分間練り、淡口醤油少量で味を調えて流し缶に流す。乾かないよう、ぬらしたサラシをかけ水を少量流す。

❸旨だしゼリーは旨だしを熱し、水で戻した板ゼラチンを溶かして冷やし固める。菊花は花弁を塩と酢少量を入れた熱湯で色よくゆでて冷水にとり、軽く絞っておく。とんぶりは水洗いして水分をきる。オクラは塩ずりして色よく塩ゆでして冷水に取り、水分をきって小口切りする。

❹とうふを器に合わせて切り出して盛り、旨だしゼリーをかける。天に菊花、オクラ、とんぶりを盛り、おろし山葵を添える。

器　赤絵舟形向付

器● 赤楽楓向付

焼き松茸と落花生とうふ

落花生とうふ（→88頁小かぶと落花生とうふ1～2）
松茸　酒　塩
黄菊　もって菊
おろし山葵
酸橘醤油（酸橘果汁1、濃口醤油1、だし2）

①落花生とうふをつくる。
②松茸は石突きを削り取り、かたく絞った布巾できれいに掃除する。傘の部分に包丁目を入れて半分に割く。酒を少量ふりかけて薄塩をふる。アルミホイルに包んで5～6分間蒸し焼きする。
③落花生とうふは器の大きさに合わせて切り出して盛る。焼き松茸を添える。おろし山葵と二種の菊花の花弁を天盛りにして、酸橘醤油を注ぐ。
●先付、前菜、箸休めとしてもよい。

器● 乾山写し竜田川向付

湿地茸と豆腐味噌漬け

木綿豆腐
味噌漬け床＊
しめじ茸　酒
菊花

＊味噌漬け床：白粒味噌1kg、酒90ml、味醂36mlを混ぜ合わせる。好みで一味唐辛子を加える。

①木綿豆腐を4cmほどの幅に切って、抜き板に上げて3時間ほどおいて水切りをする。オーブン、または天火で焼いて豆腐に火を通す。
②ガーゼではさんで、味噌漬け床につけて2日間ほどおく。
③しめじ茸は石突きを取り除き、1本ずつさばく。アルミホイルにのせて酒を少量ふり、強火の天火でさっと焼く。
④冷めたら豆腐と同じようにガーゼにはさんで味噌漬け床に2日間つける。
⑤豆腐としめじ茸を味噌漬け床から取り出し、食べやすい大きさに切って盛りつける。
⑥黄菊の花弁を天に盛る。
●先付、前菜にも向く。

さしみ蒟蒻

さしみこんにゃく
柳松茸　エリンギ茸　サラダ油
岩茸　重曹
もって菊　より野菜
田舎芥子酢味噌＊

＊田舎芥子酢味噌…田舎味噌500g、練り芥子25g、砂糖125g、酢225㎖を泡立て器で混ぜる。

❶柳松茸は石突きを切り落とし、170℃に熱したサラダ油でさっと揚げる。ペーパータオルで油をふき取る。
❷エリンギ茸は縦半分に切り、強火でさっと焼き、一口大に切る。
❸岩茸は水洗いして熱湯につける。落し蓋をして、冷めるまでおく。石突きがついていたら外し、熱湯でゆでる。かたいようであれば重曹を少量加えて柔らかく戻す。冷水にとり、水洗いして水分をきる。
❹器に氷を詰め、葉物を敷いて、さしみこんにゃく、エリンギ茸、柳松茸を盛り合わせる。岩茸、ゆがいたもって菊、より野菜を添える。田舎芥子酢味噌を別に添える。
●先付、前菜、酢物にも。

器●乾山写し竜田川平向　渕錆白磁輪花小付

冬

焼き百合根　梅肉和え

百合根
梅肉和え衣＊
ちしゃとう　塩
うど

＊梅肉和え衣…赤梅肉45㎖、白梅肉45㎖、煮切り酒180㎖、砂糖40g、淡口醤油18㎖を合わせて火にかける。水溶き吉野葛適量でとろみをつけて冷やす。

❶百合根はきれいに掃除しておく。アルミホイルで包んで中火のオーブンで蒸し焼きする。
❷焼いた百合根を梅肉で和える。
❸百合根を盛り、色出ししたちしゃとうをあしらい、よりうどを添える。ちしゃとうは皮をむいて3㎝長さの軸に切り、塩一つまみ加えた熱湯で霜降りして冷水にとったもの。
●先付、前菜、酢物にも向く。

器●黒織部筒向

山芋三種

自然薯　大和芋　長芋
人参　防風　紫芽
おろし山葵
割り醤油（濃口醤油2、だし1）

❶三種の芋はそれぞれ皮をむいて形を変えて切り出し、盛りつける。
❷より人参、錨防風、紫芽をあしらい、別に割り醤油を添えて供する。

●先付、箸休めにも向く。

器●織部長手皿
焼〆小付

早蕨と汲み湯葉

蕨　灰
吸地八方だし（↓28頁）　追がつお
汲み湯葉
おろし山葵
割り醤油（濃口醤油1、だし3）

❶蕨をアク抜きする（↓43頁蕨寿司1）。
❷吸地八方だしを火にかけ、煮立ったら蕨を入れて一煮立ちさせ、鍋ごと冷水につけて冷ます。かつお節をガーゼで包んで鍋に入れて2〜3時間おいて味を含ませる。
❸蕨を4cmほどの長さに切り、汲み湯葉と交互に盛りつけて、おろし山葵を天盛りにして、割り醤油を注いで供する。

●先付、前菜にも向く。

器●椿形向付

かぶら蒸し　旨だし餡掛け

海老芋　だし20　味醂1　塩適量　淡口醤油0.5　追がつお
百合根　ぎんなん　椎茸　粟麩
蕨　灰　吸地八方だし（↓28頁）
聖護院かぶ
サラダ油
旨だし餡＊
おろし山葵

＊旨だし餡：だし18を熱し、味醂0.5、淡口醤油1で味を調え、適量の水溶き吉野葛でとろみをつける。

器●乾山写し　紅白梅図向付

❶海老芋は皮をむき、よく水洗いして水分をふき取る。鍋に移し、海老芋がつかる量の倍のだしを入れ、追がつおをして火にかける。

❷沸いてきたら中火にして、味醂を加えて20分間ほど煮る。海老芋に竹串が通るようになったら塩を入れる。塩が溶けたら分量の淡口醤油を入れ、弱火でじっくりと煮含める。火からおろして自然に冷まし、味を含ませる。一口大に切っておく。

❸百合根は1枚ずつばらし、鱗片の大きい大葉百合根を洗っておく。

❹ぎんなんは殻を割り、骨抜きで薄皮をむく。椎茸、粟麩は一口大に切っておく。

❺蕨は灰でアク抜きして、吸地八方だしでさっと煮てそのまま冷まし、下味をつけておく。

❻聖護院かぶの皮をスジが残らないように厚めにむき、おろし金ですりおろす。

❼160～170℃に熱したサラダ油で海老芋、百合根、ぎんなん、椎茸、粟麩を揚げて器に盛りつけ、おろした聖護院かぶと蕨を盛りつけて、蒸し器で温める。

❽熱々の旨だし餡をたっぷりかけて、おろし山葵を添えて供する。温向付として供する。

●先付、焚合、合肴としてもよい。

山芋とうふ

山芋とうふ（つくね芋1.5、昆布だし6、酒0.5、白あたり胡麻0.5、吉野葛1、砂糖、塩、淡口醤油各少量）
岩茸（→93頁じゃが芋すり流し4）
人参　防風
おろし山葵
割り醤油（だし2、濃口醤油1）

❶つくね芋の皮をむいて、すり鉢ですりおろす。
❷昆布だし、酒、白あたり胡麻、吉野葛を合わせて裏漉しする。強火にかけ、固まりだしたら弱火にして、だまができないように手早く混ぜ合わせる。
❸中火にして30分間ほど練り、つくね芋を混ぜ合わせて砂糖、塩で薄味をつける。5～6分間練り、淡口醤油を少量加えて味加減して流し缶に流す。ぬれたサラシをかけて水を注ぎ、乾燥を防いで冷ます。
❹器に合わせて山芋とうふを切り出し、盛りつける。岩茸、防風、より人参、おろし山葵を添えて割り醤油を注いで供する。
●先付、前菜、椀種、焼物、揚物と応用の幅は広い。

器●黒楽向付

黒胡麻とうふ　胡麻味噌掛け

黒胡麻とうふ（→93頁薄氷仕立て1）
菜花　塩　吸地八方だし（→28頁）
胡麻味噌（白田楽味噌＊10、白すり胡麻2、だし適量）
＊白田楽味噌…白味噌1kg、酒360ml、味醂180ml、砂糖100gを合わせて火にかける。弱火で30～40分間かけて練り上げる。仕上がる5～6分前に卵黄5個を入れる。湯煎にかけて練ってもよい。

❶黒胡麻とうふを練る。流し缶に流し、表面が乾かないように濡れたガーゼをかぶせて、水を少量流し入れて自然に冷ます。
❷菜花は塩を入れた熱湯で色よくゆで、吸地八方だしで下味をつけておく。
❸胡麻味噌は白田楽味噌に白すり胡麻を2割混ぜ合わせて、だしを加えてほどよいかたさに調整する。
❹黒胡麻とうふを器の大きさに合わせて角に切って盛り、蒸し器で温める。
❺温めた胡麻味噌をかけ、菜花も温めて天盛りにする。
●温向付として、また先付、箸休め、合肴にも。

器●緑輪花黄瀬戸向付

焼物

器●伊羅保長方皿　掻敷●笹

春

筍　若布焼き

筍　米糠　たかのつめ
若布
サラダ油　塩　胡椒　酒　濃口醤油
木の芽

❶筍は米糠とたかのつめを入れた水でゆでてアク抜きしておく。食べやすい大きさに切っておく。

❷若布は、生若布を用意し、かたい茎の部分を取り除く。熱湯にさっとくぐらせて色出しし、冷水にとる。水分をきり、5～6㎝の長さに切る。乾物や、塩蔵物でもよい。

❸筍で器をつくっておく。筍釜は筍を焼く前に焼き台で焼き、温めておく。

❹サラダ油をひいたフライパンの強火で筍を焼き、塩、胡椒で薄味をつける。同量の若布を入れて強火でさっと炒め、塩、胡椒、酒、濃口醤油で味を調える。

❺筍釜に盛りつけ、木の芽を天盛りにする。

●先付、合肴にもよい。

筍西京焼き

筍　米糠　たかのつめ
味噌漬け床（白粒味噌1kg、酒90ml、味醂36ml）
木の芽
はじかみ（↓49頁白瓜小袖寿司6）

❶筍は米糠とたかのつめを入れて、柔らかくゆでてアク抜きする。
❷根元のほうは1.5cmほどの厚さに切り、両面に鹿の子の切り込みを入れる。穂先は食べやすい大きさのくし形に切る。よく水分をふき取る。
❸筍をガーゼではさみ、味噌漬け床に3日ほどつける。
❹筍に平串を打ち、こがさないように中火でこんがりと焼く。
❺器に盛り、木の芽を散らし、はじかみを添える。
●先付、前菜、折詰にも向く。

器●伊羅保輪花鉢

筍木の芽焼き

筍　米糠　たかのつめ
祐庵地（酒2、濃口醤油1、味醂1.5）
木の芽
はじかみ（↓49頁白瓜小袖寿司6）

❶筍は米糠、たかのつめを入れて、柔らかくゆでてアク抜きする。
❷根元のほうは1.5cmほどの厚さに切り、両面に鹿の子の切り込みを入れる。祐庵地に1時間ほどつける。
❸祐庵地から取り出し、細い金串を打って焼く。祐庵地を3～4回かけながら、強火で艶よく焼き上げる。最後に叩き木の芽を散らして軽くあぶる。
❹筍の皮に盛りつけして、はじかみを添える。
●お通し、前菜、折詰にも向く。

器●粉引き木の葉形長皿　掻敷●筍皮、笹

五三竹　味噌マヨネーズ焼き

五三竹　米糠　たかのつめ
味噌マヨネーズ（田舎味噌100g、マヨネーズ50g、卵黄2個）

❶五三竹は米糠とたかのつめを入れて1時間ほどゆでる。自然に冷ましてアク抜きし、皮を取り除く。
❷五三竹に平串を打ち、強火で両面を焼く。
❸火が通ったら、味噌マヨネーズを適量塗り、味噌がこげないように弱火で焼く。
●先付、前菜、折詰などにも向く。

器●渕濃唐草長手皿

グリーンアスパラガス黄身醤油焼き

グリーンアスパラガス　塩
黄身醤油＊

＊黄身醤油：だし2、酒1、味醂1、淡口醤油1の割で合わせたもの180mlに対して卵黄は2個。すべてをよく混ぜ合わせる。

❶グリーンアスパラガスは根元のかたい部分の皮をむく。塩を入れた熱湯で色よくゆでて冷水にとる。
❷水分をふき取り、薄く塩をあて、30分間ほどおく。
❸アスパラガスに平串を打ち、黄身醤油をかけながら両面を焼く。
❹食べやすく切り出して盛りつける。
●先付、前菜、折詰などにも向く。

器●黄瀬戸九寸長皿

ホワイトアスパラガス青海苔焼き

ホワイトアスパラガス　塩
青海苔1　卵白0.2　塩　ラー油

❶ホワイトアスパラガスは根元のかたい部分の皮をむき、塩一つまみを入れた熱湯で、根元の部分に竹串が通るくらい柔らかくなるまでゆで、そのまま自然に冷ます。
❷水分をふき取り、薄塩をあて、30分間ほどおく。
❸青海苔は卵白を2割ほど混ぜて、塩とラー油で味つけしておく。
❹アスパラに平串を打ち、両面を強火で焼いたのち、❸の青海苔をアスパラにからませ、こがさないように中火でこんがり焼く。
❺食べやすく切り出して盛りつける。
●先付、前菜、折詰にもよい。

器●赤楽葉形向付

新玉葱すてーき ポン酢餡掛け

新玉ねぎ　塩　胡椒
馬鈴薯餡（じゃが芋、だし、塩）
スナップえんどう豆　塩
サラダ油　酒　ポン酢　吉野葛
溶き芥子

❶新玉ねぎは皮をむき、3㎝厚さの輪切りにして、塩、胡椒をふる。
❷馬鈴薯餡をつくる。じゃが芋は水洗いし、皮つきのまま柔らかく蒸す。熱いうちに皮をむき、裏漉しする。だし少量でのばして、薄い塩味をつけておく。
❸スナップえんどう豆はスジを取り、塩を入れた熱湯で少しかためにゆでて、一口大に切る。
❹フライパンにサラダ油をたっぷりひいて、新玉ねぎの両面をこんがりと焼く。途中スナップえんどう豆を入れ、酒をふりかける。
❺アルコール分が飛んだら、ポン酢を入れて玉ねぎにからめる。玉ねぎを盛りつけて、残った焼き汁に水で溶いた吉野葛少量を加えてとろみをつける。
❻スナップえんどう豆を盛りつけ、温めた馬鈴薯餡をかけ、ポン酢餡をまわりに流して、溶き芥子を添える。
●合肴にも向く。

器●黄瀬戸変形鉢

焼蓬とうふ　べっ甲餡掛け

蓬とうふ（↓80頁蓬とうふ1〜3）
サラダ油
べっ甲餡＊
百合根　塩　砂糖蜜（水1、砂糖1）
梅紫蘇
溶き芥子

＊べっ甲餡：だし10、味醂1、濃口醤油1の割で合わせて火にかける。水溶きの吉野葛適量を加えてとろみをつける。

❶蓬とうふは、器に合わせて角切りにしておく。
❷百合根は1枚ずつばらして、花びらの形に整える。薄塩をあてて蒸し、砂糖蜜でさっと煮て冷まし、梅紫蘇を入れて薄く色をつけて花びら百合根をつくる。
❸フライパンにサラダ油をひき、蓬とうふの両面をこんがりと焼き、器に盛る。
❹熱々のべっ甲餡をかけて、花びら百合根を散らし、溶き芥子を添える。
●先付、向付、焚合にもよい。

器●白刷毛目丸反向付

夏

蚕豆寄せ焼き

そら豆　塩
サラダ油
焼きだれ＊

＊焼きだれ：酒2と味醂6を合わせて火にかけて煮切り、濃口醤油4を加えて2割ほど煮詰めたのち、冷ます。

❶そら豆はサヤから取り出し、薄皮をむく。サヤは使用するのでとっておく。塩をふり、塩もみして水洗いする。
❷そら豆の半分は、160℃に熱したサラダ油で素揚げする。
❸残り半分は、塩蒸ししたのち、裏漉しして火にかけて軽く練り、なめらかにする。
❹素揚げしたそら豆を裏漉しに混ぜ、とっておいたサヤに詰めて形を整える。
❺天火で焼き、焼きだれを3回ほど塗って焼き上げる。
●小さくつくって前菜、弁当に。

器●白掛楕円皿

賀茂茄子田楽

賀茂茄子　胡麻油
赤田楽味噌＊
甘長唐辛子
茗荷

＊赤田楽味噌：赤味噌1kg、酒360ml、味醂180ml、砂糖500～400gを合わせて火にかける。弱火で30～40分間かけて練り上げる。仕上がる5～6分前に卵黄5個を加えて練る。

❶賀茂茄子はヘタをつけたまま、縦半分に切る。切り口を下にして皮面を少し切り落とし縞模様に皮をむく。細い金串で全体に串打ちして火を通りやすくする。
❷平串を打ち、両面に胡麻油を塗って中火で焼く。途中片面に2回ずつ塗って、こんがりと焼き上げる。最後に田楽味噌を塗り、弱火でさっと焼く。
❸甘長唐辛子は平串を打ち、表面に胡麻油を塗って、賀茂茄子と並行して焼いて、同時に仕上げる。
❹茗荷を小口切りしてさっと水洗いする。
❺賀茂茄子を盛り、甘長唐辛子、刻み茗荷を添える。

●向付、合肴、弁当に。

器●古瑞正角皿

焼き茄子　ピリ辛味噌焼き

茄子
甘長唐辛子
ピリ辛味噌＊
茗荷

＊ピリ辛味噌：信州味噌500g、白味噌500g、酒180ml、味醂180mlをよく混ぜ合わせて、直火にかけて練る。沸いてきたら弱火にして30分間ほどかけて練り上げる。仕上がる5分ほど前に卵黄5個を入れる。ラー油は好みの辛さに適量入れる。湯煎にかけて練ってもよい。

❶茄子の中心に縦に菜箸を差し込んで空洞をつくり、火の通りをよくする。網にのせ、強火の直火でまんべんに焼く。ヘタつきのほうから皮をむく。熱いので指先を水につけて冷ましながらむくとよい。皮をむくとき、熱いが茄子を水につけないほうが香ばしさが残る。
❷焼き茄子をアルミホイルにのせて強火の天火で表面を香ばしく焼いたのち、ピリ辛味噌を塗って味噌をこがさないように弱火で焼く。
❸甘長唐辛子は縦に隠し包丁目を入れて、天火でしんなりするくらい焼き、ピリ辛味噌を塗ったら、こがさないように弱火で焼く。刻み茗荷を添える。

●先付、前菜、箸休めなどにもよい。

器●南蛮五寸角皿

焼き丸茄子田楽

丸茄子　胡麻油
赤田楽味噌＊　煮切り酒　豆板醤
茗荷　洗いねぎ

＊赤田楽味噌：赤味噌1kg、酒360ml、味醂180ml、砂糖500～400gを合わせて火にかける。弱火で30～40分間かけて練り上げる。卵黄5個は仕上げる5～6分前に入れる。湯煎にかけて練ってもよい。

❶茗荷、長ねぎの白い部分はそれぞれ小口切りして流水で洗い、軽く絞っておく。赤田楽味噌は、煮切り酒でほどよいかたさに調整し、好みの辛さになるよう豆板醤を混ぜる。
❷丸茄子を1.5cm厚さの輪切りにして、両面に胡麻油をたっぷり塗る。
❸炭火で焼き、赤田楽味噌をつけて、好みで茗荷や洗いねぎを包んで食べる。

●合肴としてもよい。

器●粉引三つ足六寸向付、渕十草貝型小鉢、渕うず角小鉢、飛騨焜炉

玉蜀黍醤油焼き

とうもろこし
濃口醤油
茗荷　塩　なます用甘酢（↓28頁）

●先付、前菜にも向く。

❶とうもろこしは皮つきのまま強火で20分間ほど蒸す。
❷冷めたら皮をむき、両端を切り落として半分に切る。桂むきの要領で、とうもろこしが4～5列つながるように切り落とす。
❸アルミホイルに並べ、天火で濃口醤油を2回かけて香ばしく焼く。
❹茗荷は熱湯でさっと霜降りしてザルに上げ、塩少量をふり、冷風で冷まして甘酢につける。

器●びーどろ四方皿

二色万願寺唐辛子

万願寺唐辛子
糸がきかつお
割り醤油（濃口醤油1、だし2）

❶赤と青の万願寺唐辛子を用意する。縦に隠し包丁目を入れて天火で焼く。

❷盛りつけし、糸がきかつおをたっぷり添える。割り醤油を添える。

●先付、箸休めにもよい。

器●釉玉高台平皿、丸小搗

山芋蒲焼きもどき

つくね芋　卵白
海苔
サラダ油
かけだれ＊
粉山椒
はじかみ（→49頁白瓜小袖寿司6）

＊かけだれ：酒2と味醂6を合わせて火にかけて煮切り、こんがり焼いた鰻の頭骨、中骨を入れて弱火で30分間煮出す。アクをひいて濃口醤油3を加え、2割ほど煮詰めてそのまま冷ます。冷めたら漉して用いる。

❶つくね芋の皮をむいて水洗いして水分をふき取る。すり鉢ですりおろし、卵白を1割入れてすり混ぜ、ふんわり仕上げる。

❷海苔を横半分に切り、その上につくね芋を平らにのばして、170℃に熱したサラダ油できつね色に揚げる。菜箸で縦に中心部にくぼみをつけて鰻の白焼きに見立てる。

❸金串を打ち、かけだれを両面に3回ずつかけて焼き、鰻の蒲焼きに見立てる。

❹切り出して粉山椒をふり、盛りつける。はじかみを添える。

●前菜、弁当にもよい。

器●渕輪花祥瑞七寸皿

湯葉蒲焼き風

引き上げ湯葉
焼きだれ＊
新蓮根　酢　塩
なます用甘酢（↓28頁）　爪昆布　たかのつめ

＊焼きだれ：酒2と味醂6を合わせて火にかけて煮切り、濃口醤油4を足して2割ほど煮詰めたのち、冷ます。魚や肉類に合う。

❶引き上げ湯葉1束分を半分の長さに切り、蒸して柔らかく戻す。焼きだれをからめて30分間おく。
❷❶の湯葉を重ねて、ゆるめにくるくる丸めて、4ヵ所ほど竹皮で結わき、平串を打つ。
❸両面に3回ずつ焼きだれをかけてこがさないように艶よく焼く。好みでおろし山葵を添えたり、粉山椒をふる。
❹花酢蓮根をつくる。新蓮根を切り口が花形になるように穴に沿って面取りし、水洗いする。熱湯に酢少量を加え歯応えが残るようにさっとゆでる。ザルに上げて塩少量をふって冷ます。
❺甘酢に爪昆布と種を取り除いたたかのつめを入れて新蓮根を一晩つける。小口から切り出して使用する。
❻湯葉を盛りつけ、花酢蓮根をあしらう。●前菜、弁当に。

器●捻祥瑞六寸皿

秋

丹波焼き　べっ甲餡掛け

松茸　酒
栗　塩
しめじ茸　酒　塩
卵白
べっ甲餡＊
酢橘

＊べっ甲餡：だし14、味醂1、濃口醤油1を合わせて熱し、水で溶いた吉野葛適量を加えてとろみをつける。

❶松茸は石突きを削り取り、かたく絞った布巾できれいに掃除する。傘の部分に包丁目を入れて半分に割く。酒少量をふって薄塩をあてる。
❷アルミホイルに包んで、5～6分間蒸し焼きして食べやすく割く。
❸栗は鬼皮をむき、包丁で渋皮をむいて半分に切る。水洗いして薄塩をして、強火で10分間ほど蒸す。
❹しめじ茸は石突きを取り、酒少量をふりかけて薄塩をし、アルミホイルに並べて天火で焼く。
❺卵白を泡立ててメレンゲをつくり、下ごしらえした松茸、栗、しめじ茸を同量ずつメレンゲで寄せて、アルミホイルにのせて天火で焼く。
❻器に盛りつけて、熱いべっ甲餡をかけて、酢橘を添える。

器●焼〆平向

松茸白芋茎巻き 一味醤油焼き

松茸
白ずいき（↓50頁おくら和え1～2）
一味醤油だれ＊
はじかみ（↓49頁白瓜小袖寿司6）
酸橘

＊一味醤油だれ：煮切り酒2、味醂1.5、濃口醤油1を合わせて、一味唐辛子適量を加えて好みの辛みをつける。

❶松茸はころ松（傘が開いていないころりとした形の松茸）を選び、かたく絞った布巾できれいに掃除する。傘の部分に包丁目を入れて半分に割き、一味醤油だれに5分間ほどつけて下味をつける。
❷白ずいきを下ゆでしておく。外側の部分を使用するので中心部分は和物などに使用するとよい。布巾で軽く押さえて水分をふき取り、一味醤油だれをからませて下味をつける。
❸松茸を白ずいきでらせん状に巻き、平串を打つ。一味醤油だれを、両面に3～4回かけながら焼く。串を外して盛りつけ、はじかみと酸橘を添える。
●前菜、弁当にも向く。

器●黄交趾菊形五寸皿

舞茸炭火焼き

舞茸　青唐辛子　酒　旨塩
酸橘醤油（酸橘果汁1、濃口醤油1、だし1）

❶天然物の舞茸は木の葉などゴミが沢山ついているので、まず石突きを削り取り、ていねいに水洗いして、ザルに上げて水分を切る。
❷ほどよい大きさに割いて、酒少量をふりかけ、旨塩を少量ふって炭火で焼きながら食べる。
❸青唐辛子を盛り合わせ、酸橘と酸橘醤油を別に添える。
●先付、合肴にも向く。

器●赤絵四方中鉢、長方飛騨焜炉、染付菊形楕円小付　掻敷●しだ

あけび茸味噌焼き

あけび
舞茸　しめじ茸　えのき茸
網茸（塩漬け）　胡麻油
合せ味噌＊
ぎんなん　サラダ油
菊花かぶら甘酢漬け（↓59頁かぶら菊花寿司1～2）

＊合せ味噌…田舎味噌100g、白味噌100g、酒90ml、味醂36ml、砂糖30g、豆板醤10gを混ぜ合わせる。

❶あけびは、はじけた所から種の部分を取り除き、釜をつくる。
❷舞茸はあけび釜に入る長さにそろえる。しめじ茸は石突きを取り、1本にばらしておく。えのき茸は石突きを切り落とし、半分の長さに切る。
❸網茸は水洗いして表面の塩を洗い流す。1％濃度の塩水につけて塩抜きする。網茸の塩分濃度により、2～3回くり返して塩水をとりかえ、ザルに上げて水分をきる。
❹ぎんなんは殻を割って外す。140～160℃に熱したサラダ油で色よく揚げて、ペーパータオルに移し、ぎんなんの皮をすべてむき、転がして油をふき取る。
❺フライパンを熱し、胡麻油をひいて、舞茸、しめじ茸、えのき茸、網茸を同量ずつ合わせて強火で炒める。
❻合せ味噌適量で味つけし、揚げたぎんなんを加えて茸味噌をつくる。
❼あけび釜に詰めて、茸味噌がはみ出さないようにたこ糸で十字に結ぶ。
❽フライパンにサラダ油を少し多めにひき、あけび全体をこんがりと焼いて盛りつける。菊花かぶら甘酢漬けをあしらい、スプーンを添えて提供する。あけびの内側の果肉を一緒に食べるようすすめる。

●合肴としても向く。

器●黄釉菊菱向付
掻敷●菊の葉

大葉椎茸石焼きすてーき

椎茸　塩　胡椒
青唐辛子
サラダ油　無塩バター　酒　濃口醤油
酸橘

❶大きな椎茸を用意する（大葉椎茸と呼んでいる）。椎茸を霧吹きでぬらし、塩、胡椒をふる。

❷熱したフライパンにサラダ油をひき、強火で焼く。青唐辛子も一緒に表面をさっと焼く。

❸無塩バターを少量加えて、酒少量をふりかけてアルコールを飛ばす。濃口醤油少量で味を調えて、五割ほど焼いて仕上げる。

❹熱く焼いた石の上に盛りつけ、青唐辛子と酸橘を添える。

❺残り半分は生のまま提供し、客席で焼きながら食べてもらう。

●先付、向付にもよい。

器●丸鉢　掻敷●石、ひば

長芋と茸　朴の葉味噌焼き

長芋
舞茸　しめじ茸　えのき茸　椎茸
合せ味噌＊
とんぶり　白髪ねぎ

＊合せ味噌：玉ねぎ150g、セロリ150g、にんにく30gはみじん切りにして、中火で20分間ほど炒めて甘みを引き出す。田舎味噌1kg、酒180ml、味醂90ml、砂糖250g、一味唐辛子を混ぜ合わせ火を入れて練り上げておく。

❶長芋は皮をむき1cm厚さの輪切りにする。金切り用ノコギリで切ると割れない。大きい場合は半月切りにする。

❷水洗いしてぬめりをふき取り、強火で10分間ほど蒸して火を通す。

❸茸はそれぞれ同量ずつを用意し、掃除して小分けにする。椎茸は石突きを取り除き、5mm厚さに切る。

❹焜炉に炭火を仕込み、金網、戻して表面に胡麻油をひいた朴の葉をのせる。

❺下ごしらえした茸を一番下に適量敷き、合せ味噌適量をかける。オーブンか天火で焼いた長芋を盛り、茸をさらに上から盛りつけて合せ味噌を適量かける。

❻白髪ねぎとんぶりを添えて焼きながら食する。

●先付、合肴にもよい。

器●飴釉焜炉、正角浅鉢　掻敷●朴の葉

長芋葱味噌焼き

長芋
ねぎ味噌＊
青唐辛子　サラダ油
割り醤油（濃口醤油1、だし1）

＊ねぎ味噌：みじん切りの玉ねぎ300gを中火で20分間炒めて甘みを引き出す。田舎味噌1kg、酒180ml、味醂90ml、砂糖200gを混ぜ合わせて10分間ほど練る。みじん切りの長ねぎ200g、一味唐辛子5gを加えてさっと練り、長ねぎのしゃきしゃきした歯応えが残るように仕上げる。

1 細めの長芋は皮をむき、1cm厚さの輪切りにする。金切り用ノコギリで切ると割れない。水洗いしてぬめりをふき取り、強火で10分間ほど蒸して火を通す。

2 網にのせて天火、またはオーブンで両面を焼き、ねぎ味噌を片面に塗って、こがさぬように弱火で香ばしく焼く。

3 青唐辛子は金串を打ってサラダ油を塗る。直火で両面をさっと焼き、串を抜いて割り醤油をからめる。

4 長芋を盛り、青唐辛子の焼き浸しを添える。長芋は蒸さないで直焼きしてさくさくした食感を残しても旨い。

● 前菜、弁当にも。

器●緑黄彩線文長角皿

柿釜胡麻味噌風呂吹き

胡麻とうふ（昆布だし6.5、酒0.5、白あたり胡麻1、吉野葛1、砂糖、塩、淡口醤油各少量）
しめじ茸　吸地八方だし（↓28頁）
松の実
胡麻味噌＊

＊胡麻味噌：白味噌200g、白あたり胡麻100g、煮切り酒適量を火にかけて練る。

1 胡麻とうふをつくる。昆布だし、酒、白あたり胡麻、吉野葛を混ぜ合わせて水嚢で漉す。鍋に移して砂糖、塩で薄味をつけて火にかける。

2 最初は強火で練り、固まり始めたら弱火にして手早く混ぜる。混ざったら中火にして30〜40分間練り、淡口醤油少量で味を調えて流し缶に流す。

3 表面が乾燥しないようぬらしたサラシをかけて水少量を流し、自然に冷ます。

4 松の実はフライパンで香ばしく炒っておく。しめじ茸は1本ずつばらして、吸地八方だしで一煮立ちさせる。

5 柿釜に一口大に切った胡麻とうふ、しめじ茸、松の実、胡麻味噌を交互に盛り、中火のオーブンで20〜25分間焼く。

● 先付、合肴にもよい。

器●焼〆正角皿　掻敷●柿の葉

里芋味噌漬け 菊花かぶら甘酢漬け

里芋　塩　味噌漬け床＊　味醂

菊花かぶら甘酢漬け（↓59頁かぶら菊花寿司１～２）

＊味噌漬け床：白粒味噌１kg、酒90 ml、味醂36 ml、一味唐辛子少量をよく混ぜ合わせる。

①里芋は２cm厚さの輪切りにして皮をむく。水洗いしてぬめりを取り、塩を少量ふる。

②強火の蒸し器で10分間ほど蒸して火を通す。冷めたら味噌漬け床に３日間つけてなじませる。

③味噌をふき取り、平串を打って、中火の遠火でこんがり焼き、味醂を一刷毛塗って焼き、艶を出す。

④菊花かぶら甘酢漬けのかぶを裏から２cm角に切り分け、切り目を花びらのように広げて、たかのつめの輪切りを中心に飾る。

⑤里芋を盛り、菊花かぶら甘酢漬けを添える。

●前菜、弁当に。

器●乾山写し楓向付

里芋とうふ鉄鍋焼き つぶ蕎麦餡掛け

里芋とうふ（↓89頁１～３）

薄力粉　サラダ油

つぶ蕎麦餡（だし12、味醂１、濃口醤油１、吉野葛、粒そば、ラー油各適量）

人参　サラダ油

白髪ねぎ

①里芋とうふは角切りにする。

②つぶ蕎麦餡をつくる。粒そばは水洗いしたのち、熱湯でさっと歯応えが残るくらいにゆでて、ザルに上げる。

③だしを熱し、味醂、濃口醤油で味を調え、粒そばをたっぷり加え、水溶き吉野葛でとろみをつける。ラー油を加え、好みの辛さに調える。

④揚げ人参をつくる。人参は４cm長さのせん切りにし、水分をふき取って表面を乾かす。１７０℃に熱したサラダ油でぱりっと揚げて、ペーパータオルで油をふき取る。

⑤長ねぎを白髪に打ち、流水にさらして水分を切っておく。

⑥里芋とうふに薄力粉を薄くまぶし、熱したフライパンにサラダ油をひいて強火でこんがり焼く。

⑦焼いて温めた鉄鍋に、里芋とうふを盛りつけて、つぶ蕎麦餡をたっぷりかける。白髪ねぎと揚げ人参を盛る。

●先付、合肴にもよい。

器●木の葉鉄鍋、あけび笊　掻敷●ひば

銀杏とうふ共焼き べっ甲餡掛け

銀杏とうふ（↓69頁1～3） サラダ油
ぎんなん サラダ油 卵黄
べっ甲餡＊
もって菊

＊べっ甲餡：だし12を熱し、味醂1、濃口醤油1を加え、水溶き吉野葛でとろみをつける。柚子胡椒を好みの辛さに加える。

❶銀杏とうふは角切りにしておく。アルミホイルにサラダ油を薄く塗り、銀杏とうふを並べて、強火の天火で両面を焼く。
❷殻を取り除いたぎんなんを輪切りにして、150℃に熱したサラダ油で色よく揚げる。ペーパータオルに移して油をふき取り、皮をすべて取り除く。
❸揚げたぎんなんを卵黄にからめて、焼いた銀杏とうふの上に並べる。
❹弱火で卵黄がこげないように焼いて器に盛り、べっ甲餡をかけて、もって菊の花弁を天盛りにする。

● 先付、合肴にも合う。

器● 焼〆平向

冬

下仁田葱つけ焼き

下仁田ねぎ
たれ＊
柚子
練り芥子

＊たれ：酒3、味醂1を煮切って、濃口醤油1、一味唐辛子適量を加える。

❶下仁田ねぎは4cmほどの長さに切り、上下から斜めに切り目を入れる。
❷たれをからめて10分間ほどおく。
❸平串を打って、両面に3回ずつたれをかけながら香ばしく焼く。
❹盛りつけて、針柚子と練り芥子を添える。

● 先付、前菜、弁当にも向く。

器● 穴窯緋色長皿

下仁田葱ピリ辛味噌焼き

下仁田ねぎ
ピリ辛味噌だれ＊
柚子

＊ピリ辛味噌だれ：酒180ml、味醂90mlを煮切って、田舎味噌100g、砂糖20g、豆板醤適量を混ぜ合わせる。

❶下仁田ねぎは4cmほどの長さに切り、上下から斜めに切り目を入れる。
❷ピリ辛味噌だれをからめて10分間ほどおく。
❸平串を打って、両面に3回ずつたれをかけて香ばしく焼く。
❹柚子をすりおろしてふり、盛りつける。

●先付、前菜、弁当にも向く。

器●六角染付祥瑞鉢

大根すてーき

大根　米の研ぎ汁　塩　胡椒
早蕨　灰
人参
サラダ油　胡麻油　酒　濃口醤油
練り芥子

❶大根は太いものを用意して、3cm厚さの輪切りにする。スジが残らないように皮を厚くむき、面取りする。
❷米の研ぎ汁で、竹串がすっと通るまでゆでる。
❸早蕨は灰でアク抜きしてほどよい長さに切っておく。
❹人参は皮を薄くむいて、割り人参をつくり、竹串が通る程度のかたさにゆでておく。
❺フライパンにサラダ油と少量の胡麻油をひいて塩、胡椒をふった大根の両面をこんがりと焼き、人参、早蕨を一緒にさっと焼く。酒をふりかけたのち、フライパンに炎を入れて、アルコール分を飛ばし、濃口醤油で味を調える。
❻醤油が少しこげて香りたつように仕上げて盛りつけ、練り芥子を添える。

●先付、合肴にもよい。

器●葉形鉄鍋、あけび笊　掻敷●ひば

百合根胡麻とうふ　べっ甲餡掛け　朴の葉焼き

百合根　サラダ油
百合根胡麻とうふ（白煎り胡麻1、百合根裏漉し2、昆布だし6、酒0.5、吉野葛1、砂糖、塩、淡口醤油各適量）
べっ甲餡＊
蕨　灰　吸地八方だし（↓28頁）
溶き山葵　白髪ねぎ

＊べっ甲餡：だし12、味醂1、濃口醤油1を合わせて火にかける。沸騰したら金勺でだしをまわしながら、水溶き吉野葛を適量流し入れる。

❶百合根は水洗いして1枚ずつばらし、汚れを洗い流し、大きい形のよいものを、170℃に熱したサラダ油で揚げ、とっておく。残りを蒸し器で蒸して熱いうちに裏漉しする。

❷白煎り胡麻を油が出るまでよくすり、裏漉しした百合根を合わせ、昆布だしを少しずつすり混ぜて、酒、吉野葛を合わせる。適量の砂糖、塩で味つけをして水嚢で漉す。

❸火にかけて中火で40分間ほど練る。淡口醤油少量で味を調える。流し缶に流し、表面が乾かないように、ぬらしたサラシをかけて少量の水を流し入れ、自然に冷ます。

❹百合根胡麻とうふを適当な大きさに切り、アルミホイルにサラダ油をひいてのせ、天火で両面を焼く。またはサラダ油をひいたフライパンで焼く。

❺蕨は灰でアク抜きして吸地八方だしで煮て下味をつけておく。

❻飛騨焜炉に炭を仕込み、戻した朴の葉をのせる。焼きたての百合根胡麻とうふ、揚げた百合根を盛りつけ、べっ甲餡をかけて、溶き山葵（すりおろした山葵を水で柔らかくのばす）を適量かける。蕨を添えて、白髪ねぎを天盛りして供する。

●先付、温向付、合肴にしてもよい。

器●飛騨焜炉　掻敷●朴の葉

器●赤絵金丸紋深向付

海老芋柚子味噌焼き

海老芋直焚き（↓112頁かぶら蒸し1〜2）
柚子味噌（赤田楽味噌＊左記全量、柚子の皮5個分）
柚子
はじかみ（↓49頁白瓜小袖寿司6）

＊赤田楽味噌：赤味噌500g、酒180ml、味醂90ml、砂糖200gを合わせて火にかける。弱火で30〜40分間かけて練り上げる。卵黄2.5個は仕上げる5〜6分前に入れる。湯煎にかけて練ってもよい。

❶海老芋は皮をむき、器に合わせて切り出し、面取りして味を含ませておく。
❷海老芋の水分をふき取り、金串を打つ。
❸焼き台で両面がきつね色になるように強火で焼く。柚子味噌を薄く塗って弱火で乾かし、もう一度柚子味噌を塗って香ばしく焼き上げる。味噌は味が強いので塗りすぎないよう、また焼くときにこがさないように注意する。
❹器に盛り、はじかみを添える。天に針柚子を盛る。
●合肴、預け鉢、弁当、小さくつくって前菜にもよい。

焚合・鍋物

器●黒地銀彩雲錦蓋向

春

若竹煮

筍　米糠　たかのつめ
若布
八方だし（だし16、淡口醤油1、味醂0.5、塩少量）
蕗青煮（↓44頁蕗寿司1～2）
木の芽

❶筍は米糠とたかのつめでアク抜きをし、根元のほうを輪切りに、穂先はくし形切りにする。
❷若布は茎を取り除き、熱湯につけて色出しをし、7～8cm長さに切る。
❸筍を八方だしで30分間ほど炊いたら、筍と同量の若布を入れてさっと煮る。味がなじみ合ったら火からおろして、自然に冷まして味を含ませる。
❹温めなおして盛りつけて、蕗青煮と木の芽を散らす。
●先付、弁当にもよい。

筍　蕗　田舎煮

筍　米糠　たかのつめ
蕗　塩
旨だし（だし8、味醂1.5、濃口醤油1）
サラダ油
木の芽

❶筍は米糠とたかのつめを入れた水からゆでてアク抜きし、食べやすい大きさに切っておく。

❷蕗は鍋に入る長さに切って水洗いする。軽く塩もみし、塩を入れた熱湯で色よくゆでて冷水にとり、皮をむいて4cm長さに切りそろえる。

❸サラダ油で筍を炒め、筍がつかる程度の旨だしを入れる。強火で7～8分間ほど炊き、ここに蕗を入れてさらに煮る。煮汁が3分の1ほどに減ったら、味を確認して火をとめる。

❹器に盛り、木の芽を天に盛る。

器●萌葱交趾向付

筍餅揚げ煮　共地餡掛け

筍（ゆでてアク抜きしたもの）　500g
白玉粉　100g
サラダ油
濃口八方だし（だし14、味醂1、濃口醤油1）
吉野葛
蕗青煮（↓44頁蕗寿司1～2）
木の芽

❶筍は米糠とたかのつめを入れて、柔らかくゆでてアク抜きする。

❷水分をよくふき取り、根元の部分を粗いおろし金ですりおろす。ミキサーにかけてもよい。

❸ザルに上げて軽く水分をきる。分量の白玉粉を耳たぶのかたさに練り、筍と混ぜ合わせる。

❹一口大に丸め、170℃のサラダ油で揚げる。揚げたての筍もちに、たっぷりの熱湯をかけて油抜きする。

❺濃口八方だしでさっと煮て、自然に冷まし、味を含ませる。提供するときに温めなおして盛りつけ、煮汁に水溶き吉野葛でとろみをつけて共地餡をつくってかける。

❻蕗青煮を温めて添え、木の芽を天盛りにする。

●先付、弁当にも向く。

器●銀彩桜散蓋向

グリーンアスパラガス煮卸し

グリーンアスパラガス　サラダ油
合せだし（だし8、味醂1、淡口醤油1）
大根おろし
洗いねぎ　おろし生姜
もみ海苔

❶グリーンアスパラガスは、根元のかたい部分の皮をむき、4～5cm長さに切る。170℃に熱したサラダ油で素揚げする。
❷合せだしを温めて、揚げたアスパラを入れて一煮立ちさせる。適量の大根おろしを入れてさっと温め、アスパラに大根おろしをからめながら盛りつける。
❸洗いねぎとおろし生姜を添えて、もみ海苔を散らす。
●先付、合肴にも向く。

器●色十草小蓋物

香り山菜葛煮

しどけ　塩
蕨　灰
山うど　酢
蕗
たらの芽　サラダ油
八方だし（だし12、味醂0.5、淡口醤油1）
吉野葛
木の芽

❶しどけは水洗いして、塩を入れた熱湯で色よくゆで、冷水にとり、軽く絞って4cmほどの長さに切る。
❷蕨は灰でゆでてアク抜きする。4cmほどの長さに切る。
❸山うどは4cmほどの長さの短冊に切り、酢水で洗ってアク抜きする。
❹蕗はゆでて皮をむき、4cm長さに切る。茎の太い部分は縦半分に切る。
❺たらの芽はがくを取り、切り口に十字に隠し包丁を入れて、170℃のサラダ油で揚げ、熱湯をかけて油抜きする。
❻以上の材料を同量ずつ合わせ、八方だしを温め、さっと煮る。ここに水で溶いた吉野葛適量を溶き入れ、とろみをつけて味をからめる。
❼盛りつけし、木の芽を天盛りにする。
●先付、箸休めにも向く。

器●緑紅彩蓋向

山菜　生青海苔煮

蕨　灰
五三竹　米糠　たかのつめ
山うど　たらの芽　サラダ油
八方だし（だし16、味醂1、淡口醤油1）
青海苔（生）
木の芽

❶蕨は灰でゆでてアク抜きする。
❷五三竹は米糠とたかのつめを入れて1時間ほどゆでて、そのまま自然に冷ましてアク抜きする。皮を取り除き、3～4cm長さに切る。
❸山うどの芽、たらの芽は掃除して、170℃に熱したサラダ油で素揚げしたのち、たっぷりの熱湯をかけて油抜きする。
❹下ごしらえした山菜を八方だしで煮る。はじめに五三竹を30分間ほど煮る。次に山うど、たらの芽、蕨を入れてさっと炊く。最後に生の青海苔を入れて山菜にからませてさっと煮る。それぞれの山菜を同量ずつ盛り合わせて、木の芽を天に盛る。
●先付、合肴にも向く。

器●仁清色十草蓋向

新玉葱スープ煮　湯葉餡掛け

新玉ねぎ
鶏がらスープ（↓18頁）1　だし1　ベーコン
塩　味醂　淡口醤油
引き上げ湯葉　吉野葛
人参　八方だし（だし16、味醂0.2、淡口醤油1）
木の芽

❶新玉ねぎは器に合わせて天地を切り落とし、皮をむく。
❷玉ねぎを鍋に移し、鶏がらスープとだしを同割で合わせて玉ねぎが十分つかるようにたっぷり入れる。
❸ベーコンを網焼きして、余分な油を落とし、❷の鍋に入れる。落し蓋をして中火で煮る。
❹途中で塩で味をつけ、玉ねぎが割り箸で切れるほどの柔らかさになったら、味醂、淡口醤油少量ずつで味を調える。自然に冷まして味を含ませる。
❺玉ねぎを煮たスープで、適宜に切った引き上げ湯葉を柔らかく煮て、水溶き吉野葛でとろみをつけ、湯葉餡をつくる。
❻人参はせん切りにして、八方だしでさっと煮る。
❼玉ねぎを温め、湯葉餡をかける。人参、木の芽を添える。
●合肴にも向く。

器●飴釉六・五寸深皿

夏

蚕豆飛龍頭　共地餡掛け

木綿豆腐　5丁
そら豆　豆腐の4割
山芋　豆腐の1割
卵5個（練り玉）砂糖　塩　淡口醤油
八方だし（だし16、味醂1、淡口醤油1）
胡瓜　八方だし（だし12、味醂0.5、塩少量、淡口醤油0.5）
五三竹　米糠　たかのつめ　八方だし（だし12、味醂1、淡口醤油1）
サラダ油　吉野葛
洗いねぎ　おろし生姜

器●高麗曳船蓋向

❶蚕豆飛龍頭をつくる。そら豆はサヤから取り出し、薄皮をむく。塩をふり、塩もみして水洗いし、塩を少量ふって塩蒸しする。

❷木綿豆腐を布巾で包み、抜き板ではさみ、重しをする。4～5時間ほどおいて水分をきり、裏漉しする。卵を割りほぐし、割り箸5～6本で混ぜながら火にかける。粘りが出てきたら火からおろして練り玉をつくる。

❸裏漉しした豆腐をすり鉢に移してよくすり混ぜる。分量の山芋、練り玉をすり混ぜ、調味料で薄味をつける。塩蒸ししたそら豆に片栗粉（分量外）をまぶし、均等に打ち粉して生地に混ぜ込む。

❹手のひらにサラダ油を塗り、器の大きさに合わせて丸く取り、160～170℃に熱したサラダ油できつね色に揚げて蚕豆飛龍頭とする。

❺飛龍頭にたっぷりの熱湯をかけて油抜きしたのち、八方だしで煮て味を含める。

❻胡瓜は縞模様に皮をむき、塩ずりして縦割し、種を取り除き、3cm長さに切りそろえる。170℃のサラダ油でさっと揚げ、たっぷりの熱湯をかけて油抜きする。鍋に移し、八方だしで味つけして、歯応えをほどよく残して仕上げる。

❼五三竹は米糠とたかのつめを入れて1時間ほどゆでる。自然に冷ましてアク抜きし、皮を取り除いて下処理する。根元のかたい部分を切り落とし、170℃に熱したサラダ油で揚げ、たっぷりの熱湯をかけて油抜きする。鍋に移し八方だしで煮含める。

❽すべての材料を温め、盛りつける。蚕豆飛龍頭の煮汁を温め、水で溶いた吉野葛を加えてとろみをつけてかける。洗いねぎと、おろし生姜を天盛りにする。

●薄味で煮含めて椀物に、また揚げたてに煎り出しを添えて揚物にも。

新丸十搔き揚げ 煮卸し餡掛け

新さつま芋
薄力粉　天ぷら衣＊　天ぷら油
大根おろし
べっ甲餡＊
おろし生姜
洗いねぎ

＊天ぷら衣：薄力粉200gは、卵黄1個を溶き混ぜた冷水360mlと合わせる。完全に混ざらなくてもよい。
＊べっ甲餡：だし8、味醂1、濃口醤油1を合わせて熱し、水で溶いた吉野葛を加えてとろみをつける。

❶さつま芋は皮つきのまま乱切りにする。全体に薄力粉をふりかける。天ぷら衣をからませ、170℃に熱した天ぷら油で搔き揚げにする。よく油をきる。
❷搔き揚げを器に盛り、上に大根おろしを盛りつけ、熱いべっ甲餡をかける。洗いねぎ、おろし生姜を添える。
●揚物、また塩味をして弁当にも。

器●飴釉渕金蓋向

無花果胡麻味噌餡掛け

いちじく
薄力粉　天ぷら衣＊　サラダ油
胡麻味噌餡＊
オクラ　塩
吸地八方だし（↓28頁）
青柚子

＊天ぷら衣：薄力粉200gは、卵黄1個を溶き混ぜた冷水360mlと合わせる。完全に混ざらなくてもよい。
＊胡麻味噌餡：白味噌200g、信州味噌100g、白あたり胡麻90g、酒90ml味醂90ml、砂糖20gを混ぜ合わせて火にかけて胡麻味噌をつくる。

❶いちじくは皮をつけたまま天地を切りそろえる。薄力粉をまぶし、天ぷら衣をつけて150～160℃に熱した低温のサラダ油でじっくり揚げる。
❷オクラはヘタを取り除き、つけ根のかたい部分に十文字に隠し包丁を入れて塩ずりする。塩一つまみを入れた熱湯で色よくゆでて冷水にとる。
❸吸地八方だしを煮立てオクラを一煮立ちさせ、鍋ごと冷水で冷まし味を含ませておく。提供時、切り出して温める。
❹いちじくを盛りつけ、温かい胡麻味噌餡をかける。オクラを添え、すりおろした柚子をふる。
●合肴にも向く。

器●青磁流水蓋向

茄子おぼろ昆布煮

茄子　サラダ油
八方だし（だし16、味醂0.5、淡口醤油1）
おぼろ昆布
茗荷
青柚子

❶茄子はヘタを取り、皮を薄くむく。160℃に熱したサラダ油で色よく素揚げしたのち、熱湯をたっぷりかけて油抜きする。
❷茗荷を小口切りして流水でさっと洗い軽く絞っておく。
❸八方だしを煮立てて、茄子を入れてさっと煮る。茄子にからみつく程度の量のおぼろ昆布を加えて、色よく仕上げる。
❹器に盛りつけ、青柚子をすってふり、刻み茗荷を添える。
●冷やして焚合や冷し鉢にも。冷しで提供するときは煮上げたら鍋ごと冷水につけて冷ます。

器●染付山水蓋向

揚げ茄子柳川風

茄子　サラダ油
ごぼう
引き上げ湯葉
旨だし（だし8、味醂1、濃口醤油1）
卵
三つ葉　粉山椒

❶茄子はヘタを切り落とし、縦半分に切る。160℃に熱したサラダ油で色よく素揚げする。熱湯をたっぷりかけて油抜きし、縦に5㎜ほどの厚さに切る。
❷ごぼうを笹がきにし、水洗いしてアク抜きしておく。
❸引き上げ湯葉を、箸でつまみやすい長さに切っておく。
❹小鍋に笹がきごぼう、湯葉を適量入れ、茄子を切り口をずらして並べる。旨だしを適量入れて、火にかける。
❺沸騰してきたら溶き卵を均等に流し入れ、三つ葉を散らし、卵を半熟状態に仕上げる。粉山椒をふる。
●合肴にもよい。

器●織部六寸鉢

冷し夏野菜　かぼちゃ　石川芋　茄子　おくら　茗荷蓮根

かぼちゃ　八方だし＊　追がつお
石川芋　八方だし＊　追がつお
茄子　サラダ油　濃口八方だし（だし12、味醂1、濃口醤油1）
オクラ　塩　吸地八方だし（↓28頁）
茗荷　サラダ油　八方だし＊
蓮根　酢　八方だし＊
青柚子

＊八方だし：かぼちゃはだし16、味醂1.5、淡口醤油1。石川芋はだし16、味醂1、塩少量、淡口醤油0.5。茗荷はだし16、味醂0.5、淡口醤油1。蓮根はだし16、味醂1、塩少量で味つけし、淡口醤油は火からおろすときに香りづけに極少量。ともにだしを熱し、そのほかの調味料を合わせて味を調える。

器●丸花縁菊小紋船形向付

❶かぼちゃは種を取り、一口大の角切りにして、皮をむいて面取りする。鍋に並べて八方だしにガーゼで包んだ追がつおをして、直焚きして自然に冷まして味を含める。この追がつおは落し蓋の役目もある。ここでは他の材料との味のバランスを考えて少し甘さをきかせて仕上げる。

❷石川芋は布巾で皮をこそげ取り、水洗いしてぬめりをふき取る。鍋に入れて八方だしを注ぎ、ガーゼで包んだ追がつおをして直焚きし、自然に冷まし味を含める。

❸茄子はヘタを切り落とし、茄子の中心に菜箸を差して火が通りやすくする。160℃のサラダ油で色よく素揚げしたのち、熱湯をたっぷりかけて油抜きする。鍋に並べて濃口八方だしで一煮立ちさせて、鍋ごと冷水につけて冷まし、色よく仕上げる。盛りつけ時は一口大に切り出す。

❹オクラはヘタをとり、つけ根のかたい部分に十文字に隠し包丁を入れて塩ずりする。塩一つまみを入れた熱湯で色よくゆでて冷水にとる。吸地八方だしでさっと一煮立ちさせて鍋ごと冷水につけて冷まし色よく仕上げる。盛りつけ時は一口大に切る。

❺茗荷は160℃に熱したサラダ油で表面だけを素揚げしたのち、熱湯をたっぷりかけて油抜きする。八方だしでさっと一煮立ちさせ、鍋ごと冷水につけて冷ます。盛りつけ時は一口大に切る。

❻蓮根は切り口が花の形になるように穴に沿って面取りし、水洗いする。熱湯に酢少量を加え、歯応えが残るようにさっとゆでて、冷水にとる。水分をふき取り、鍋に移して、八方だしでさっと煮て鍋ごと冷水につけて冷まし、蓮根の白さと歯応えが残るように仕上げる。盛りつけ時に5㎜厚さに切る。

❼それぞれ冷やしておく。彩りよく盛りつけて、青柚子をすってふる。

●先付、冷し鉢にも向く。

かぼちゃ饅頭べっ甲餡掛け

かぼちゃ　塩
ぎんなん　木耳　百合根　塩
オクラ　塩
吸地八方だし（↓28頁）
べっ甲餡＊
溶き芥子

＊べっ甲餡…だし12を熱し、味醂1、濃口醤油1を加えて煮立たせ、水溶き吉野葛適量でとろみをつける。

❶かぼちゃは皮をむいて半割にし、種を取り除く。適当な大きさに切り、塩を少量ふって強火で15分間ほど蒸す。

❷マッシャーで粒が残るように潰し、塩で薄味をつける。かぼちゃに甘みが足りなければ砂糖を少量加える。

❸ぎんなんは殻を外し、薄皮をむいたのち吸地八方だしで煮る。木耳は湯につけて戻し、石突きをとってゆでる。水洗いして吸地八方だしで煮る。百合根はばらして塩蒸ししておく。

❹かぼちゃの生地で、ぎんなん、木耳、百合根を包み、饅頭をつくる。

❺オクラはヘタを取り除き、つけ根に十文字の隠し包丁を入れ塩ずりする。塩一つまみを入れた熱湯で色よくゆでて冷水に取る。吸地八方だしでオクラを一煮立ちして、鍋ごと冷水で冷ます。

❻かぼちゃ饅頭を蒸し器で温めて、べっ甲餡をかける。オクラと溶き芥子を添える。

●蒸物にもよい。

器●仁清荒波蓋向

冬瓜饅頭共地餡掛け

器●赤巻金唐草蓋向

冬瓜　塩　八方だし（だし18、味醂0.5、淡口醤油1）
木綿豆腐　山芋　練り玉＊　砂糖　塩
淡口醤油
ぎんなん　塩　重曹　吸地八方だし（↓28頁）
木耳　吸地八方だし
百合根　塩
人参　吸地八方だし
薄力粉
オクラ　塩
味醂　淡口醤油　吉野葛　生姜

＊練り玉：卵を割りほぐして火にかけ、割り箸5～6本で混ぜる。粘りが出てきたら火からおろして仕上げる。

❶冬瓜は皮むきで皮をむく。両端を切り落として縦に半割にして、種を取り除く。12cmほどの角に切り、塩一つまみを入れた熱湯で少しかためにゆでて冷水にとる。八方だしで煮含める。

❷ぎんなんは殻を外す。熱湯に塩と重曹を一つまみ入れて泡立て器で混ぜながらゆでて薄皮をむき、吸地八方だしで煮て下味をつけておく。

❸木耳はお湯につけて戻し石突きをとり、熱湯でゆでて水洗いする。吸地八方だしで煮て下味をつける。

❹百合根はきれいに掃除して1枚ずつばらし、薄塩をふって蒸しておく。

❺人参は2cm長さのせん切りにして、吸地八方だしで煮て下味をつける。

❻豆腐は布巾で包み、抜き板ではさんで重しをし、4～5時間ほどおき、水分をきる。水切りした豆腐を裏漉しして、すりおろした山芋と練り玉を1割ずつ混ぜ合わせる。砂糖、塩、淡口醤油で薄味をつけて生地をつくる。

❼❷～❺の下ごしらえした材料を同量ずつ合わせ、軽く打ち粉をふる。❻の豆腐生地をつなぎにして合わせ、サラシで丸める。

❽❶の冬瓜の水分をきって、5～6mm厚さに切り、サラシの上に3枚分並べて薄力粉で打ち粉をする。丸めた❼にも打ち粉をまぶして、薄切りの冬瓜で包むようにして丸めて冬瓜饅頭をつくる。

❾オクラはヘタを取り、つけ根の部分に十文字に隠し包丁を入れて塩ずりする。塩一つまみを入れた熱湯で色よくゆでて冷水にとる。縦割して種を除き、包丁で細かく刃叩きして叩きオクラをつくる。

❿冬瓜饅頭を蒸し器で温めて器に盛り、叩きオクラを添える。

⓫冬瓜を煮含めた共地を味醂、淡口醤油で味を調え、水で溶いた吉野葛を適量溶き入れて、共地餡をつくり、冬瓜饅頭にかけて、露生姜を適量落とす。

●蒸物にもよい。

秋

菊花豆腐　菊花餡掛け

木綿豆腐　薄力粉　サラダ油
菊花餡＊　柚子胡椒
洗いねぎ
もって菊

＊菊花餡：だし8を熱し、味醂1、濃口醤油1を加えて味を調える。ゆがいた菊花を適量加え、水溶き片栗粉適量でとろみをつける。好みの辛さの柚子胡椒を加える。

❶木綿豆腐を布巾で包んで抜き板ではさみ、軽い重しをして1時間ほどおいて水分をきる。
❷4cmほどの角切りにして、6～7mm幅に碁盤の目のように上から3分の2ほどまで包丁目を入れる。
❸薄力粉を刷毛でまんべんにつけて、170℃に熱したサラダ油で、くずさないように揚げる。
❹器に盛り、柚子胡椒で風味をつけた熱い菊花餡をかける。
❺薬味に洗いねぎともって菊の花弁をあしらう。
●合肴にもよい。

器●金彩秋草蓋向

百合根旨煮　菊花餡掛け

百合根　塩　塩八方だし（だし12、味醂1、塩少量）　淡口醤油
菊花　吉野葛
しめじ茸　八方だし（だし12、味醂1、淡口醤油1）
菊菜　塩　八方だし（だし16、味醂0.1、淡口醤油1）
柚子

❶百合根は器に合う大きさのものを選ぶ。水洗いして黒い斑点などきれいに削り取る。根の部分はくり抜きで浅く削り取り、きれいに掃除して、花のように飾り切りする。
❷薄塩をして、ぬれたサラシをかけ、中火でかために蒸す。
❸百合根を1個ずつガーゼに包み、鍋に重ならないように並べる。塩八方だしを注ぎ、煮立たせないくらいの弱火で煮含める。仕上がりに淡口醤油極少量加えて味を加減して自然に冷まし、味を含ませる。
❹しめじ茸は石突きを取り除き、八方だしでさっと煮て味を含ませる。
❺菊菜は塩を入れた熱湯で色よくゆでて冷水にとる。3cm長さに切り、八方だしにつけて味を含ませる。
❻提供時百合根を温めて、煮汁を別鍋に移し、ゆでた菊花を加えて、水溶き吉野葛でとろみをつける。熱々を百合根にかける。菊菜としめじ茸を温めて盛り、おろした柚子をふる。

器●黄瀬戸五弁菊蓋向

里芋揚げ煮　もって菊餡掛け

里芋　サラダ油　八方だし（だし16、味醂1、淡口醤油1）
水菜　八方だし（だし12、味醂0.5、淡口醤油1）
もって菊　吉野葛
生姜　黄菊

❶里芋は器に合った大きさのものを選ぶ。皮をむいて水洗いしてぬめりをふき取る。160～170℃に熱したサラダ油で揚げる。半生程度の竹串が通らないようなかたさでよい。たっぷりの熱湯をかけて油抜きする。

❷里芋を鍋に移してだしを注ぎ、煮立ったら中火にして味醂を加え5～6分間煮る。淡口醤油を加えて煮含め、自然に冷まして味を含ませる。

❸水菜は水洗いして3cmの長さに切りそろえる。八方だしを煮立ててさっと煮る。仕込みしておく場合は、煮たあとに鍋ごと冷水で冷やす。

❹里芋を温めて器に盛り、温めた水菜を添える。

❺里芋の煮汁に、色よくゆでたもって菊の花弁を適量加える、水溶き吉野葛でとろみをつけて、里芋にかけ、露生姜を落として、黄菊の花弁を天盛りにする。

器●白高麗菊形蓋向

揚げ長芋　卸し餡掛け

長芋　薄力粉　サラダ油
大根おろし
べっ甲餡＊
生姜　洗いねぎ　もみ海苔
糸がきかつお

＊べっ甲餡：だし8を熱し、味醂1、濃口醤油1を加え、水溶き吉野葛適量でとろみをつける。

❶長芋は皮をむいて1cm厚さの輪切りにする。金切り用ノコギリで切ると割れない。太ければ2～4等分に切る。ぬめりを洗い流して水分をふき取る。

❷薄力粉をまぶして、170℃に熱したサラダ油で、歯応えが残る程度に揚げる。

❸揚げたてを器に盛り、大根おろしを盛りつけて、上から熱いべっ甲餡をかける。

❹おろし生姜、洗いねぎ、糸がきかつお、もみ海苔を添えて供する。

●先付、合肴にもよい。

器●織部煮物碗

海老芋つぶ蕎麦餡掛け

海老芋直焚き（↓112頁かぶら蒸し1〜2）
薄力粉　サラダ油
つぶ蕎麦餡（↓127頁里芋とうふ鉄鍋焼き2〜3）
とろろ昆布　柚子

❶海老芋は皮をむき、3.5cm厚さの輪切りにして直焚きする。
❷海老芋を温め、水分をふいて薄力粉をまぶして170℃に熱したサラダ油で揚げる。
❸とろろ昆布は海老芋の煮汁でさっと煮る。仕込んでおく場合は鍋ごと冷水につけて冷ます。
❹器に海老芋を盛り、とろろ昆布を添えて、つぶ蕎麦餡をかけて針柚子を天盛りする。つぶ蕎麦餡は海老芋の共地を使う。

●合肴にも向く。

器●朱巻葡萄蓋物

栗饅頭　菊花餡掛け

ぎんなん　サラダ油　旨塩
木耳　吸地八方だし（↓28頁）
百合根　塩
栗　塩
菊花餡＊
三つ葉　もって菊　おろし山葵

＊菊花餡：だし18、味醂1、濃口醤油1を煮立て、色よくゆでた黄菊を適量加えて、水で溶いた吉野葛でとろみをつける。

❶ぎんなんは殻を外し、140〜160℃に熱したサラダ油で色よく揚げて薄皮をむく。旨塩をふって薄味をつける。
❷木耳は湯につけて石突きを除く。熱湯でゆでて柔らかく戻して水洗いしたのち、吸地八方だしで煮含める。
❸百合根はきれいに掃除してさばき、塩をふって蒸しておく。
❹栗は鬼皮ごと15分間蒸して火を通し、半分に割ってスプーンでくり抜く。極薄く塩味をつけて練り混ぜる。裏漉しせず粒々を残す。栗の甘みが薄ければ極少量の砂糖で補う。
❺下ごしらえしたぎんなん、木耳、百合根を適量包み込んで60g程度の大きさの饅頭をつくる。
❻栗饅頭を器に入れて蒸し器で温め、菊花餡をたっぷりかけておろし山葵を添え、色よくゆでた軸三つ葉と、もって菊の花弁を天盛りにする。

器●黄交趾菊形小蓋物

茸さつま芋饅頭
もって菊餡掛け

木耳　吸地八方だし（↓28頁）
舞茸　塩
干し椎茸　戻し汁8　砂糖1.5　濃口醤油1
さつま芋（紅あずま）
もって菊餡＊　黄菊　おろし山葵

＊もって菊餡：だし18、味醂0.5、濃口醤油1を煮立て、ゆがいたもって菊を適量加えて、水溶き吉野葛でとろみをつける。

①木耳は湯で戻し、石突きを取る。熱湯でゆでて柔らかく戻し、水洗いしたのち、吸地八方だしで煮る。
②舞茸は石突きを取り除いて、3％濃度の塩水に10分間つけて薄味をつけたのち焼き、2㎝長さに分ける。
③干し椎茸を、砂糖を少量入れた湯で戻し、石突きを取る。漉した戻し汁で煮て柔らかく戻し、砂糖、濃口醤油で味をつけて、薄切りにする。
④さつま芋は皮つきのままぬれた新聞で包み、さらにアルミホイルで包む。オーブンで30分間蒸し焼きにする。熱いうちに皮をむき、マッシャーで粒を残して潰し、旨塩少量を加える。
⑤④で木耳、舞茸、椎茸を適量包み込み、60g程度の饅頭をつくる。
⑥さつま芋饅頭を蒸し器で温め、もって菊餡をたっぷりかける。おろし山葵を添え、黄菊を天盛りにする。

器●錦朱巻き銀彩蓋物

粟麩干瓢巻き含め煮

粟麩　サラダ油
かんぴょう　塩
濃口八方だし（だし14、味醂1、濃口醤油1）
しめじ茸　菊菜　塩　八方だし＊
柚子

＊八方だし：しめじ茸はだし12、味醂0.5、淡口醤油1。菊菜はだし10、味醂0.5、淡口醤油1。

①粟麩は縦、横4等分に切り分ける。150～160℃に熱したサラダ油で揚げる。高温で揚げると粟麩がふくれ、冷めたとき変形する。
②かんぴょうは流水で洗い、塩をたっぷりふってもんで洗い流し、熱湯でゆでる。爪を立ててみて、かために戻ったらザルに上げて冷ます。
③粟麩を芯にしてかんぴょうをらせん状に4～5重に巻いて竹皮紐などで3ヵ所結ぶ。濃口八方だしで柔らかく煮含める。
④しめじ茸は石突きを取り、2～3本ずつばらし、八方だしで一煮立ちさせて味を含ませる。菊菜は塩ゆでしたのち冷水にとり、そろえて軽く絞る。八方だしに浸す。
⑤すべての材料を温める。粟麩干瓢巻きを切り出して盛りつける。しめじ茸、菊菜を添える。粟麩干瓢巻きの共地をかけて針柚子を天に盛る。

器●仁清紅葉蓋向

器●内朱耳付鍋、飛騨焜炉、練り込み角皿

きりたんぽ　豆乳鍋

ご飯
絹漉し豆腐　サラダ油
九条ねぎ
豆乳だし（だし10、豆乳10、塩1％、味醂0.5、淡口醤油0.2、柚子胡椒適量）

❶きりたんぽをつくる。炊きたてのご飯をボウルに移し、すりこぎで半潰しにして粘りを出す。
❷半潰ししたご飯を、ぬらした細い竹のまわりに均等の厚さにつける。
❸焼き台にかけて小まめにまわしながら均等にこんがり焼く。熱いうちに竹串を抜いて一口大に切る。
❹絹漉し豆腐を布巾ではさんで、抜き板に並べて1時間ほどおいて水分をきる。長方形に切り、170℃のサラダ油で揚げて、揚げ豆腐をつくる。
❺九条ねぎは笹打ちして、さっと水洗いしておく。
❻以上の材料を大皿に盛り合わせる。豆乳だしを入れた鍋とともに供する。豆乳だしはすべての材料をよく混ぜ合わせたもの。
●焚合替りにもなる。

器●志野三つ足鉢

冬

かぼちゃ小倉煮

かぼちゃ
だし12　砂糖0.5　味醂1　淡口醤油1
大納言小豆
絹さやえんどう　塩　吸地八方だし（↓28頁）
柚子

❶大納言小豆は水からゆでて、煮立ったらザルに上げて水気をきってアク抜きする。豆の二倍量の水に竹皮を入れて柔らかく戻しておく。
❷かぼちゃは半分に割り、種を取る。小角に切って半分ほど皮をむき、面取りする。かぼちゃを重ねないように鍋に並べて、かぼちゃが充分つかる量のだしを注いで火にかける。煮立ったら中火にして分量の砂糖を加えて煮る。
❸かぼちゃが柔らかくなったら、同量程度の柔らかく煮戻した大納言小豆を合わせる。味醂と半量の淡口醤油を加える。弱火にして残りの淡口醤油を加えて仕上げる。
❹器に盛り、絹さやえんどうと針柚子を添える。絹さやはスジを取り除き、塩一つまみを加えた熱湯で色よくゆでて、ザルに上げて薄塩をふり、冷風で冷まして吸地八方だしに浸して味を含ませたもの。

冬野菜筑前煮

里芋　人参　ごぼう　干し椎茸　蓮根
ぎんなん　絹さやえんどう　地鶏の脂
だし8（椎茸の戻し汁を2～3割足す）
味醂1.5　濃口醤油1　一味唐辛子
柚子

❶材料はそれぞれ同量ずつを用意する。里芋は一口大に切り、水洗いしてぬめりを取る。人参は一口大の乱切りにする。ごぼうは香りのよい皮を残して水洗いし、一口大の乱切りにする。米糠（分量外）を加えてゆで、アク抜きして水洗いしておく。

❷干し椎茸は砂糖一つまみ(分量外)を加えた湯に一晩つけて、石突きを取り除く。戻し汁は漉して火にかけ、椎茸を戻して煮、一口大に切る。

❸蓮根は一口大の乱切りにして、水洗いする。ぎんなんは殻を取り除き、150℃に熱したサラダ油(分量外)で揚げて皮をむく。絹さやはかために塩ゆでする。ザルに上げて薄塩(分量外)をふり、冷風で冷ます。

❹地鶏の脂身を鍋に入れて弱火にかけ、油を溶かす。強火にして、ぎんなんと絹さや以外の材料を炒める。

❺つかる程度のだしをはり、味醂と濃口醤油半量を加えて中火で煮る。煮汁が少なくなったらぎんなんと絹さやを入れ、残りの濃口醤油を加え炒り上げる。一味唐辛子を加える。

❻器に盛り、針柚子を天盛りにする。

器●白磁中鉢

湯葉とろろ包み　揚げ出し

大和芋　卵白
平湯葉
サラダ油
大根おろし　洗いねぎ　おろし生姜
旨だし（だし8、味醂1、濃口醤油1）
糸がきかつお

❶大和芋の皮をむいてすり鉢ですりおろす。

❷大和芋の分量に対して、5％の卵白をすり混ぜてふんわり仕上げる。

❸平湯葉を10cm角に切り、すりおろした大和芋を一口大に包む。

❹170℃に熱したサラダ油で揚げて油をきる。

❺器に盛り、大根おろし、洗いねぎ、おろし生姜を添えて、温めた旨だしを注ぐ。糸がきかつおを天に盛る。

●合肴、揚物にもよい。

器●高麗三色雲蓋向

小松菜と揚げ豆腐煮浸し

木綿豆腐　サラダ油
小松菜　塩
しめじ茸
胡麻油
合せだし（だし10、味醂0.5、淡口醤油1）
柚子

❶木綿豆腐を一口大の角切りにして、布巾に並べる。上に布巾をかけて、1時間ほどおいて水分をきる。170℃に熱したサラダ油で揚げて、揚げ豆腐をつくる。揚げたてにたっぷりの熱湯をかけて油抜きする。
❷小松菜は塩一つまみを加えた熱湯で色よくゆでて冷水にとる。軽く絞り、4cm長さに切りそろえる。
❸しめじ茸は石突きを取り除き、一口大にばらしておく。
❹鍋を熱して胡麻油をひき、小松菜としめじ茸を強火でさっと炒める。揚げ豆腐を入れて、合せだしを材料の8分目ほど加えて、強火でさっと炊く。
❺器に盛りつけ、針柚子を天盛りにする。
●先付、箸休めにも向く。

器●伊羅保平鉢

揚げ餅　粟麩　べっ甲餡掛け

のし餅　粟麩　サラダ油
大根おろし
べっ甲餡＊
おろし生姜　洗いねぎ　柚子

＊べっ甲餡：だし12、味醂1、濃口醤油1を合わせて煮立たせる。だまにならないように金勺でまわしながら、水で溶いた吉野葛適量を流し入れる。

❶のし餅と粟麩は一口大の大きさに切っておく。餅や粟麩の形が変形しないように160℃程度のサラダ油で揚げる。
❷温めた器に適量の餅と粟麩を盛りつけ、大根おろしの水分を軽くきって、たっぷり盛りつける。
❸熱いべっ甲餡を大根おろしの上からたっぷりかけ、薬味の生姜、洗いねぎを添えて、針柚子を天盛りにする。
●合肴、揚物にもよい。

器●焼〆櫛目片口鉢

柚子饅頭　葛餡掛け

柚子　吸地八方だし（↓28頁）
百合根　塩　砂糖
ぎんなん　粥　八方だし（だし16、味醂0.5、淡口醤油1）
干し椎茸　砂糖　塩　淡口醤油
木耳　八方だし（だし16、味醂0.5、淡口醤油1）
菜花　塩　吸地八方だし
旨だし餡（だし16、味醂1、淡口醤油1、吉野葛適量）
おろし山葵

❶柚子は皮の表面の艶のある部分だけを、目の細かいおろし金で削り取る。縦半分に切って果肉を取り除き、皮の部分だけを用意する。
❷柚子の皮を米の研ぎ汁でゆでて自然に冷ます。水洗いして甘皮部分のスジを取り除く。たっぷりの水からもう一度ゆでて自然に冷まし、ほどよくアク抜きをする。
❸吸地八方だしに味醂を少し多めに入れて、ほんのり甘めに味つけし、柚子をさっと煮て味を含ませておく。
❹百合根は掃除して、塩を少量ふって蒸す。温かいうちに裏漉しして、砂糖、塩少量で薄味をつける。
❺ぎんなんはお粥で沸騰しないように煮て、柔らかく戻したのち、八方だしで味つけしておく。
❻干し椎茸は砂糖一つまみを加えた湯に一晩つけて、石突きを取り除く。戻し汁は漉して火にかけ、椎茸を戻して、砂糖、塩、淡口醤油で八方だし程度に味つけして、ほどよい大きさに切る。
❼木耳は湯につけて戻し、石突きを取り除き、八方だしで煮て味を含ませ、ほどよい大きさに切る。
❽菜花は塩を入れた熱湯でゆでて吸地八方だしにつけて味を含める。
❾❸の柚子皮の水分をふき取り、❹の百合根とぎんなん、椎茸、木耳を柚子皮に詰める。
❿旨だし餡を熱し、水溶き吉野葛を加えて旨だし餡をつくる。
⓫器に❾を盛り、蒸し器で温める。温めた菜花を添えて、旨だし餡をたっぷりかける。おろし山葵を添える。

●合肴、蒸物にも向く。

器●赤濃梅紋小蓋物

飛龍頭八方煮　共地餡掛け

飛龍頭地（木綿豆腐10、大和芋すりおろし1、練り卵1、砂糖、塩、淡口醤油各少量）
百合根　塩
干し椎茸　味醂　淡口醤油
ぎんなん　人参
筍　米糠　たかのつめ
八方だし（だし16、味醂1、淡口醤油1）
サラダ油　吉野葛
菜花　塩
柚子

①飛龍頭をつくる。木綿豆腐を布巾に包み、抜き板ではさんで重しをし、水きりする。裏漉しして、大和芋のすりおろし、練り卵を混ぜて砂糖、塩、淡口醤油少量で、薄く下味をつける。練り玉は全卵を溶きほぐし、湯煎にかけてとろりと練り上げて裏漉ししたもの。

②百合根はばらして、薄塩をふって蒸しておく。

③干し椎茸を戻し、戻し汁に味醂と淡口醤油を加えて八方だし程度の下味をつけて煮て、短冊に切っておく。

④ぎんなんは殻を除き、熱湯でゆでて皮をむき、二つ割にする。人参は3cm長さのせん切りに、米糠とたかのつめでアクを抜いた筍は3cm長さの短冊に切る。ぎんなん、人参、筍は、別々に八方だしで煮ておく。

⑤❶の飛龍頭地に、豆腐の1割ずつの野菜を混ぜ合わせる。

⑥手のひらにサラダ油をつけて、ほどよい大きさに丸めて、160℃のサラダ油に入れ、まんべんなくきつね色になるように、小まめに返しながら揚げる。揚げたての飛龍頭に、たっぷりの熱湯をかけて油抜きする。

⑦菜花は塩を入れた熱湯でゆでて、八方だしに浸して味を含ませておく。

⑧油抜きした飛龍頭を八方だしで煮含める。

⑨飛龍頭を盛りつけ、煮汁を熱し、水で溶いた吉野葛を加えて餡をつくってかける。温めた菜花を添えて針柚子を天盛りにする。

●合肴、預け鉢にも向く。

器●仁清枝垂れ梅蓋向

器●飴釉小鍋

大根と油揚げ含ませ煮

大根　米の研ぎ汁

油揚げ　八方だし（だし30、味醂0.5、塩適量、淡口醤油0.5）

壬生菜

柚子

一味唐辛子

❶大根は２cm厚さの輪切りにする。スジが残らないように皮を厚くむき、半月に切って面取りする。

❷米の研ぎ汁で竹串がやっと通る程度までゆでる。

❸油揚げを食べやすい大きさに切り、大根とともに八方だしで煮る。大根が柔らかくなるまで１時間ほど煮る。

❹壬生菜は５cmほどの長さに切り、大根を盛りつけるとき、一緒にさっと煮る。

❺大根、油揚げ、壬生菜を盛りつけ、針柚子を天盛りする。好みで一味唐辛子をふる。

●合肴、預け鉢にもよい。

器●浅鉢向付

大根風呂吹き　胡麻味噌掛け

大根　米の研ぎ汁　昆布だし（↓16頁）

胡麻味噌（赤田楽味噌＊10、白あたり胡麻2、だし適量）

白煎り胡麻

＊赤田楽味噌・赤味噌500g、酒180ml、味醂90ml、砂糖200gを合わせて火にかける。弱火で30〜40分間かけて練り上げる。卵黄2.5個は仕上げる5〜6分前に入れる。湯煎にかけて練ってもよい。

❶大根は５cm厚さの輪切りにする。スジが残らないように皮を厚くむき、面取りする。米の研ぎ汁で竹串がすっと通り、割り箸で切れる程度の柔らかさになるまでゆでる。

❷胡麻味噌は赤田楽味噌に白あたり胡麻を２割混ぜ合わせて、だしで適度なかたさに調整する。

❸白煎り胡麻を半ずりしてすり胡麻をつくる。

❹大根を昆布だしで十分温め、器に盛りつけて、温めた胡麻味噌を適量かける。すり胡麻を天に盛る。

●先付、合肴、預け鉢にも向く。

海老芋煮卸し

海老芋直焚き（↓112頁かぶら蒸し１～２）
薄力粉　サラダ油
合せだし（だし12、味醂１、淡口醤油１）
大根おろし
洗いねぎ　おろし生姜
もみ海苔
柚子

❶直焚きした海老芋を温め、水分をきり、薄力粉を薄くふって、160℃に熱したサラダ油で揚げる。温めてから揚げると揚げる時間が短縮できる。
❷揚げた海老芋を器に盛る。合せだしを煮立たせ、大根おろしを入れてさっと温めて、海老芋にかける。
❸洗いねぎ、おろし生姜、もみ海苔、針柚子を盛る。
●合肴、預け鉢にも向く。

器●黒釉松形向付

白菜鍋薄葛仕立て

白菜
九条ねぎ
木綿豆腐　サラダ油
粟麩　サラダ油
合せだし（牛すねスープ５↓19頁、だし５、味醂0.5、塩適量、淡口醤油0.5、酒、白胡椒各少量）　吉野葛適量
柚子

❶白菜は芯を取り除き、一枚ずつはがす。熱湯でさっとゆでて冷水にとる。巻き簾で締めて、巻き白菜をつくり、４カ所ほど竹皮紐で結わく。
❷九条ねぎは小口切りにして水洗いし、ザルに上げておく。
❸木綿豆腐は一口大の角切りにして布巾の上に並べる。上に布巾をかけて、１時間ほどおいて水分をきる。170℃に熱したサラダ油で揚げて揚げ豆腐をつくる。
❹粟麩は縦横４等分に切り、150℃に熱したサラダ油で揚げる。
❺白菜を鍋に移して、合せだしで柔らかく煮て、粟麩、揚げ豆腐を入れて火をとめ、味をなじませる。
❻温めた白菜と粟麩を食べやすく切り出し、揚げ豆腐と共に土鍋に盛る。
❼❺の煮汁を温めて水溶き吉野葛で薄くとろみをつけて土鍋に注ぎ、九条ねぎを添えて炭火にかけて供する。針柚子を添える。
●焚合、合肴にもよい。

器●黒焼〆土鍋、飛騨焜炉

揚げ山芋　鶏スープ鍋

大和芋　卵白　塩　サラダ油
九条ねぎ
絹漉し豆腐
合せスープ（鶏がらスープ１↓18頁、だし１、塩1.0～1.2％、淡口醤油、酒各少量）
黒胡椒
柚子

❶大和芋は皮をむき、すり鉢ですりおろす。すりおろした芋の５％の卵白を加えてよくすり混ぜ、薄い塩味をつけておく。
❷一口大の丸に取り、１７０℃に熱したサラダ油で表面が固まる程度に揚げる。中は半生でよい。
❸九条ねぎは小口切りにして、さっと水洗いしておく。
❹絹漉し豆腐は一口大の角切りにする。
❺合せスープは、吸物より少し濃い味に仕立てて、黒胡椒を好みの辛さだけ加える。揚げ山芋、絹漉し豆腐を鍋で煮ながら鍋で煮ながらスープと共にすすめる。
●吸物替りや焚合に。またうどんなどを加えればご飯替りにもなる。

器●陶板平鍋、飛騨焜炉

冬野菜　みぞれ鍋

海老芋直焚き（↓112頁かぶら蒸し１～２）
丸大根　聖護院かぶ　八方だし（だし20、味醂0.5、塩少量、淡口醤油0.5）
金時人参
下仁田ねぎ
九条ねぎ
壬生菜
油揚げ
割り下（だし20、味醂0.5、淡口醤油１）
大根おろし
薬味（針柚子、小口ねぎ、柚子胡椒）

❶海老芋は直焚きし、大きければ適当な大きさに切っておく。
❷丸大根はくし形に切る。聖護院かぶは扇面に切る。盛りつけを考えて、それぞれ違った形に切り、スジが残らないように皮を厚くむいて、別々に八方だしで直焚きにして、薄味をつけておく。
❸金時人参はせん切りにする。その他の野菜も食べやすく、形に変化をつけて切る。油揚げも適宜に切る。野菜を盛りつけ、たっぷりの大根おろしと薬味をのせる。
❹土鍋に割り下をはって熱し、野菜が煮えたところに大根おろしを入れる。取り分けて好みの薬味で食べる。
●焚合にもよい。

器●伊賀焼き丸鍋、黄釉緑唐草八角皿

器●赤絵たたら深鉢

秋

揚げ茄子かぼちゃ蒸し べっ甲餡掛け

栗かぼちゃ　塩
長茄子　サラダ油
べっ甲餡*
溶き芥子
洗いねぎ　もって菊

*べっ甲餡‥だし8を熱し、味醂1、濃口醤油1の割で合わせて、水溶き吉野葛適量を加えてとろみをつける。

❶栗かぼちゃの皮をむき、半分に切って種を取り除く。適当な大きさに切り、薄塩をして強火で15分間ほど蒸す。熱いうちに裏漉しする。
❷長茄子のヘタを切り、一口大の乱切りにする。170℃に熱したサラダ油で中まで柔らかく揚げる。
❸揚げたての茄子4切れに裏漉ししたかぼちゃをからめて器に盛りつけ、強火で7〜8分間蒸して温め、熱いべっ甲餡をかけて、溶き芥子を添える。洗いねぎを添え、もって菊の花弁をあしらう。
●焚合としてもよい。

カシューナッツとうふ 丹波蒸し 銀餡掛け

カシューナッツとうふ（↓108頁１～２）
松茸　栗　舞茸　しめじ茸
銀餡＊
三つ葉
おろし山葵

＊銀餡：だし10を熱し、味醂0.5、塩１％程度を合わせて火にかけ、水溶き吉野葛適量でとろみをつける。足りなければ淡口醤油、酒各少量で味を調える。

❶カシューナッツとうふをつくる。
❷松茸は石突きを削り取り、かたく絞った布巾できれいに掃除する。カシューナッツとうふの上に盛りつけやすいように切る。
❸栗は鬼皮と渋皮をむき、縦に３～４㎜厚さの輪切りにする。
❹舞茸は適当な大きさに切っておく。しめじ茸は石突きを取り除き、一本ずつばらしておく。三つ葉は軸だけを塩一つまみ入れた熱湯でさっと色よくゆでて冷水にとり、３㎝長さに切る。
❺カシューナッツとうふを器に合わせて角切りにする。豆腐を器に盛りつけ、松茸、栗、舞茸、しめじ茸を上に盛って、強火の蒸し器で７～８分間蒸して火を通す。
❻熱々の銀餡をかけて、軸三つ葉とおろし山葵を添える。●焚合でもよい。

器● 錦金彩光琳菊蓋向

栗 きのこ薯蕷蒸し 銀餡掛け

栗　旨塩
舞茸　しめじ茸　椎茸　塩
木耳　吸地八方だし（↓28頁）
大和芋　卵白　塩
銀餡＊
三つ葉　おろし山葵

＊銀餡：だし10、味醂0.5、塩１％程度を合わせて火にかけ、水溶き吉野葛適量でとろみをつける。淡口醤油、酒各少量を加えて味を調える。

❶栗は鬼皮をむき取り、渋皮を形よくむく。水洗いしてふいたのち、旨塩をふり、強火で10分間ほど蒸す。
❷舞茸としめじ茸と椎茸は石突きを取り除き、３％濃度の塩水に10分間つけて塩味をつけて焼く。舞茸としめじ茸は器に合わせて割いておく。
❸木耳は湯につけて戻し、石突きを取る。熱湯で柔らかくゆでて、水洗いする。吸地八方だしで煮含める。
❹大和芋をすり鉢ですりおろす。芋の４割の卵白をすり合わせ、塩少量を加えふんわりとした薯蕷をつくる。
❺栗３個と舞茸、椎茸、木耳を器に盛りつけ、強火で10分間蒸して温める。上に薯蕷をかけてしめじ茸を盛り、強火で４～５分間蒸す。熱い銀餡をたっぷりかけて、おろし山葵を添えてゆがいた軸三つ葉を散らす。

器● 焼〆蒸し碗

器●赤巻銀唐草蓋向

海老芋はす蒸し　銀餡掛け

海老芋直焚き（↓112頁かぶら蒸し1〜2）
薄力粉　サラダ油
蓮根　卵白　塩
銀餡＊
黄菊　もって菊　三つ葉
おろし山葵

＊銀餡：だし10、味醂0.5、1％濃度の塩を合わせて煮立たせ、水溶き吉野葛適量でとろみをつけて、淡口醤油、酒各少量で味を調える。

❶直焚きした海老芋を一口大の乱切りにする。薄力粉をまぶして170℃に熱したサラダ油で揚げる。

❷蓮根の皮をむき、水洗いしてアクを抜いてすりおろす。ザルに上げて自然に水分をきる。蓮根の1.5倍量の卵白を泡立てて混ぜ合わせ、塩水少量で薄味をつける。

❸揚げたての海老芋を4切れほど器に盛り、❷の蓮根を海老芋にかけ、強火で7〜8分間蒸す。

❹熱い銀餡をたっぷりかけて、黄菊、もって菊の花弁と色よくゆでた軸三つ葉を散らしておろし山葵を添える。

●先付、焚合にも向く。

器●陶漆蓋向

冬

揚げ海老芋かぶら蒸し餡掛け

海老芋直焚き（↓112頁かぶら蒸し1〜2）
薄力粉　サラダ油
かぶ
むきぎんなん　サラダ油　塩
木耳　しめじ茸　吸地八方だし（↓28頁）
餡＊　三つ葉　おろし山葵

＊餡：だし16、味醂0.5、淡口醤油1を煮立てて水溶き吉野葛でとろみをつける。

❶むきぎんなんは150℃に熱したサラダ油で揚げる。薄皮をむいて半分に切り、塩をふる。木耳は湯につけて戻し、石突きを取り除く。熱湯で柔らかくゆでたのち、吸地八方だしで煮て、ほどよい大きさにちぎる。しめじ茸は1本ずつばらして、吸地八方だしで一煮立ちさせる。

❷かぶはスジが残らないように皮を厚くむき、おろし金ですりおろして水分をきる。ぎんなん、木耳、しめじ茸をかぶに混ぜ合わせる。

❸直焚きした海老芋は一口大に切り、薄力粉をまぶして170℃に熱したサラダ油で揚げる。揚げたてを器に盛り、❷をかけて、強火で5分間ほど蒸して温める。たっぷりの餡をかけて色よくゆでた軸三つ葉とおろし山葵を添える。

玉地スープ柚子釜蒸し

玉地（溶き卵1、だし4、淡口醤油、味醂各少量）
黒タピオカ　吸地八方だし（↓28頁）
ぎんなん　ご飯　八方だし（だし12、味醂1、淡口醤油1）
三つ葉　梅肉

❶玉地をつくる。溶き卵にだしを加える。淡口醤油で味をつけ、味醂を極少量加えて味を調える。

❷黒タピオカはたっぷりの水を加えて火にかける。煮立ったら火をとめて密封して余熱で戻す。かたい場合はこれを2～3回くり返す。白い芯がなくなり透明感が出たら戻った目安。吸地八方だしで一煮立ちさせて薄味をつける。

❸ぎんなんはゆでて薄皮をむいて土鍋に移し、残りご飯を加えた柔らかい粥の中で、弱火でゆっくり煮て自然に冷まし、ふっくらした餅ぎんなんにする。洗って八方だしで煮含める。

❹柚子釜に餅ぎんなん2個を入れて玉地をはり、蒸し器に入れる。水滴が落ちないように紙蓋をして、強火で3～4分間ほど蒸して、表面が固まって膜がはったら中火で10分間ほど蒸して火を通し、温めた餅ぎんなんと黒タピオカを盛りつけて、色よくゆでた軸三つ葉と梅肉を添える。

●先付、箸休めにもよい。

器●焼〆片口平鉢、柚子釜

器●辰砂変形鉢、八角線文小皿

春

筍磯辺揚げ

筍　米糠　たかのつめ
天ぷら衣＊　もみ海苔
天ぷら油
旨塩

＊天ぷら衣：冷水３６０mlに卵黄１個分を混ぜて卵水をつくり、ふるった薄力粉２００gと合わせてさっくりと混ぜる。完全に混ざらなくてよい。

❶筍は米糠とたかのつめを入れて、柔らかくゆでてアク抜きする。
❷筍は食べやすく、根元は半月切り、穂先はくし形切りにし、水分をよくふき取る。
❸天ぷら衣にもみ海苔を適量混ぜ入れ、筍にこの衣をつけて１７０℃に熱した天ぷら油でからっと揚げ、旨塩をふって味つけする。別に旨塩を添える。

●先付、前菜、弁当にも向く。

じゃが芋磯辺揚げ

新じゃが芋
サラダ油
旨塩
もみ海苔

❶新じゃが芋は手ごろな大きさの小粒のものを選ぶ。水洗いして10分間ほど蒸してかために火を通し、熱いうちに皮をむく。

❷170℃のサラダ油でからっと揚げる。ペーパータオルに移して転がしながら、油きりをして旨塩、もみ海苔を適量ふる。

●先付、前菜、弁当にも向く。

器●織部葉形皿

山菜天ぷら三品　たらの芽　筍　葉山椒

たらの芽
筍　米糠　たかのつめ
葉山椒
天ぷら衣＊
天ぷら油（サラダ油、胡麻油）
旨塩

＊天ぷら衣…冷水360mlに卵黄1個分を混ぜて卵水をつくり、ふるった薄力粉200gと合わせてさっくりと混ぜる。完全に混ざらなくてよい。

❶たらの芽は枝つきのかたい部分を取り除き、太いものは切り口に十文字に隠し包丁を入れる。

❷筍は米糠とたかのつめを入れて、柔らかくゆでてアク抜きする。ほどよい大きさに切る。

❸天ぷら油を170〜180℃に熱し、それぞれに天ぷら衣をつけてからっと揚げる。別に旨塩を添える。葉山椒は木の芽の大きく育ったもの。

●先付、前菜、弁当にもよい。

器●粉引き長皿
青磁桃形小皿

山菜天ぷら　山独活　蕨　行者にんにく　こしあぶら

山うど
蕨
行者にんにく
こしあぶら
天ぷら衣＊
天ぷら油
旨塩

＊天ぷら衣：冷水360mlに卵黄1個分を混ぜて卵水をつくり、ふるった薄力粉200gと合わせてさっくりと混ぜる。完全に混ざらなくてよい。

❶山うどの芽は柔らかい部分を使用し、切り口に十文字に隠し包丁を入れる。
❷蕨は生のままでよい。行者にんにくは茎を千代結びにする。こしあぶらはかたい部分を取り除く。
❸天ぷら油を170〜180℃に熱し、それぞれの山菜に衣をつけてからっと揚げる。別に旨塩を添える。
●先付、前菜、弁当にも向く。

器●織部長角皿
緑釉楕円豆皿

山独活の芽　こしあぶらの天ぷら

山うど
こしあぶら
天ぷら衣＊
天ぷら油
木の芽塩（旨塩10、木の芽2）

＊天ぷら衣：冷水360mlに卵黄1個分を混ぜて卵水をつくり、ふるった薄力粉200gと合わせてさっくりと混ぜる。完全に混ざらなくてよい。

❶山うどは芽の部分を用いる。茎の太い部分は切り口に十文字に隠し包丁を入れる。
❷こしあぶらは、がくを取り、掃除をする。
❸天ぷら衣をつけて170℃に熱した天ぷら油で揚げる。
❹木の芽塩を添える。木の芽塩は旨塩に刃叩きした木の芽を混ぜたもの。
●先付、弁当にも向く。

器●黒びいどろ長皿

夏

蚕豆寄せ揚げ　おくら薄衣揚げ

そら豆　塩
薄力粉　サラダ油
オクラ　天ぷら薄衣＊
赤おろし（大根おろし、一味唐辛子）
長ねぎ
煎りだし（だし5、味醂1、淡口醤油1）

＊天ぷら薄衣…ふるった薄力粉180gに、卵黄1個を溶きほぐした冷水360mlを入れて合わせる。さーっと下に流れ落ちるくらい薄くする。

1 そら豆はサヤから取り出し、薄皮をむく。サヤは使用するので取っておく。豆は塩もみして水洗いする。
2 半量を蒸し器で塩蒸しする。これを裏漉しして鍋に入れて弱火にかけ、軽く練ってなめらかにする。
3 残りのそら豆に薄力粉をふり、練り込んだそら豆の裏漉しに混ぜる。
4 サヤの形にまとめ、薄力粉をまぶして、170℃のサラダ油で揚げる。
5 オクラはヘタを外し、十字に隠し包丁を入れる。天ぷら薄衣をつけて、そら豆が揚げ上がるタイミングに合わせて、同じ油で揚げる。
6 豆を取り出したサヤに天紙を敷き、揚げたそら豆を詰める。薬味を添え、温めた煎りだしを添える。

器● 灰釉長皿　灰釉丸小付

薄衣揚げ　新丸十　新蓮根　若とうもろこし

新さつま芋　蓮根　ヤングコーン
天ぷら薄衣＊
天ぷら油
旨塩

＊天ぷら薄衣…ふるった薄力粉180gに、卵黄1個を溶きほぐした冷水360mlを入れて合わせる。さーっと下に流れ落ちるくらい薄くする。揚げたときに、食材の地肌が透けて見えるくらいがよい。

1 さつま芋は細いものを使用。5cmほどの長さに切り、まだらに半分ほど皮をむく。新蓮根は皮つきのまま厚さ1cm弱の輪切りにする。ヤングコーンは皮をむいておく。
2 それぞれに薄衣をつけて、揚げ時間がかかる新丸十から先に天ぷら油に入れ、途中で新蓮根、ヤングコーンを入れて、すべてが同時に揚がるようにする。

● 切り方をかえて前菜、弁当に。

器● 高台付銘々皿　刷毛目小皿

無花果　甘長唐辛子　煮卸し

いちじく　薄力粉　天ぷら衣＊
サラダ油
甘長唐辛子
合せだし＊（だし8～10、味醂0.5～1、淡口醤油1、大根おろし適量）
大根おろし
おろし生姜　洗いねぎ
糸がきかつお　もみ海苔

＊天ぷら衣：冷水360mlに卵黄1個分を混ぜて卵水をつくり、ふるった薄力粉200gと合わせてさっくりと混ぜる。完全に混ざらなくてよい。
＊合せだし：いちじくの熟し方によりだしと味醂を調整する。

❶いちじくは天地を切りそろえて、4～6等分のくし形に切り分ける。
❷いちじくの切り口の部分に薄力粉をしっかりまぶして、天ぷら衣をつけて170℃に熱したサラダ油で揚げる。
❸甘長唐辛子は素揚げして、揚げたてを器に盛りつける。
❹合せだしを温めて、煮立ったところに大根おろしを適量加えて、さっと温めて煮おろしをつくる。
❺いちじくに煮おろしをかけて、薬味におろし生姜、洗いねぎ、糸がきかつお、もみ海苔を添える。
●煮物、替り鉢としてもよい。

器●焼〆片口向付

もぎ茄子素揚げ　染おろし

小茄子
万願寺唐辛子
オクラ
サラダ油
染おろし（大根おろし、濃口醤油）
酸橘

❶もぎたての小茄子を用意する。縦に茶筅のように細かく包丁目を入れる。
❷万願寺唐辛子は隠し包丁目を入れて、揚げるときはじけないようにする。
❸オクラもヘタを取り、つけ根のかたいところに十字に隠し包丁目を入れておく。
❹170℃に熱したサラダ油で色よく素揚げする。
❺おろしたての大根おろしを盛りつけ、濃口醤油を適量かけて染おろしにする。揚げたての野菜を盛り、酸橘を添える。
●先付、合肴にも向く。

器●信楽灰釉向付

水茄子フライ

水茄子
薄力粉　溶き卵　生パン粉　サラダ油
旨塩（ピンク）
生姜醤油（だし2、濃口醤油1、露生姜適量）

❶水茄子はヘタを切り落とし、縦に6～8等分に切る。薄力粉をまぶし、溶き卵にくぐらせて、生パン粉をつけて170℃に熱したサラダ油でからっと揚げる。
❷油をしっかり切って盛りつけ、旨塩と生姜醤油を添える。
●合肴、塩をふって弁当に。

器●染付富貴長春
　長方皿
茄子小皿
トルコブルー
筆洗形石小付

枝豆　玉蜀黍掻き揚げ

枝豆　塩
とうもろこし
薄力粉　天ぷら衣＊　天ぷら油
旨塩（ピンク）

＊天ぷら衣：冷水360mlに卵黄1個分を混ぜて卵水をつくり、ふるった薄力粉200gと合わせてさっくりと混ぜる。完全に混ざらなくてよい。

❶枝豆は少しかために塩ゆでして、ザルに上げ、塩をふって冷風で冷まし、サヤから豆を取り出す。
❷とうもろこしは皮つきのまま15分間ほど蒸して、かために仕上げる。軸から粒を外す。
❸枝豆、とうもろこしをそれぞれ別に薄力粉をさっとふり、天ぷら衣をからめて、平らなスプーンにのせて形取り、170℃に熱した天ぷら油で揚げる。
❹油をしっかり切って盛りつけ、旨塩を添える。
●前菜、弁当にも向く。

器●びいどろ長丸皿
木の葉豆皿

秋

無花果天ぷら

いちじく　薄力粉
秋茗荷　甘長唐辛子
天ぷら薄衣＊　天ぷら油
旨塩（ピンク）

＊天ぷら薄衣：ふるった薄力粉180gに、卵黄1個を溶きほぐした冷水360mlを入れて合わせる。さーっと下に流れ落ちるくらい薄くする。揚げたときに、食材の地肌が透けて見えるくらいがよい。

1. いちじくは皮つきのまま天地を少し切り落とし、4～6等分のくし形に切る。
2. 秋茗荷は5㎜厚さの薄切りにする。甘長唐辛子は火通りがよく、はじけないように、ヘタに隠し包丁を入れておく。
3. いちじくは切り口の部分に薄力粉をまぶす。秋茗荷、甘長唐辛子はつけずに、それぞれ天ぷら薄衣をつけて170℃に熱した天ぷら油でからっと揚げる。揚げ上がりの地肌が透けるようにする。
4. 油をきって盛りつけ、別に旨塩を添える。

器● 菊形内祥瑞鉢
黄交趾菊花小付

舞茸　茗荷　薄衣揚げ

舞茸
茗荷
天ぷら薄衣＊　天ぷら油
酸橘　旨塩

＊天ぷら薄衣：ふるった薄力粉180gに、卵黄1個を溶きほぐした冷水360mlを入れて合わせる。さーっと下に流れ落ちるくらい薄くする。揚げたときに、食材の地肌が透けて見えるくらいがよい。

1. 舞茸は天然物を使用。石突きを削り取り、木の葉などゴミが沢山ついているので、ていねいに水洗いして、ザルに上げて水分をきる。ほどよい大きさに割く。
2. 茗荷は半分に切っておく。
3. 天ぷら薄衣をつけて、170℃に熱した天ぷら油でからっと揚げる。油をきって盛りつけて酸橘の輪切りと旨塩を添える。

器● 楕円あけび籠
萩楕円小皿
掻敷● 紅葉

里芋あられ揚げ

里芋　だし20　味醂0.5　塩少量　淡口醤油0.5
薄力粉　卵白　ぶぶあられ（無味）
青唐辛子　サラダ油
紅葉おろし　万能ねぎ
煎りだし（だし5、味醂1、淡口醤油1）

❶里芋は皮をむき、水洗いしてぬめりをふき取る。鍋に移してだしをはり、火にかける。煮立ったら中火にして味醂を加え、10分間ほど煮る。塩少量を加えて5～6分間炊き、塩が溶けたら、淡口醤油を加えて弱火で煮含める。自然に冷まして薄味をつけておく。

❷里芋の水分をきり、食べやすい大きさの輪切りにする。薄力粉をまぶして卵白（サラシで絞り出してコシをきる）にくぐらせ、ぶぶあられをまぶす。

❸160～170℃に熱したサラダ油でからっと揚げる。素揚げした青唐辛子をあしらう。紅葉おろし、小口切りの万能ねぎ、煎りだしを添えて供する。

●焚合としてもよい。

器●伊羅保秋草片口浅鉢
葉形小付
万暦花鳥吸皿

大葉椎茸アーモンド揚げ

椎茸　塩
豆腐生地（おろし大和芋5、木綿豆腐裏漉し5、卵白1、旨塩少量、スライスアーモンド5）
青唐辛子　サラダ油
紅葉おろし　洗いねぎ
煎りだし（だし5、味醂1、淡口醤油1）

❶椎茸（大葉椎茸）は石突きを取り除く。裏面に霧吹きで水をかけて塩をふり、薄く下味をつけておく。

❷豆腐生地をつくる。すり鉢におろし大和芋、卵白をよくすり混ぜる。水きりして裏漉しした木綿豆腐を混ぜ合わせる。旨塩で薄く下味をつけて（1割ほど取り分けておく）。香ばしく炒ったスライスアーモンド（1割ほど残しておく）を混ぜ合わせて豆腐生地とする。

❸椎茸の傘の裏面に、はがれないよう、取り分けておいた豆腐生地（糊の役目）をこすりつける。

❹ここにアーモンドを混ぜた豆腐生地を詰めて、残しておいたスライスアーモンドを表面に貼りつける。

❺160～170℃のサラダ油で揚げる。切り出して盛りつけ、色よく揚げた青唐辛子をあしらう。薬味と煎りだしを別に添えて供する。

●味をしっかりつけて前菜、弁当に。

器●織部長角皿
万暦反り小鉢

豆腐土佐揚げ

絹漉し豆腐
薄力粉　溶き卵　糸がきかつお　サラダ油
しめじ茸　青唐辛子
洗いねぎ　おろし生姜
旨だし（だし6、味醂1、濃口醤油1）

❶絹漉し豆腐に布巾をかけ、抜き板ではさんで軽い重しをして、1時間ほどおいて水分をきる。
❷3㎝ほどの角切りにする。薄力粉をまぶし、溶き卵にくぐらせて糸がきかつおを全体にまぶす。
❸170℃に熱したサラダ油でからっと揚げる。
❹しめじ茸、青唐辛子を同じ油で素揚げにする。
❺器に揚げた豆腐を盛り、しめじ茸と青唐辛子の素揚げをあしらう。薬味に洗いねぎとおろし生姜を添えて、温めた旨だしを注ぐ。
●焚合としてもよい。

器●赤絵五寸丸紋鉢

冬

海老芋真砂揚げ

海老芋直焚き（→112頁かぶら蒸し1〜2）
薄力粉　卵白　真砂　サラダ油
蕨　灰　天ぷら薄衣＊　サラダ油
煎りだし（だし6、味醂1、淡口醤油1）
万能ねぎ　紅葉おろし

＊天ぷら薄衣：ふるった薄力粉180gに、卵黄1個を溶きほぐした冷水360mlを入れて合わせる。さーっと下に流れ落ちるくらい薄くする。揚げたときに、食材の地肌が透けて見えるくらいがよい。

❶海老芋直焚きを温め、水気をきり、ほどよい大きさに切り、薄力粉、卵白をつけて真砂をつける。
❷真砂がこげないように150〜160℃のサラダ油で揚げる。海老芋を温めてから真砂をつけて揚げると、きれいに揚がる。
❸かぎ蕨は蕨を灰でゆでてアク抜きし、天ぷら薄衣をくぐらせて170℃に熱したサラダ油で揚げる。
❹盛りつけして、煎りだしと薬味を添える。煎りだしは、だしを熱し、味醂と淡口醤油を加えて一煮立ちさせて冷ましたもの。
●合肴、弁当にも向く。

器●焼〆絵馬形皿
唐津四方鉢
染付八角豆皿

酢物

器●粉引き枝垂れ桜向付

春

若竹　ゼリー酢掛け

筍　米糠　たかのつめ
若布
土佐酢＊
ゼリー酢＊

＊土佐酢…だし5、酢2、味醂1、淡口醤油1を合わせて火にかけ、沸騰直前に火をとめて追がつおをして自然に冷ましたのち漉す。

＊ゼリー酢…だし10、酢1、味醂1、淡口醤油1を合わせて温め、追がつおをして漉す。合せだし900mlに対して水で戻した板ゼラチン10gを溶かして冷やし固めたもの。

❶筍は米糠とたかのつめを入れた水でゆでてアク抜きし、4cm長さの短冊に切る。
❷若布は生若布のかたい茎の部分を取り除く。熱湯にさっとくぐらせ、色出しして冷水にとる。水分をきり、5～6cm長さに切る。
❸筍と若布を同量ずつ混ぜ合わせ、土佐酢で和える。
❹器に盛りつけ、よく混ぜたゼリー酢をかける。
●先付、箸休めにもよい。

春きゃべつ山菜巻き

キャベツ　塩
しどけ　塩
木の芽ゼリー＊
白髪うど

＊木の芽ゼリー…合せだし（だし6、酢2、味醂1、淡口醤油1）900mlを火にかけ、一煮立ちしたら火からおろして、水で戻した板ゼラチン10gを溶かして冷やし固める。使用分を取り分け、叩き木の芽適量を混ぜる。

❶春キャベツは1枚ずつはがし、塩を入れた熱湯で歯切れよくゆで、ザルに上げる。薄塩をして冷ます。

❷しどけは水洗いして、塩を入れた熱湯で色よくゆで、冷水にとる。そろえて軽く絞り、薄塩をあてる。

❸巻き簾にキャベツを広げ、しどけ数本を芯にして巻く。

❹一口大に切って盛りつけ、木の芽ゼリーをかけて、白髪うどを天盛りにする。

● 先付、前菜にも向く。

器● 唐子もっこ形向付

山菜山芋和え　山葵酢掛け

蕨　灰
しどけ　うるい　うど　野蒜　塩　酢
吸地八方だし（↓28頁）
大和芋　塩
山葵酢＊
ラディッシュ　もみ海苔

＊山葵酢…だし3、酢2、味醂1、淡口醤油1を合わせて煮立て、沸騰直前で火をとめて追がつおをして冷まし、使用時に必要量を取り分けて、おろし山葵適量を溶き入れたもの。

❶蕨は灰でゆでてアク抜きする。しどけ、うるいは塩を入れた熱湯でゆで、それぞれ下処理したのち、吸地八方だしにつけて味を含ませる。

❷うどは4㎝長さの短冊に切り、酢水で洗ってアク抜きする。

❸野蒜は塩を入れた熱湯でゆで、ザルに上げて薄塩をして冷ます。

❹下味をつけた材料の水分をきって、4㎝長さに切り、同量ずつを混ぜ合わせる。

❺大和芋をすりおろし、すり鉢でよくすり合わせ、塩少量で薄味をつける。

❻山菜と大和芋を混ぜ合わせ、器に盛りつける。ここに山葵酢を注ぎ、もみ海苔を散らして、スライスしたラディッシュを天盛りにする。

● 先付、箸休めにもよい。

器● 雪輪芝梅輪花五寸皿

山独活もずく掛け

山うど　酢　塩
太もずく（塩漬け）
もずく酢＊
浜防風

＊もずく酢：だし8、酢1.2、淡口醤油1、味醂1を合わせ、火を入れて冷ましておく。

①太もずくを水洗いして、塩分が少し残る程度に塩を抜く。70℃のお湯でさっと霜降りして色出しする。冷水につけて冷まし、ザルに上げて水分を十分にきる。
②もずくをもずく酢で酢洗いしてザルに上げ、水分をきったのち、新しいもずく酢につけなおす。
③山うどの茎の太い部分の皮をむき、笹打ちする。酢水でさっと洗い、アク抜きしてザルに上げる。
④山うどに薄塩をふり、もずくと交互に盛り合わせる。霜降りして色出しした浜防風を添える。
●先付、向付にもよい。

器●弥七田百合型向付

山菜いろいろ土佐酢ゼリー掛け

蕨　灰
五三竹　米糠　たかのつめ
山うど
こごみ　塩
たらの芽　サラダ油　塩
土佐酢ゼリー＊

＊土佐酢ゼリー：土佐酢（だし5、酢2、味醂1、淡口醤油1を火にかけ、沸騰直前に火をとめてかつお節を入れて、自然に冷ます）500mlを温め、水で戻した板ゼラチン10gを溶かして冷やし固める。

①蕨は灰でゆでてアク抜きをする。
②五三竹は米糠とたかのつめを入れて1時間ほどゆでて、そのまま自然に冷ましてアク抜きする。皮を取り除き、3～4cm長さに切る。
③山うどは茎の太い部分を用意する。皮をむいて、3～4cm厚さの輪切りにする。
④こごみは塩を入れた熱湯でゆでて冷水にとる。
⑤山菜を同量ずつ合わせ、薄塩をして30分間おき、なじませる。
⑥たらの芽は掃除して、太いものは縦半分に切り、170℃に熱したサラダ油で揚げて、薄塩をふる。
⑦山菜を盛り合わせ、ゆるく寄せた土佐酢ゼリーを適量かける。
●先付、向付にもよい。

器●伊羅保四寸皿

新玉葱さらだ　合せ酢醤油

新玉ねぎ
合せ酢醤油（ポン酢醤油1、だし1、ラー油適量）
煎り胡麻
削りがつお
もみ海苔

❶新玉ねぎは皮をむいて、できるだけ薄くスライスする。
❷流水で辛みを洗い流したのち、氷水でさっと洗って冷やす。
❸水分をきって冷やした器に盛り、合せ酢醤油を適量注ぎ、煎り胡麻、もんだ削りがつお、もみ海苔をふる。
●先付、サラダにも向く。

器●あやめ紋織部鉢

夏

とまとさらだ　みじん玉葱　みじんパセリ

トマト
ドレッシング*
玉ねぎ
パセリ

*ドレッシング：だし450ml、酢90ml、濃口醤油90ml、ウスターソース18ml、砂糖30g、胡麻油、タバスコ、一味唐辛子各少量を合わせて火を入れる。おろしぎわに水で戻した板ゼラチンを溶かし、冷し固める。合せだし900mlに対して板ゼラチン10gが目安。

❶適当な大きさのおいしいトマトを選び、天に十文字に包丁目を入れる。熱湯で霜降りして冷水にとり、皮をむいて冷やしておく。
❷玉ねぎをみじん切りにして、流水にさらして辛味を抜き、水分をきっておく。パセリはみじん切りにしてガーゼに包んで流水で洗って絞っておく。
❸トマトを切り出して器に盛りつけ、ドレッシングをかけて玉ねぎ、パセリを添える。
●サラダ、冷し鉢としてもよい。

器●緑青磁七寸丸鉢

セロリと胡瓜　ゼリー酢掛け

セロリ　塩
胡瓜　塩
ゼリー酢＊
茗荷

＊ゼリー酢：だし10、酢2、味醂1、淡口醤油1を火にかけ、沸騰直前で火をとめて追がつおをして冷まし、布巾で漉して土佐酢をつくる。土佐酢450㎖を温めて板ゼラチン10gを溶かして固めておき、使用するとき泡立て器でよく混ぜる。

❶セロリは皮をむき、4㎝長さの短冊に切り、薄塩をふって30分間おき、しんなりさせて軽く絞る。

❷胡瓜は4㎝長さの短冊に切り、薄塩をふって30分間ほどおき、しんなりさせて軽く絞る。

❸セロリ、胡瓜を同量ずつ合わせて、ゼリー酢で和えて盛りつけ、刻み茗荷を天盛りにする。刻み茗荷は茗荷を小口切りして水洗いして軽く絞ったもの。

●先付、前菜にもよい。

器●きせ硝子小鉢

枝豆と玉蜀黍　卸し酢和え

枝豆　塩
とうもろこし
おろし酢＊
大葉

＊おろし酢：土佐酢3（だし10、酢2、味醂1、淡口醤油1を火にかけ、追がつおをして冷まし、布巾で漉す）と軽く絞ったおろしたての大根おろし1を合わせる。大根の水のきり方で味が変わるので注意する。

❶枝豆は塩ゆでして、ザルに上げ、冷風で冷ましサヤから豆を取り出す。

❷とうもろこしは皮つきのまま20分間ほど蒸して、粒を外す。

❸大葉はせん切りにして、ガーゼに包み、流水でもみ洗いし、アク抜きして水分をきっておく。

❹枝豆ととうもろこしを同量ずつ合わせて薄塩をし、味を調整する。おろし酢で枝豆ととうもろこしを和えて盛りつけ、大葉を天盛りにする。

●先付、前菜にも向く。

器●茄子形小鉢

糸瓜と葛きり　土佐酢和え

糸瓜　塩
葛きり
土佐酢＊　生姜
茗荷

＊土佐酢…だし6、酢2、味醂1、淡口醤油1を火にかけ、沸騰直前で火をとめて追がつおをして冷まし、布巾で漉す。

❶糸瓜は両端を切り落とし、皮ごと3等分の輪切りにして種を取り除く。塩を一つまみ入れたたっぷりの熱湯で4～5分間ゆでる。果肉の部分が柔らかくなってきたら、菜箸でくずすと素麺のようにバラける。歯応えが残るようにゆでる。冷水にとり、水洗いして素麺の状態にして水分をきり、食べやすい長さに切る。

❷葛きりは乾物を使用。熱湯でゆでて戻しておく。

❸土佐酢に露生姜を適量合わせる。

❹糸瓜と戻した葛きりを盛り、土佐酢をかけ、刻んだ茗荷を天盛りにする。

●先付、前菜にもよい。

器●茶スキ波線小鉢

夏野菜合い混ぜ　キウィ酢　酸橘搾り

白ずいき（↓50頁おくら和え1～3）
ヤングコーン　塩
ミニトマト赤・黄
オクラ　塩
グリーンアスパラガス　塩
キウイ
酸橘

❶野菜は174頁の夏野菜梅肉ゼリー酢がけと同様に下ごしらえする。

❷キウイ酢をつくる。若い酸味のあるキウイを選ぶ。ヘタのほうを残して皮をむき、目の小さいおろし金ですりおろす。ミキサーにかけると種まで潰れてしまう。

❸下ごしらえした夏野菜を盛りつけて、キウイ酢をかけて酸橘を搾る。

●先付、向付、箸休めなどにもよい。

器●銀彩小向

夏野菜　梅肉和え

新蓮根　酒　塩
ヤングコーン　塩
芽芋　ミョウバン　大根おろし　たかのつめ
吸地八方だし（→28頁）
浜防風　塩
梅肉和え衣＊

＊梅肉和え衣：梅肉1、煮切り酒2を合わせ、砂糖、淡口醤油各少量で味を調えて火にかける。水溶き吉野葛少量でとろみをつけて冷やしておく。

器●網笠呉須向付

❶新蓮根は、穴に沿って花形にむき、小口から薄切りにする。酢水で洗い、アク抜きする。酒を沸騰させ、蓮根を入れさっと酒煎りする。ザルに上げて、薄塩をふって冷ます。

❷ヤングコーンは皮つきのまま塩を一つまみ入れた熱湯でゆでてザルに上げる。皮をむいてヘタを取り、食べやすい大きさに切る。

❸芽芋は茎の太いところは途中まで縦に包丁目を入れる。3％濃度のミョウバン水に1時間ほどつけてアク止めする。大根おろし、たかのつめを入れた熱湯でゆでてザルに上げて冷ます。冷めたら水洗いして、吸地八方だしでさっと一煮立ちさせてザルに上げて冷ます。煮汁が冷めたら、冷めた芽芋を戻してつけ込み、下味をつけておく。水分をきり、4cmほどの長さに切る。

❹浜防風は熱湯でさっと霜降りしてザルに上げ、薄塩をふって冷ます。3cmほどの長さに切る。

❺新蓮根、ヤングコーン、芽芋、浜防風を梅肉和え衣で和えて盛りつける。

●先付、向付にも向く。

夏野菜　梅肉　ゼリー酢掛け

白ずいき（→50頁おくら和え1～3）
ヤングコーン　塩
ミニトマト赤・黄　塩
オクラ　塩
グリーンアスパラガス　塩
梅肉酢＊
ゼリー酢＊

＊梅肉酢：梅肉90mlに煮切り酒１８０ml、砂糖40g、淡口醤油18mlを合わせて熱し、水で溶いた吉野葛少量を加えてとろみをつけて冷やしておく。

＊ゼリー酢：だし10、酢1、味醂1、淡口醤油1を合わせて火にかける。火をとめて水でふやかした板ゼラチンを溶かし冷し固める。合せだし９００mlに対して、板ゼラチン10gが目安。

❶白ずいきに下味をつけておく。
❷ヤングコーンは皮つきのまま、塩を一つまみ入れた熱湯でゆでて、ザルに上げて冷ます。皮をむいてヘタを取り、食べやすく切り、薄塩をしておく。
❸ミニトマトは赤、黄ともヘタをとり、天に小さく十文字に包丁目を入れる。熱湯でさっと霜降りして冷水にとり、皮をむいて薄塩をする。
❹オクラはヘタを取り、つけ根に十文字に包丁目を入れて塩ずりする。塩一つまみを入れた熱湯で色よくゆでて冷水にとり、薄塩をしておく。
❺グリーンアスパラガスは皮のかたい根元の皮を薄くむき、塩を一つまみ入れた熱湯で色よくゆでて冷水にとり、食べやすい長さに切って、薄塩をしておく。
❻以上の夏野菜を器に盛りつけて、梅肉、ゼリー酢、梅肉の順に重ねてかける。

●先付、向付、箸休めにも向く。

器●涼彩小鉢

秋

ところてん

ところてん
菊花　塩　酢
オクラ　塩
長芋
かぼす醤油（かぼす果汁1、濃口醤油1、だし1）
溶き芥子
もみ海苔

❶ところてんは市販のものを使用。水洗いして冷やしておく。
❷菊花は花弁をむしり、塩と酢少量を入れた熱湯で色よくゆでて、冷水にとり、軽く絞っておく。
❸オクラはヘタを取り除き、つけ根の部分に十文字の包丁目を入れて塩ずりする。塩一つまみを入れた熱湯で色よくゆでて冷水にとり、小口から薄切りにする。
❹長芋は4cm長さに切り、皮をむいて、せん切りにする。
❺冷やしたところてんを器に盛り、下ごしらえした長芋、菊花、オクラ、溶き芥子を添える。かぼす醤油を適量注ぎ、もみ海苔を天に盛る。
●先付、前菜、箸休めにもよい。

器●万暦高台鉢

グレープフルーツと短冊野菜塩ドレッシング

グレープフルーツ
うど　胡瓜
秋茗荷
塩ドレッシング＊

＊塩ドレッシング：サラダ油1.5、酢1、塩適量、白胡椒少量をよく混ぜる。

❶グレープフルーツは皮をむいて、甘皮を取り除き、果肉だけにする。果肉の厚い部分は2つにへいでおく。
❷うどと胡瓜は4cm長さの短冊に切り、さっと水洗いする。秋茗荷は小口から薄切りにする。
❸グレープフルーツ、うど、胡瓜を交互に重ねて盛りつけ、塩ドレッシングを適量かけて刻んだ秋茗荷を天に盛りにする。●箸休めにも。

器●銀彩四方鉢

焼き舞茸と短冊野菜

舞茸　塩
うど　胡瓜　人参　酢　塩
酸橘醤油（酸橘果汁1、濃口醤油1、だし2）
茗荷

❶舞茸は石突きを取り除き、3％濃度の塩水に10分間ほどつけたのち、強火で焼き、食べやすく割いておく。
❷うどは短冊に切り、酢水で洗ってアク抜きしておく。
❸胡瓜と人参はそれぞれ短冊に切り、薄塩をして30分間ほどおき、しんなりしたら軽くもんで絞っておく。
❹舞茸とうど、胡瓜、人参を同量ずつ合わせて、酸橘醤油少量を加える。盛りつけし、小口切りの茗荷を天盛りにする。
●先付、箸休めにもよい。

器●菊割筒小鉢

雑茸みぞれ酢和え

網茸　なめこ茸　しめじ茸　なら茸
たもし茸
土佐酢（↓28頁）
もみ海苔　三つ葉

❶茸を下処理する（↓87頁きのこ汁）。
❷おろしたての大根おろしを軽く絞り、茸に適量混ぜて合わせる。
❸器に盛りつけて、土佐酢をかけ、塩湯でゆがいた軸三つ葉を添える。もみ海苔を天盛りにする。
●先付、箸休めにもよい。

器●荒土小鉢

萵苣薹と椎茸　胡麻酢和え

ちしゃとう　旨塩
椎茸　塩
芋がら　土佐酢（↓28頁）
胡麻酢＊
もって菊

＊胡麻酢…白みがき胡麻100gを煎り、すり鉢で半ずりにして、土佐酢（↓28頁）100mlでのばして味を調える。

❶ちしゃとうは3cm長さに切り、皮をむいて塩を一つまみ加えた熱湯で色よくゆでて冷水にとる。これを6～8つに割る。一部飾り用に小口切りにする。ともに旨塩を少量ふり、薄味をつける。

❷椎茸は石突きを取り除き、3％濃度の塩水に10分間つけて薄い塩味をつける。強火で焼き、薄切りにする。

❸芋がらはぬるま湯に1時間ほどつけたのち、軽くもみ洗いする。たっぷりの水でゆでる。煮立ったら、中火にして15分間ほど煮て柔らかく戻す。

❹流水で洗い流し、水分をきって3cm長さに切る。土佐酢で、さっと洗って軽く絞り、下味をつけておく。

❺ちしゃとう、椎茸、芋がらを同量ずつ合わせて、胡麻酢で和えて盛る。小口切りのちしゃとうを飾り、もって菊の花弁を天に盛る。

●先付、前菜にもよい。

器●織部隅押向付

柿と湿地茸の白酢和え

柿
しめじ茸　塩
ちしゃとう　塩　旨塩
白酢和え衣＊

＊白酢和え衣…水きりした木綿豆腐500gを裏漉しし、白あたり胡麻50gとよくすり合わせる。砂糖蜜（水3、砂糖1）、塩水各少量、酢90mlを加えて淡口醤油少量で味をつける。これを羽二重漉しする。つくりおきする場合は、豆腐を昆布湯で煮立たせないようにしてゆでてから水抜きする。

❶柿は天地を3対7の割合で横に切り、くり抜いて柿釜をつくる。塩水で洗って水分をきる。くり抜いた柿も大きさをそろえて切り、塩水で洗い、水分をきる。

❷しめじ茸は石突きを取り除き、1本ずつばらす。3％濃度の塩水に10分間ほどつけて薄味をつける。アルミホイルに広げて天火で焼く。

❸ちしゃとうは1.5cm長さに切って皮をむき、塩一つまみを入れた熱湯で色よくゆでて冷水にとる。6～8つに縦割りにして旨塩をふり、薄い下味をつける。

❹柿としめじ茸、ちしゃとうの軸を同量ずつ合わせて白酢和え衣で和える。柿釜に盛りつけする。

●先付、前菜としてもよい。

器●織部志野葉形皿
掻敷●柿の葉

焼きセロリと揚げ豆腐生姜酢和え

セロリ
絹漉し豆腐　サラダ油
香茸　戻し汁8　味醂1　濃口醤油1
壬生菜　塩
濃口土佐酢＊
生姜

＊濃口土佐酢：だし5、酢2、味醂1、濃口醤油1を合わせて熱し、沸騰直前に火をとめて追がつおをし冷まして漉す。

❶セロリは皮つきのまま強火の直火で、皮面を焼いて笹打ちする。
❷絹漉し豆腐を布巾ではさんで抜き板に並べ、1時間ほどおいて水分をきる。縦半分に切り、170℃に熱したサラダ油で揚げる。5mm厚さに切り、揚げ豆腐をつくる。
❸香茸はたっぷりの湯に一晩つけて翌日水をかえて半日おく。水洗いして再び水をかえて火にかける。中火で煮て、柔らかく戻し、湯の量が香茸がつかる程度まで減ったら、味醂、濃口醤油で濃口八方程度に味をつけ、せん切りする。
❹壬生菜は塩を一つまみ加えた熱湯で、さっとゆでて冷水にとる。軽く絞って4cmほどの長さに切る。
❺以上の材料を合わせて、濃口土佐酢で和える。露生姜を適量加えて盛りつける。●先付にもよい。

器●志野三つ足小鉢

冬

焼き椎茸と軸白菜アチャラ漬け

椎茸　塩
白菜　サラダ油
合せ酢（だし4、酢1、味醂1、淡口醤油1、たかのつめ）
ちしゃとう　塩

❶椎茸は肉厚を選び、石突きを取り除いて、3％濃度の塩水に10分間ほどつけて、強火で焼き、薄切りにする。
❷白菜の軸の厚い部分を4cm長さの拍子木に切る。180℃に熱したサラダ油でさっと油通ししたのち、熱湯をかけて油抜きする。
❸焼いた椎茸と合わせてバットに移し、温めた合せ酢をかけて一晩つける。
❹ちしゃとうは3cm長さに切り、皮をむいて厚めの短冊に切る。塩を一つまみ加えた熱湯でさっとゆでて冷水にとり、包丁目を入れて松葉に組んで薄塩をふる。
❺椎茸と軸白菜を盛り、松葉ちしゃとうを天盛りにする。
●先付、箸休めにもよい。

器●焼〆四方押小向

林檎みぞれ酢和え

椎茸　壬生菜　塩
人参　吸地八方だし（↓28頁）
林檎みぞれ酢（りんご、塩、土佐酢↓28頁）
柚子

❶椎茸は石突きを取り除いて、3％濃度の塩水に10分間つけて薄味をつけ、強火で焼いて薄切りにする。
❷壬生菜の軸は塩一つまみを加えた熱湯で色よくゆでて冷水にとり、3㎝長さに切って、ごく薄く塩をしておく。
❸人参は3㎝長さの軸に切り、歯応えが残るように、吸地八方だしでさっと一煮立ちさせて下味をつける。
❹りんごは酸味のある紅玉を使用。皮をむいて4等分のくし形に切り、芯を除いて、1％濃度の塩水で洗う。
❺りんごを強火の蒸し器で7～8分間蒸して火を通す。ミキサーにかけて適量の土佐酢を加えて、林檎みぞれ酢をつくる。
❻椎茸、壬生菜、人参を林檎みぞれ酢で和えて盛り、あられに切った柚子をバランスよく散らす。
●先付、箸休めにもよい。

器●葦絵粉引き四方押小鉢

黄にら　独活　土佐酢和え

黄にら　塩
うど　酢
土佐酢＊
白煎り胡麻

＊土佐酢…だし5、酢2、味醂1、淡口醤油1を合わせて火にかけ、沸騰直前で火をとめて追がつおをして冷まし、布巾で漉す。

❶黄にらはそろえて根元のほうを軽く束ね、塩を入れた熱湯でさっとゆでる。水気をきり、4㎝ほどの長さに切る。
❷うどは皮をむいて、4㎝ほどの長さの短冊に切り、酢水で洗ってアク抜きする。
❸黄にらとうどを同量ずつ合わせて土佐酢で和える。器に盛りつけ、土佐酢を注ぎ、白煎り胡麻を散らす。
●先付、前菜にも向く。

器●赤絵唐子向付

葉玉葱　芥子酢味噌掛け

葉玉ねぎ　塩
田舎芥子酢味噌＊
紅蓼
うど

＊田舎芥子酢味噌：練り芥子20g、田舎味噌500g、砂糖125g、酢225mlをすり混ぜてつくる。

❶葉玉ねぎは水洗いして球根に縦に隠し包丁を入れ、塩を入れた熱湯でゆでる。
❷ザルに上げて薄塩をふり、冷風で冷ます。葉の青い部分のぬめりを、すりこ木などで軽く押して絞り出す。
❸4cmほどの長さに切り、球根の部分と葉の部分を盛り合わせ、田舎芥子酢味噌を適量かけて、針うどと紅蓼を天盛りにする。

●先付、箸休めにも向く。

器●南蛮三菱向付

春

筍めし

香物　春大根と人参糠漬け、山牛蒡味噌漬け

筍　米糠　たかのつめ　油揚げ
米
合せだし（昆布だし18、酒1、淡口醤油1）
三つ葉　木の芽

❶筍は米糠とたかのつめを入れた水でゆでてアク抜きする。米の３割の筍を、食べやすく切りそろえる。
❷油揚げは筍の１割を用意して、あられに切る。
❸米は洗米してザルに上げ、乾かないようぬれ布巾をかけて30分間ほどおき、水分をなじませる。
❹釜に米と筍、油揚げを入れて、米の1.2倍の合せだしを入れて炊く。

器● 織部十草蓋向
変形小皿

土筆めし

香物　沢庵、柴漬け

つくし　灰汁
米
合せだし（昆布だし18、酒1、淡口醤油0.1　塩1.5％）

❶つくしは米の１割を用意して、ハカマを取り除き、灰汁を入れた熱湯でゆでてアク抜きする。３cm長さに切る。
❷米は洗米してザルに上げ、乾かないようぬれ布巾をかけて30分間ほどおき、水分をなじませる。
❸釜に米とつくしを入れて、米の1.2倍の合せだしを入れて炊く。ご飯を炊くときの塩加減は、だしの1.5％、吸地の３倍ほどの塩分にする。

器● 染付花紋茶碗
伊賀焼小皿

よめ菜めし

香物　筍と胡瓜糠漬け、山牛蒡味噌漬け

よめ菜
油揚げ
米
合せだし（昆布だし18↓16頁、酒1、淡口醤油0.1、塩1.5％）

❶よめ菜は米の３割を用意する。塩を入れた熱湯でさっとゆで、冷水にとり、ざく切りにして絞っておく。
❷油揚げはよめ菜の１割を用意して、あられに切っておく。
❸米は洗米してザルに上げ、乾かないようぬれ布巾をかけて30分間ほどおき、水分をなじませる。
❹釜に米とよめ菜、油揚げを入れて米の1.2倍の合せだしを入れて炊く。

器●小丸茶碗、粉引き南蛮小皿

しどけめし

香物　白瓜、山牛蒡

しどけ
米
昆布だし（↓16頁）　米の1.2倍
塩1.5％
三つ葉

❶しどけは塩を入れた熱湯でさっとゆで、冷水にとり、２cm長さに切り、米の２割ほどを用意する。
❷米は水洗いしてザルに上げ、乾かないようぬれ布巾をかけて30分間ほどおき、水分をなじませる。
❸昆布だしに1.5％の塩を加えて、米に注ぎ、しどけを混ぜてご飯を炊く。
❹ざっくりと混ぜて茶碗に盛り、ゆでた軸三つ葉を散らす。

器●粉引き刷毛目小蓋向、赤織部波淵豆皿

桜花めし　桜の葉包み

香物　壬生菜柴漬け

桜花（塩漬け）
米
桜葉（塩漬け）

❶桜花をさっと水洗いして塩を洗い流し、軽く水分をきって、ほどよい粗さに刻む。桜葉は水につけて塩抜きをする。
❷米を洗い、30分間ほどおき、刻んだ桜花を５％ほど混ぜて、白ご飯を炊く要領で仕込む。
❸炊き上がったらざっくりと混ぜて、俵型のお結びをつくり、塩抜きした桜葉で包む。

器●金刷毛目六寸皿

器●辰砂変形鉢　掻敷●野蕗の葉

蕗おこわ　蕗の葉蒸し

香物　蕗の葉塩昆布

蕗青煮（↓44頁蕗寿司1～2）
もち米　塩
野蕗の葉　塩

❶野蕗の葉を塩を入れた熱湯でゆで、冷水にとり、たっぷりの水に2～3時間つけてアク抜きする。途中で水を2～3回とりかえる。

❷蕗青煮をつくる。ここでは野蕗を使用。1cmほどの長さに切り、旨塩をふり、ほどよく味をつける。

❸もち米は洗って一晩水につけ、水分をきったのち、セイロにもち布巾を敷いて、強火で蒸す。途中3～4回混ぜながら、1％濃度の塩水をふって、ほんのりと塩味をつける。提供時にもう一度蒸すので、少しかために仕上げる。

❹火をとめたのち、30～40分間蒸し、ほどよく柔らかくなったら、❷の蕗を混ぜ合わせる。

❺おこわを適当な大きさに丸め、アク抜きした野蕗の葉で包み、竹皮紐で結んで仕込みをしておく。再度10分間ほど蒸して提供する。

器●トルコ青磁六・五寸深皿

豌豆おこわ　柏の葉蒸し

香物　新生姜辛煮

えんどう豆
もち米　塩

❶えんどう豆はサヤを外し、もち米の3割を用意する。

❷もち米は洗って一晩水につける。水分をきって、もち布巾を敷いたセイロに広げて強火で蒸す。

❸10分間ほど蒸したら、えんどう豆を混ぜ、1％濃度の塩水を打ち水して、再度強火で蒸す。途中4回ほど打ち水して30分間ほど蒸す。

❹俵にむすび、柏の葉で包んで青竹串でとめる。

❺提供時、再度蒸す。蒸す前に塩水にくぐらせてから蒸してもよい。

●弁当、小さくつくって前菜、凌ぎにもよい。

黒米おこわ粽蒸し

香物 新生姜酢漬け

黒米 1
もち米10
塩

❶もち米と黒米をそれぞれ洗い、一晩水につける。水分をきって混ぜ合わせる。割合は好みで。5～20％まで調整できる。黒米を多くすると色が濃くなる。

❷セイロにもち布巾を敷いて、米を広げ、強火で蒸す。途中で4～5回、天地を返しながら1％濃度の塩水を打ち水して、40～50分間蒸す。黒米は少しかたいので少し長めに蒸す。また蒸す前に米を塩水につけてから蒸すと淡く塩味がつく。

●弁当や小さくつくって前菜、凌ぎにも。

器●小判へぎ目八寸
掻敷●熊笹、蓬、いぐさ

新生姜めし

香物 沢庵胡麻和え

新生姜
米
昆布だし（↓16頁）
三つ葉

❶新生姜は皮をこそげ取り、大きいものは縦半分に切って、小口から薄く切る。たっぷりの水に1時間ほど浸して辛みを少し抜く。米の1～2割を用意する。

❷米を洗ってザルに上げ、乾かないようぬれ布巾をかけ、30分間ほどおき、水分を浸透させる。

❸白いご飯を炊く水加減と同量の昆布だしを加え、生姜を混ぜて炊く。

❹蒸らしたら色よくゆでた軸三つ葉を混ぜる。

器●粉引き十草小蓋物、粉引き青海波三寸四方皿

夏

蚕豆めし
香物　新牛蒡伽羅煮

器●染付ねじり輪花小蓋向、赤絵四方小付

そら豆

米

昆布だし（→16頁）　塩

❶米は水洗いしてザルに上げ、乾かないようぬれ布巾をかけて、30分間ほどおき、水分をなじませる。

❷そら豆はサヤから取り出して、薄皮をむく。米の3割ほどを用意する。

❸昆布だしに1.5％濃度の塩を加えて吸物より少し濃いめに味をつけて、米の分量に合わせて仕込む。そら豆を入れて、普通のご飯を炊く要領で炊き上げる。

新牛蒡めし
香物　新蓮根伽羅煮、茗荷糠漬け

器●錆十草蓋向、南蛮小付

新ごぼう　人参　油揚げ

米

だし（昆布だし10→16頁、淡口醤油1、味醂0.1）

三つ葉

❶米は水洗いしてザルに上げ、乾かないようぬれ布巾をかけて30分間おき、浸水させる。

❷新ごぼうは水洗いして斜めに薄い笹打ちにする。流水でさらしてアク抜きする。米の分量の3割ほど用意する。

❸人参は2cm長さのせん切りにして、ごぼうの1割ほど用意する。

❹油揚げはみじん切りにして、ごぼうの1割ほど用意する。

❺だしの材料を合わせ、米の分量に合わせて仕込む。新ごぼう、人参、油揚げを入れて、普通のご飯を炊く要領で炊き上げる。軸三つ葉を入れて蒸らす。

新生姜黒米おこわ朴の葉蒸し

香物　かぼちゃ浅漬け

新生姜
もち米　黒米
三つ葉
胡麻塩
かぼちゃ浅漬け（かぼちゃ、塩、昆布）

1. もち米と黒米はそれぞれ水洗いして一晩水につけておく。黒米はもち米の５～10％が目安。
2. 新生姜は皮をこすり取って薄切りにし、水洗いして水分をきっておく。
3. もち布巾の上にもち米と黒米を合わせて平らにして広げ、中央を開けて火の通りをよくして強火で蒸す。途中４～５回天地を返して、打ち水しながら30分間蒸す。最後に新生姜を混ぜて４～５分間蒸して仕上げる。
4. ゆがいた軸三つ葉を散らして朴の葉で包み、イグサで結ぶ。再度蒸して温め、胡麻塩を添えて提供する。
5. かぼちゃの浅漬けは新物の柔らかいものを選ぶ。所どころ皮をむき、４等分に切って種を取り除く。塩ずりして１時間ほどおいてしんなりさせる。２％濃度の塩水をつくり、差し昆布をし、かぼちゃが半分ほどつかる量を入れ重しをして１日つける。適宜切り出して使う。

器●灰釉銀彩瓢六寸皿

新丸十めし

香物　西瓜皮糠漬け

新さつま芋
米
黒煎り胡麻

1. 米は水洗いしてザルに上げ、乾かないようぬれ布巾をかけて30分間ほどおき、水分をなじませる。
2. さつま芋は水洗いして乱切りし、米の分量の３割ほど用意する。
3. 普通のご飯の水加減の水とさつま芋を加えて仕込み、炊き上げる。
4. 丼に盛り、黒煎り胡麻をふる。

器●南蛮小丼、染付松葉福寿小皿

器●十草飯器、麻ノ葉八角小皿

石川芋めし

香物　もぎ茄子浅漬け

石川芋
米
合せだし（昆布だし18→16頁、酒1、淡口醤油1）
三つ葉

❶米は洗ってザルに上げ、乾かないようぬれ布巾をかけて30分間ほどおき、水分をなじませる。
❷石川芋は皮を布巾でこすり、きれいに取り除く。適当に切り分けて、米の分量の3割を用意する。
❸普通のご飯を炊く分量の合せだしを入れて、石川芋を混ぜて、通常のご飯と同様に炊き上げる。10分間ほど蒸らして、色よくゆでた軸三つ葉を散らす。

器●網目茶碗、隅切り四方皿

梅紫蘇ご飯

香の物　茄子塩もみ

ご飯
大葉
梅干し
茄子塩もみ（茄子、塩、茗荷、大葉、白煎り胡麻、濃口醤油）

❶大葉をせん切りにして、ガーゼに包み、流水でもみ洗いし、アク抜きして水分をきっておく。
❷減塩梅干しの種を取り、包丁で刃叩きしておく。
❸ご飯を炊き、準備した大葉をさっと混ぜて茶碗に盛り、叩き梅を添える。
❹茄子塩もみをつくる。鮮度のよい茄子を小口から薄く切る。さっと水洗いしてザルに上げ水分をきる。1.5％の塩をして10分間ほどおく。しんなりしたら軽くもんで、小口切りの茗荷、せん切りの大葉、白煎り胡麻を適量混ぜて、濃口醤油少量で味を調える。

●弁当にもよい。

湯葉焼き小丼
香物　セロリ当座煮

ご飯
引き上げ湯葉　焼きだれ＊
粉山椒
三つ葉
セロリ当座煮（セロリ、胡麻油、合せだし＊、一味唐辛子）

＊焼きだれ：酒2と味醂6を合わせて火にかけて煮切り、濃口醤油4を足して2割ほど煮詰めたのち、冷ます。
＊合せだし：だし4、味醂1、濃口醤油1。

❶引き上げ湯葉を半分の長さに切り、蒸して柔らかく戻す。焼きだれをかけて網にのせ、つけ焼きにする。両面ともに3回ほどたれをつけ、香ばしく焼いて一口大に切る。
❷ご飯にたれを少しかけて、焼いた湯葉を盛り、たれ少量と粉山椒をふり、色よくゆでた軸三つ葉を散らす。
❸セロリ当座煮をつくる。セロリは3cm長さの粗いせん切りにする。胡麻油少量を鍋に入れて熱し、セロリを強火でさっと炒める。合せだしを適量入れて歯応えが残るよう強火で炒り上げる。一味唐辛子を好みの辛さにふる。
●弁当にもよい。

器●青磁茶碗、青白磁うちわ形小皿

笹巻き寿司
香物　生姜酢漬け

とうもろこし　塩
枝豆　塩
米
昆布だし　塩
生姜酢漬け（新生姜、塩、はじかみ用甘酢→28頁）

❶とうもろこしは皮つきのまま20分間ほど蒸して、軸から粒を外す。塩をふって薄味をつける。
❷枝豆は塩ゆでしてザルに上げ、塩をふり、冷風で冷ます。サヤから豆を取り出し、薄皮をむく。塩をふって薄味をつける。
❸昆布だしに1.5％濃度の塩味をつけて、通常の白米と同じ要領で米を炊く。
❹蒸らし終えたら、とうもろこしと枝豆をそれぞれ別に4割ずつご飯に混ぜ合わせる。
❺小さく三角おにぎりをつくり、きれいに洗ったえびす笹（冷凍）で包む。
❻生姜酢漬けをつくる。新生姜の皮をこそげとって掃除し、ごく薄く切る。水洗いしたのち、熱湯にくぐらせて薄塩をふって、冷風にあてる。甘酢につけて一晩おく。
❼提供時に笹巻きを蒸して、熱々を供する。生姜酢漬けを添える。
●凌ぎ、弁当にも向く。

器●白磁正角鉢、重ね矢来紋長角皿

冷しそーめん 旨だしクラッシュ

素麺
旨だしクラッシュ＊
大葉　茗荷　胡瓜　人参
おろし生姜　洗いねぎ

＊旨だしクラッシュ…だし6、味醂1、濃口醤油1を合わせて火を入れ、追がつおをして冷まして漉す。密封容器などに入れて冷凍庫で凍らせておく。

①大葉はせん切りしてガーゼに包み、流水でもみ洗いして水分をきっておく。茗荷を小口切りにして、さっと洗って水分をきる。胡瓜、人参は桂むきしてせん切りにして水洗いしておく。
②素麺は片方を輪ゴムで束ね、熱湯でゆでて冷水にとり、軽くもみ洗いする。氷水でしめて水分をきり、輪ゴムを束ねたところを切り落として盛りつける。
③凍らせた旨だしを包丁で削り、適量を素麺に鞍かけする。下ごしらえした野菜、薬味を添えて提供する。
●冷し鉢としてもよい。

器●白磁渕輪花深向

冷麦

冷麦　塩
旨だし＊
茗荷　洗いねぎ　おろし生姜

＊旨だし…だし5、味醂0.8、濃口醤油1を一煮立ちさせて追がつおをして冷まし、布巾で漉して冷しておく。

①冷麦は塩を一つまみ入れた熱湯でゆでる。途中で1回差し水をする。冷水にとり、もみ洗いして氷水で締める。
②盛りつけして、かち割り氷を脇に添える。
③旨だしと小口切りの茗荷、洗いねぎ、おろし生姜を添える。
●凌ぎ、冷し鉢にもよい。

器●漆銀縁手桶、硝子飛鳥小鉢、鉄絵粉引き舟形小付　掻敷●青紅葉

秋

器●三色十草飯碗、染付四方皿

焼き舞茸めし
香物　沢庵

舞茸　酒　塩
油揚げ
米
合せだし（昆布だし18、酒1、淡口醤油1）
三つ葉

❶米は洗ってザルに上げ、乾かないようぬれた布巾をかけて30分間ほどおき、水分をなじませる。
❷舞茸は石突きを取り除き、酒をふって薄塩をし、天火で焼く。食べやすい大きさに手で割いておく。米に対して3割を用意する。
❸油揚げはみじん切りにして、舞茸の2割ほど用意しておく。
❹米に対して、普通のご飯を炊くときと同じ分量の合せだしを注ぎ、焼き舞茸と油揚げを入れる。ご飯と同様に炊き、2cm長さに切った軸三つ葉を散らし、蒸らして仕上げる。

器●赤絵五寸丸鉢　掻敷●紅葉

松茸めし焼きおにぎり
香物　沢庵醤油漬け

松茸
米
合せだし（昆布だし18、酒1、淡口醤油1）

❶米は洗米してザルに上げて、乾かないようぬれた布巾をかけて30分間ほどおき、水分をなじませる。
❷松茸は石突きを削り取り、かたく絞った布巾で掃除して、適当な大きさに切って、米の3割ほど用意する。
❸ご飯と同じ分量の合せだしを仕込み、松茸を入れて炊く。
❹松茸ご飯で小さいおにぎりをつくる。強火でこんがりと焼き、両面に濃口醤油を一刷毛塗って香ばしく焼く。松茸ご飯が残ったときにつくるとよい。

湿地茸と菊花めし

香物　小かぶ一夜漬け

しめじ茸
菊花
米
合せだし（昆布だし18、酒1、淡口醤油1）

❶米は洗米して、ザルに上げて、乾かないようぬれた布巾をかけて30分間おいて、水分をなじませる。
❷しめじ茸は石突きを取り除き、1本ずつばらす。分量は米の3割用意する。
❸菊花は花弁をむしる。分量は米の1割用意する。
❹米に合せだしを仕込み、しめじ茸、菊花を加えて、ご飯を炊く要領で炊き込み、10分間ほど蒸らす。

器●舞い唐草飯碗、見込色地紋角小皿

零余子と香茸めし

香物　ヤーコン味噌漬け

むかご　サラダ油
香茸　八方だし（だし16、味醂1、淡口醤油1）
米
合せだし（昆布だし18、酒1、淡口醤油1）

❶米は洗米して、ザルに上げて、乾かないようぬれた布巾をかけて30分間おいて、水分をなじませる。
❷むかごは170℃のサラダ油で素揚げする。むかごの分量は米の3割程度。
❸香茸はたっぷりのお湯に一晩つける。翌日水をかえて半日おく。きれいに洗って、中火で水から柔らかく煮戻す。香茸がつかる程度まで湯が減ったら、八方だしで味を含ませて、せん切りにする。香茸の分量は米の1割程度。
❹米に合せだしを仕込み、むかごを加えて、ご飯の要領で炊き込む。炊き上がりに香茸を加えて10分間ほど蒸らす。香茸は一緒に炊き込んだほうが、香りはよいが、飯粒は黒くなる。

器●三島飯碗、灰釉葉皿

蓮の実めし
香物　糠漬け

蓮の実　昆布だし　塩　味醂　淡口醤油
蓮根　酢　旨塩
米
合せだし（昆布だし18、酒1、淡口醤油1）
三つ葉

❶蓮の実は米の2割用意する。水洗いして一晩水につけておく。塩と味醂と淡口醤油で吸地八方程度の味をつけた昆布だしでさっと煮て、自然に冷まし、味を含ませる。
❷蓮根は米の2割用意する。皮をむき、縦2～4つ割にして小口から切る。酢水で洗い、アク抜きをする。ザルに上げて水分を切り、旨塩をふり、30分間ほどおいて薄味をつける。
❸米は洗米してザルに上げて、ぬれた布巾をかけて30分間ほどおく。
❹米にご飯の水加減と同量の合せだしを仕込み、蓮の実、蓮根を加えて、ご飯の要領で炊く。最後に軸三つ葉を散らして10分間ほど蒸らす。

器●赤楽小茶碗、緑交趾葉形小皿

栗黒米おこわ　せいろ蒸し

栗
もち米
黒米（もち米の5～10％）
胡麻塩

❶もち米、黒米を別々に洗米して一晩水につけておく。
❷栗は鬼皮をむき、渋皮を包丁でむいて2～4個に切り、さっと水洗いしてザルにとる。旨塩を少量ふり強火で7～8分間ほど蒸して火を通しておく。
❸もち布巾にもち米と黒米を合わせて平らにして広げ、中央を開けて火の通りをよくして強火で蒸す。
❹途中4～5回上下を返して、打ち水をしながら30分間ほど蒸す。最後に栗を混ぜて4～5分間蒸して仕上げる。栗を最初から混ぜて蒸すと、栗に黒米の色が染みて仕上がりが悪くなる。
❺銘々のセイロに盛りつける。提供するとき再度蒸して温めて、胡麻塩を添える。

器●朱塗り中皿、染付芙蓉見込み草花菊小皿　掻敷●しだ

銀杏おこわ　せいろ蒸し

ぎんなん　サラダ油　旨塩
もち米
胡麻塩

❶もち米は洗って、一晩水につけておく。もち布巾にもち米を平らに広げ、中央を開けて火の通りをよくして強火で蒸す。途中４～５回天地を返して、打ち水しながら30分間蒸す。

❷最後に揚げたぎんなんを混ぜて、４～５分間蒸して仕上げる。ぎんなんは、むきぎんなんを１４０～１６０℃に熱したサラダ油で色よく揚げ、ペーパータオルの上で転がしながら油をふき取り、旨塩をふって塩味をつけたもの。

❸銘々のセイロに盛り、提供時に再度蒸して温めて、胡麻塩を適量ふって供する。

器●紫交趾菊形中皿

さつま芋粥　醤油餡掛け
香物　梅干し

さつま芋
米
醤油餡＊

＊醤油餡：だし４を煮立て、濃口醤油１を加え、水溶き吉野葛適量でとろみをつける。

❶米は洗米して、ザルに上げ、乾かないようぬれた布巾をかけて30分間おいて、水分をなじませる。

❷米の７倍の水を加えて火にかける。蓋をして吹きこぼれない程度の強火で10分間程度炊く。

❸米が柔らかくなったら、皮つきのまま乱切りにしたさつま芋を加えてさらに10分間炊く。さつま芋は米と同量。

❹共に柔らかくなったら極弱火にして蓋をしたまま10分間程度蒸らす。器に小分けして、熱い醤油餡をかける。

器●根来椀、色絵小丸皿

舞茸茶漬け
香物　梅干し

舞茸山椒煮（舞茸、実山椒、酒2、味醂1、濃口醤油1、たまり醤油1）
ご飯
煎茶
おろし山葵　もみ海苔　ぶぶあられ

❶舞茸山椒煮をつくる。舞茸は石突きを取り除き、食べやすい大きさに手で割いておく。

❷実山椒は塩漬けを使用。舞茸の1割用意する。水洗いして1％濃度の塩水に1時間ほどつけて塩抜きする。塩分が強いときは2～3回くり返す。熱湯でゆでてザルにとる。

❸舞茸を鍋に移して酒を入れて中火で炒める。しんなりしてきたら塩抜きした実山椒を入れる。酒、味醂、濃口醤油を入れて、煮立ったら中火にする。たまり醤油を加えて中火で煮詰め、最後は煮汁がなくなるまで炒り煮する。

❹茶碗に盛ったご飯に、舞茸山椒煮を適量のせて、ぶぶあられ、もみ海苔、おろし山葵を添えて煎茶をかけて供する。

器●赤絵深鉢、木の葉皿

茸ぞうすい
香物　山牛蒡醤油漬け

なめこ茸　網茸　なら茸　えのき茸　たもし茸
ご飯　だし　塩　淡口醤油
三つ葉

❶茸の下ごしらえをする（↓87頁きのこ汁）。分量はご飯の3割程度。

❷ご飯をザルにとり、水洗いしてほぐしておく。

❸鍋に移して3倍量のだしを加えて火にかける。茸を加える。

❹煮立ったらアクを引き、塩、淡口醤油で味をつけて、ざく切りにした三つ葉を添える。

器●根来椀、万暦小付

冬

高菜めし
香物　野沢菜

高菜漬け　胡麻油　濃口醤油　味醂　一味唐辛子
人参　吸地八方だし（↓28頁）
米
白切り胡麻

❶高菜漬けは米の分量の３割を用意する。小口から細かく切って水洗いし、ほどよく塩分を抜いてかたく絞る。フライパンを熱して、胡麻油をひき、強火で高菜漬けを炒める。濃口醤油、味醂各少量で味を調えて、好みの辛さの一味唐辛子をふる。
❷人参は皮をむいて１㎝長さのせん切りにして、米の分量の１割を用意する。吸地八方だしでさっと一煮立ちさせて、かために仕上げる。
❸米を研いでしばらくおき、ご飯を炊く。炒めた高菜漬けと人参を手早く混ぜ合わせて、５分間ほど蒸らして仕上げる。茶碗に小分けして、白切り胡麻をふる。
●凌ぎ、弁当にも向く。

器●粉引き茶碗、チタニ貝形小皿

金時人参　梅味ご飯
香物　大根、人参糠漬け

米
金時人参
昆布だし　白梅酢
梅干し
もみ海苔

❶米は洗って水切りし、表面が乾かないよう、ぬれた布巾をかけて30分間ほどおく。
❷金時人参の皮をむき、３㎝長さのせん切りにして、さっと水洗いしておく。
❸昆布だしに白梅酢を加えて味つけする。白梅酢の分量は塩分により調整する。
❹米に人参を３割ほど混ぜる。
❺釜に米と人参とご飯を炊く水と同量の❸の昆布だしを仕込み、梅干し１個を入れて炊く。ご飯を盛りつけ、もみ海苔を散らす。

器●白半掛け梅蓋向、焼〆小付

七穀米
蕗の薹味噌焼きおにぎり
香物　梅干し

米8　七穀米2
蕗の薹味噌（田舎味噌500g、酒180ml、味醂90ml、砂糖50g、蕗のとう150g）

❶米と七穀米を合わせて洗い、水きりして、乾かないようにぬれた布巾をかけて30分間ほどおく。
❷普通のご飯と同じ水加減で炊く。炊き上がったらおにぎりをつくる。
❸おにぎりの両面を強火でこんがりと焼き、両面に蕗の薹味噌を塗って、弱火にしてこんがりと香ばしく焼く。
❹蕗の薹味噌のつくり方は以下の通り。蕗のとうを160℃に熱したサラダ油で素揚げする（揚げるとほどよく苦味が和らぐ）。たっぷりの熱湯をかけて油抜きし、水切りして包丁で粗く叩く。分量の味噌と調味料と蕗のとうを混ぜ合わせて、中火から弱火で30分間練る。刷毛で塗れる程度のかたさに仕上げる。大量につくるときは少しかために練っておき、使用するとき煮切り酒でのばすとよい。

器●虎竹かごめ三つ足籠　掻敷●しだ

大根めし　釜炊き
香物　沢庵

大根
大根の葉　淡口醤油
油揚げ
米
昆布だし　塩
白煎り胡麻

❶大根は3cm長さのせん切りにして、さっと水洗いしておく。葉と茎は小口からざく切りにし、弱火で炒める。しんなりしたら淡口醤油で薄味をつけ、強火にして水分を飛ばしておく。
❷油揚げはみじん切りにする。
❸米は洗って水切りし、乾かないようぬれ布巾をかけて30分間おく。
❹昆布だしを熱して1.5％濃度の塩を加えて、辛めの吸物のような味に調える。
❺米の3割のせん切り大根、0.5割の油揚げを混ぜて釜に仕込み、味つけした昆布だしを適量入れて炊く。
❻炊き上がったら、炒めた大根の葉を混ぜ合わせる。白煎り胡麻をふる。

器●飴釉土釜

まるかぶり寿司（恵方巻き）

香物　がり

玉子焼き（卵5個、だし90㎖、味醂18㎖、砂糖20g、塩、淡口醤油各少量、サラダ油少量）

干瓢旨煮（かんぴょう、塩、だし4、酒0.5、味醂0.5、砂糖1.2、濃口醤油1）

甘露椎茸（干し椎茸、戻し汁6、砂糖1.2〜1.5、濃口醤油1、味醂0.5、たまり醤油少量）

海老そぼろ（海老、酒、砂糖、塩）

器●白竹あて淵籠　掻敷●はらん

ほうれん草　塩

寿司飯＊　海苔

＊寿司飯：米1.8リットルを炊く。酢180㎖、砂糖100g、塩40gを合わせて、炊き立てのご飯に切り混ぜる。

❶玉子焼きを焼く。卵を割りほぐし、分量のだし、調味料を合わせて、箸でさっくりと混ぜる。玉子焼き器を熱し、サラダ油をペーパータオルに含ませて焼き器に薄くひく。卵液を3分の1程度入れる。膨らんできたところを箸でつつき、卵液を流し込む。箸を添えて向うから手前に巻いていく。あいた鍋肌に油をひき、巻いた玉子を奥へずらす。手前に油をひき、同量の卵液を流し入れ、鍋を向うに傾けて巻いた下にもいきわたらせて焼き、巻いていく。これをくり返して巻き上げる。

❷干瓢旨煮を煮る。かんぴょうは水で洗い、軽く塩もみして塩を洗い流す。沸騰した湯にかんぴょうを入れて落し蓋をし、爪を立てて、すっと通るぐらいの柔らかさに煮戻す。水洗いして水分をきる。合せだしを煮立て、戻したかんぴょうを入れて20分間ほど煮る。かんぴょうがすっとちぎれるほどの柔らかさになったらザルに上げて汁気をきる。

❸甘露椎茸を煮る。干し椎茸を水洗いし、砂糖を一つまみ（分量外）入れたぬるま湯に一晩つけて戻し、石突きを取る。戻し汁を漉して鍋に入れ、椎茸を戻し、火にかける。戻し汁は椎茸が十分つかる分量とする。柔らかくなったら砂糖を加えてしばらく炊く。濃口醤油は数回に小分けして加える。煮汁が少なくなったら、味醂、たまり醤油を加えてけり上げ（汁気を煮詰めて飛ばすこと）、艶を出して甘露煮とする。冷めたら薄切りにする。

❹海老そぼろをつくる。海老の背ワタを取り、細かく出刃包丁で刃叩きする。鍋に移し、酒少量混ぜて柔らかくし、砂糖、塩少量で甘めに味つけし、割り箸数本で混ぜながら、ぱらぱらになるように煎っておく。

❺ほうれん草は塩を入れた熱湯でゆでて水分をきっておく。

❻寿司を巻く。かいせきのご飯なので小ぶりにつくる。海苔を横半分に切り、寿司飯70gほどを海苔の幅に合わせて広げ、干瓢旨煮、玉子焼き、甘露椎茸、海老そぼろ、ほうれん草をおき、玉子焼きが中心になるように巻く。

芹おこわ　せいろ蒸し

香物　白菜漬け

もち米
芹　塩
胡麻塩

❶もち米は洗米して一晩水につけておく。もち布巾にもち米を広げて、中央を開けて火の通りをよくし、強火で蒸す。打ち水しながら途中４～５回天地を返して、35～40分間ほど蒸す。

❷芹はもち米の３割用意する。塩一つまみを加えた熱湯でゆがいて色出しをし、冷水にとる。１cm長さに切る。

❸もち米が蒸し上がったら芹を混ぜて、セイロに小分けして温め、胡麻塩をふる。

●凌ぎ、弁当にもよい。

器●志野渕輪花皿、伊羅保舟形小付

かぼちゃおこわ玉地蒸し　銀餡掛け

香物　高菜油炒め

かぼちゃ
もち米
玉地（卵１、だし４、淡口醤油、味醂各微量）
銀餡＊　生姜
三つ葉

＊銀餡：だしを熱し、だしの１％の塩、味醂少量を加えて水溶き吉野葛でとろみをつける。味をみたうえで淡口醤油、酒各少量を加えて味を調える。

❶かぼちゃは半割にして種を取り除き、乱切りにしておく。

❷もち米は洗米して一晩水につけておく。もち布巾にもち米を広げ、中央を開けて火の通りをよくし、強火で蒸す。打ち水しながら、途中４～５回天地を返して25分間ほど蒸す。かぼちゃを加えてさらに10～12分間蒸して仕上げる。

❸玉地をつくる。卵、だし、淡口醤油、味醂を合わせて茶碗蒸しより少し濃いめに味をつける。

❹茶碗の中心に、小高くかぼちゃおこわを盛り、玉地を注ぎ、中火で10～12分間ほど蒸す。

❺露生姜を加えた銀餡をかけて、色よくゆでた軸三つ葉を盛りつける。

●凌ぎにもよい。

器●織部小蓋向、粉引き波紋豆皿

焼き餅茶漬け

香物　大根、壬生菜、胡瓜、人参、塩昆布

のし餅
ご飯
煎茶　塩
三つ葉　ぶぶあられ　もみ海苔
おろし山葵

❶のし餅を一口大に切ってこんがりと焼く。

❷椀にご飯を適量盛り、焼きたての餅、みじんに刻んだ三つ葉、ぶぶあられ、もみ海苔、塩適量、好みの分量のおろし山葵を添える。少し濃いめの煎茶をかけて供する。

❸ほかに梅干しや汐吹き昆布などを入れてもよい。そのときは塩を控える。薬味はこの他に木の芽、有馬山椒、大葉、茗荷、柚子など季節感のあるものを使用。

器●根来椀、焼〆変形皿

七草粥　醤油餡掛け

香物　大根醤油漬け、壬生菜塩漬け、胡瓜と人参の糠漬け

七草（芹、なずな、ごぎょう、はこべら、ほとけのざ、すずな、すずしろ）
塩
のし餅
米1　水7
醤油餡＊（だし4、味醂0.5、濃口醤油1、吉野葛適量）

＊醤油餡：だしと調味料を合わせて火にかける。沸騰したら、金勺でだしをまわしながら水溶き吉野葛を適量流し入れて餡をつくる。

❶七草は塩を入れた熱湯でゆでて冷水に落とす。軽く絞って小口から刻む。

❷米を洗い、7倍の水を入れて火にかける。蓋をして吹きこぼれない程度の強火で20分間ほど炊く。火をとめて飯粒がふやけるように5～6分間蒸らす。

❸再度火をつけて沸いたら、小口から刻んだ七草を混ぜる。のし餅を一口大に切って焼き、粥に入れて仕上げる。

❹椀に盛り、適量の醤油餡をかけて供する。

器●縁布貼根来椀、染付四方皿

小田巻き蒸し　滑子茸餡掛け

うどん（かたゆで）
むきぎんなん　重曹　吸地八方だし（↓28頁）
干し椎茸　砂糖　吸地八方だし
木耳　吸地八方だし
玉地（卵1、だし4、淡口醤油、味醂各微量）
滑子茸餡（だし18、味醂0.5、淡口醤油1、吉野葛、なめこ茸水煮）
三つ葉　柚子

❶むきぎんなんは重曹を少量加えてゆで、泡立て器で混ぜて薄皮をむく。吸地八方だしで一煮立ちさせる。
❷干し椎茸は砂糖を一つまみ加えた湯に一晩つけて戻し、石突きを取り除く。戻し汁を漉して椎茸を戻し、火にかけて柔らかく戻す。吸地八方だしで煮含めて一口大に切る。
❸木耳は湯につけて戻し、石突きを除く。熱湯でゆでて柔らかく戻して水洗いし、吸地八方だしで一煮立ちさせて、ほどよい大きさにちぎる。
❹滑子茸餡をつくる。だしを熱し、味醂と淡口醤油で味を調え、ゆでこぼしたなめこ茸を加えて、水溶き吉野葛を加えてとろみをつける。
❺大きめの茶碗に、うどんとその他の具材を入れて玉地を注ぐ。玉地は茶碗蒸しより少し濃いめの味に調える。中火で12～13分間蒸して、滑子茸餡をかける。色よくゆでた軸三つ葉と針柚子を添える。

器●豆彩花果紋蓋付碗

山掛けそば

大和芋
卵黄
茶そば（乾麺）　塩
洗いねぎ　おろし山葵
もみ海苔　蕎麦だし＊

＊蕎麦だし：だし4.5、味醂0.8、濃口醤油1を合わせて一煮立ちさせ、追がつおをして自然に冷まし、木綿漉しして冷やす。

❶大和芋の皮をむいて、すり鉢ですりおろす。
❷茶そばは塩一つまみを加えたたっぷりの熱湯でゆでて冷水にとり、もみ洗いする。
❸そばを器に盛り、すりおろした大和芋をかける。小さい卵黄を割り落として、洗いねぎとおろし山葵を添える。別にもみ海苔と蕎麦だしを添える。

器●井戸茶碗、織部片口、焼〆小付

水物

器●縁金高台硝子平鉢

春

八朔盛り　レモンゼリー掛け

はっさく
レモンゼリー（レモンシロップ＊900ml、板ゼラチン10ｇ）
ミント

＊レモンシロップ：水900ml、砂糖300g、レモン果汁180ml、ホワイトキュラソー90ml。

❶はっさくは皮をむき、甘皮を取り除く。

❷レモンゼリーをつくる。まずレモンシロップをつくる。水、レモン果汁、砂糖を合わせて火にかけ、沸騰直前に火をとめてホワイトキュラソーを入れる。ここに水で戻したゼラチンを溶かし、冷やして固める。

❸はっさくにレモンゼリーをかけて、ミントを添える。

器● 古九谷花鳥六・五寸皿

日向夏

日向夏

❶日向夏の特徴は甘皮、薄皮ごと食べられること。りんごの皮をむくように甘皮を残して皮をむく。

❷芯の部分はかたいので、日向夏を立てて、芯を残してそぐように果肉を切り落とす。

❸むいた皮を器にして盛りつける。

器● 五角鉄釉鉢
掻敷● サンシュ

グレープフルーツ粒々ゼリー

グレープフルーツ（ルビー）
グレープフルーツ果汁　400ml
砂糖蜜（水1、砂糖3）　適量
板ゼラチン　10g
蕨蜜煮（蕨、灰、砂糖蜜＊）

＊砂糖蜜：水1、砂糖1。

❶グレープフルーツは縦半分に切り、果肉を取り出し、釜をつくる。果肉は袋を取り除き、粗くほぐしてグレープフルーツ釜に入れておく。

❷別にグレープフルーツを搾って果汁をとる。砂糖蜜で味を調える。グレープフルーツの酸味により砂糖蜜の分量を調整する。

❸砂糖蜜を加えた果汁400mlを60〜70℃に温めて、水で戻した板ゼラチンを溶かす。

❹容器ごと冷水につけて冷ます。

❺時々混ぜながらゼリーがほどよく固まりかけたら、果肉を入れたグレープフルーツ釜に注ぐ。果肉を混ぜてまんべんなく散らし、冷し固める。切り出して盛りつける。

❻蕨蜜煮をつくる。蕨は灰でアク抜きしたのち、砂糖蜜で煮る。さっと一煮立ちさせたら鍋ごと冷水で冷まして色が飛ばないようにする。3時間ほどこのままおいて味を含ませる。ゼリーに添える。

苺ゼリー寄せ ヨーグルト掛け

いちご（小粒）
砂糖蜜（水900ml、砂糖280ml、レモン果汁90ml、ホワイトキュラソー90ml）400ml
板ゼラチン　10g
プレーンヨーグルト　フロストシュガー
蚕豆艶煮（→43頁）
ミント

❶いちごはヘタを取り除き、水洗いしたのち、水分をふいてゼリー型に入れておく。
❷砂糖蜜を温め、沸騰直前に火からおろし、水で戻した板ゼラチンを煮溶かし、冷水で冷ます。
❸冷めたら型に注ぎ、冷やし固める。
❹固まったら型を、お湯にさっとつけて外し、盛りつける。
❺フロストシュガーでほんのりとした甘さをつけたプレーンヨーグルトをかける。蚕豆艶煮とミントを添える。

器● 御深井輪花六寸皿

苺ミルク寄せ

苺ミルク（いちご300g、牛乳1リットル、砂糖100g）1リットル
板ゼラチン　10g
レモンゼリー（レモンシロップ900ml→201頁八朔盛り、板ゼラチン10g）
蕗蜜煮（蕗、塩、砂糖蜜＊）
いちご　木の芽

＊砂糖蜜：水1、砂糖1。

❶いちごと牛乳、砂糖を合わせてミキサーにかける。湯煎で火を入れる。火からおろして、水で戻した板ゼラチンを溶かし、氷水で冷やす。固まりかけたらガラスの器に流す。
❷レモンゼリーをつくる。まずレモンシロップを熱し、沸騰直前に火をとめて、ホワイトキュラソーを入れる。水で戻した板ゼラチンを溶かし、冷やし固める。
❸蕗蜜煮をつくる。蕗は水洗いして軽く塩もみしてから、塩を入れた熱湯で色よくゆでる。冷水にとり、皮をむいて2cm長さに切る。
❹砂糖蜜を沸かし、蕗を入れて一煮立ちしたのち、鍋ごと冷水で冷ます。大量に仕込む場合、一煮立ちしたら、ザルに引き上げて冷風で冷ますとよい。蜜も冷ましてからつけ込む。
❺苺ミルク寄せにレモンゼリーをよく混ぜてかけ、蕗蜜煮とスライスしたいちごを盛り、木の芽を添える。

器● ギヤマン小鉢　白磁花渕丸皿
掻敷● 雪ノ下

苺 二色アスパラ 抹茶ゼリー掛け

いちご
グリーンアスパラガス　ホワイトアスパラガス　砂糖蜜（水1、砂糖1）　レモン果汁
抹茶ゼリー（レモンシロップ＊900ml、板ゼラチン10g、抹茶適量）
木の芽

＊レモンシロップ…水900ml、砂糖300g、レモン果汁180mlを合わせて溶かす。

❶いちごはヘタを取り除き、水洗いして半分に切る。

❷グリーンアスパラガス、ホワイトアスパラガスは根元のかたい部分の皮をむき、それぞれ熱湯でゆでて4cm長さに切る。太いものは縦半分に切る。それぞれ砂糖蜜で煮る。ホワイトアスパラガスの砂糖蜜にはレモン果汁を1割入れる。

❸抹茶ゼリーをつくる。レモンシロップの材料を合わせて火にかけ、一煮立ちしたら火をとめて、水で戻した板ゼラチンを溶かす。冷めたら、抹茶をぬるま湯で練ったものを適量混ぜて冷やし固める。

❹いちご、アスパラガスを彩りよく盛り合わせ、抹茶ゼリーをかけて、木の芽を散らす。

器● 二色泡小鉢
透彫三つ足向

メロン釜盛り

きんしょうメロン
いちご
グレープフルーツ
レモンゼリー（レモンシロップ900ml →201頁八朔盛り、板ゼラチン10g）
刻みレモンゼリー（水180ml、レモン果汁90ml、砂糖90g、ホワイトキュラソー36ml、板ゼラチン20g）
木の芽

❶きんしょうメロンは縦半分に割り、種を取り除く。くり抜き器でくり抜き、釜を2個つくる。くり抜いた果肉は使用する。

❷いちごは水洗いしてヘタを取り、半分に切る。グレープフルーツは薄皮をむいて、果肉を取り出す。

❸レモンゼリーをつくる。レモンシロップを温めて、水で戻した板ゼラチンを溶かして冷ます。固まり加減をみて、適量取り分けたメロン、いちご、グレープフルーツにからめる。

❹それぞれ同量ずつをメロン釜に盛りつける。残りのレモンゼリーを適量流して冷まし、ゆるめに固める。

❺刻みレモンゼリーをつくる。水、レモン果汁、砂糖、ホワイトキュラソーを合わせて温め、水で戻した板ゼラチンで、かために寄せる。提供時に、刻んで上から盛り、木の芽をあしらう。

器● 花型緑彩皿

夏

新丸十　無花果　青梅蜜煮　共蜜ゼリー掛け

新さつま芋　酢　くちなしの実　砂糖蜜（水2、砂糖1、塩微量）　レモン

青梅蜜煮（↓279頁）

板ゼラチン　10g

いちじく

青柚子

❶新さつま芋は1cm弱の厚さの斜め切りにする。水にさつま芋、少量の酢、ガーゼに包んだくちなしの実を入れて火にかける。きれいな黄色に色づいたら水洗いし、砂糖蜜にレモンスライスを入れてさつま芋を煮含める。

❷さつま芋と青梅蜜煮の煮汁を同量ずつ合わせて900ml用意して温め、水で戻した板ゼラチンを溶かして冷ましておく。

❸いちじくは皮をむき、1cm厚さの輪切りにして、さつま芋、青梅蜜煮と盛り合わせ、❷のゼリー液をかける。青柚子の皮をすってふる。

器● 渕金クリスタル十角向付

とまとコンポート　共蜜ゼリー

トマト　砂糖蜜（水3、砂糖1）

レモン果汁　ホワイトキュラソー

共蜜ゼリー（トマト煮汁900ml、板ゼラチン10g）

ミント

❶トマトは適当な大きさを用意する。ヘタを取り、天に十文字に包丁目を入れる。熱湯で霜降りして冷水にとり、皮をむく。

❷トマトを鍋に並べ、砂糖蜜を注いで紙蓋をしてさっと煮る。火からおろしてレモン果汁とホワイトキュラソーを砂糖蜜の各5%ずつ加えて、自然に冷まして余熱で味を含ませたのち、冷やしておく。

❸トマトの煮汁を温め、水で戻した板ゼラチンを溶かして共蜜ゼリーをつくる。使用時はよく混ぜる。

❹器にトマトを盛り、共蜜ゼリーをかけてミントを天盛りにする。

器● 緑金高台切子コンポート

枇杷コンポート

びわ　塩　砂糖蜜（水3、砂糖1）　レモン果汁　ホワイトキュラソー
共蜜ゼリー（びわ煮汁900ml、板ゼラチン10g）
新蓮根　酢　砂糖蜜（水1、砂糖1）
レモン果汁
刻みレモンゼリー（水180ml、レモン果汁90ml、砂糖90g、ホワイトキュラソー36ml、板ゼラチン20g）
さくらんぼ
タピオカ　水1　白ワイン1　砂糖1
ミント

❶枇杷コンポートをつくる。びわは両端を切り落とし、半割にする。びわは種を取り除き、皮をむいて薄い塩水で洗う。びわを鍋に入れ、浸かる程度の砂糖蜜を注ぎ、紙蓋をして火にかける。煮立ってきたらアクを取り、レモン果汁、ホワイトキュラソーを砂糖蜜の1割ずつ入れて火からおろし、味を含ませる。

❷びわの煮汁900mlに対して、板ゼラチン10gを溶かして冷まし、共蜜ゼリー液をつくっておく。

❸新蓮根は穴に沿って花形にむき、小口から5mm厚さに切る。酢水で洗ってアク抜きをする。熱湯に酢少量を加え、歯応えが残るようにさっとゆでたのち、砂糖蜜でさっと一煮立ちさせる。火をとめてレモン果汁を砂糖蜜の1割ほど加えて鍋ごと冷水で冷まし、4〜5時間おいて味を含ませる。

❹刻みレモンゼリーは水、レモン果汁、砂糖、ホワイトキュラソーを合わせて熱し、水で戻した板ゼラチンを溶かし、冷やし固めて刻む。

❺タピオカはたっぷりの水を入れて火にかける。煮立ったら火をとめて、ラップフィルムなどで密封し、余熱で戻す。かたい場合はこれを2〜3回くり返す。白い芯がなくなって透明感が出てきたら戻っている目安。冷水で洗い流し、ザルに上げて水分を切る。または弱火で10〜20分間ほどかけて戻してもよい。戻したタピオカを水、白ワイン、砂糖で煮て、一煮立ちさせて冷まし、味を含ませておく。

❻枇杷コンポートと新蓮根、さくらんぼを盛り合わせ、びわの煮汁でつくった共蜜ゼリー液をかけて、刻みレモンゼリーとタピオカとミントを添える。

器●輪花霰紋切子六寸皿

ソルダムコンポート

ソルダム　ミョウバン　砂糖蜜（水3、砂糖1）　ホワイトキュラソー
共蜜ゼリー（ソルダム煮汁900ml、板ゼラチン10g）
ミント

❶ソルダムはかたいものを選び、皮を薄くむく。3%濃度のミョウバン水に1時間ほどつけて表面を締める。
❷ソルダムを水洗いして鍋に並べ、砂糖蜜を注ぎ、紙蓋をして火にかける。85℃で火を通す。火をとめて、5%のホワイトキュラソーを加え、煮くずれを防ぐために、鍋ごと冷水につける。
❸煮汁を温め、水で戻した板ゼラチンを溶かして冷やし固める。
❹冷やして器に盛り、共蜜ゼリーをよく混ぜてかけ、ミントを天に盛る。

器●縁金高台クリスタル

西瓜とマンゴ白木耳ゼリー寄せ

すいか　マンゴー　レモン果汁
白木耳　砂糖蜜（水3、砂糖1）
共蜜ゼリー（白木耳煮汁、ホワイトキュラソー、レモン果汁、板ゼラチン10g）
そら豆　オクラ　塩
青柚子

❶すいかは皮を外し、小角に切り、種を取っておく。
❷マンゴーは皮をむき、小角に切り、色止めにレモン果汁をふっておく。
❸乾燥の白木耳を湯につけて戻し、石突きを取り除き、食べやすい大きさにちぎる。砂糖蜜で柔らかく煮てザルに上げる。
❹煮汁720mlに煮汁の5%のホワイトキュラソーとレモン果汁を入れて、板ゼラチン10gを溶かしたのち白木耳を戻し、冷ましておく。
❺そら豆はサヤから取り出して薄皮をむく。薄塩をふって軽く塩もみし、水洗いする。塩をふって蒸す。
❻オクラは、ヘタを取り除き、つけ根に隠し包丁を入れ、塩ずりする。塩一つまみを入れた熱湯で色よくゆでて冷水にとる。小口切りにして薄塩をする。
❼クリスタルの器にすいか、マンゴー、白木耳を盛り合わせ、そら豆、オクラを添えて共蜜ゼリー液をかける。青柚子をすり、ふりかける。

器●三つ足クリスタル深鉢

西瓜釜ゼリー寄せ

小玉すいか
夏みかん
すいかジュース（小玉すいか、砂糖、レモン果汁）　360ml
板ゼラチン　10g

❶小玉すいかを縦半分に切る。半分は皮を外し、小角に切って種を取り除く。残り半分はスプーンで果肉をくり抜き、釜をつくる。
❷くり抜いた果肉はサラシに包んで絞り、ジュースにする。すいかの糖度により砂糖とレモン果汁少量を加えて味を調整する。
❸夏みかんは皮をむき、甘皮を取り除いて小角に切る。
❹すいかの釜に、小角に切ったすいかと夏みかんを、彩りよく交互に盛る。
❺すいかジュースを温めて、水で戻した板ゼラチンを溶かして冷まし、固まりかけたらすいか釜に流す。まな箸で軽く混ぜて隅々まで流し込む。
❻冷やし固めて切り出し、盛りつける。

器●見込み山水祥瑞切立鉢

玉蜀黍ぷりん　レモンゼリー

とうもろこし（粒）　500g
牛乳　1リットル
砂糖　120g
板ゼラチン　15g
レモンゼリー＊
玉蜀黍蜜煮＊　ブルーベリー　ミント

＊レモンゼリー：水900ml、砂糖300g、レモン果汁180ml、ホワイトキュラソー90mlを合わせて900mlをはかり、火にかける。水でふやかした板ゼラチン10gを入れて溶かし、火をとめる。バットなどの容器に流して冷やし固める。

＊玉蜀黍蜜煮：とうもろこしの粒を外し、水1、砂糖1で合わせた砂糖蜜で煮る。火からおろしたら、レモン果汁を1割ほど加え、そのまま冷まして味を含ませる。

❶とうもろこしの粒を包丁で削ぎ取る。牛乳とともにミキサーにかける。目の粗い裏漉しにかけて、固く絞り、皮を取り除く。もう一度、目の細かい裏漉しにかけてなめらかにする。
❷砂糖を加えて、湯煎にかけて混ぜながら火を通す。火をとめて、水で戻した板ゼラチンを溶かし、人肌まで冷まして器に流し、冷やし固める。
❸玉蜀黍ぷりんにレモンゼリーをかけて、ブルーベリー、玉蜀黍蜜煮、ミントを添える。

器●縁金クリスタル箸洗い　白磁雪輪六寸皿　掻敷●しだ

桃クラッシュジュース

もも　レモン
砂糖蜜（水1、砂糖1）　ホワイトキュラソー
牛乳　レモン果汁

❶ももは完熟していないものを選ぶ。皮をむいて種を取り、色止めにレモン水で洗う。
❷鍋に砂糖蜜を注いでももを入れ、紙蓋をして火にかける。85℃くらいの温度で火を通す。
❸火からおろして、砂糖蜜の5％のホワイトキュラソーを加えて、鍋ごと冷水につけて冷ます。
❹ももと煮汁、煮汁と同量の牛乳、少量のレモン果汁、クラッシュドアイス適量を合わせてミキサーにかける。

器●縁金ストライプグラス　白磁四方押し皿
搔敷●楓

キウィジュース

キウイ
天然水
ハチミツ

❶キウイはヘタの部分（持ちやすくするために残しておく）を残して皮をむく。目の細かいおろし金でおろして、キウィジュースの素をつくる。
❷天然水でほどよくのばして、ハチミツ少量で味を調える。冷やして供する。

●量を少なくして箸休めや、肉料理やこってりした料理の口直しにもよい。

器●クリスタルグラス

秋

熟し柿シャーベット 敷きヨーグルト

柿（完熟） ブランデー
プレーンヨーグルト フロストシュガー
　ブランデー
レモンゼリー＊
真砂 ミント

＊レモンゼリー：水900ml、砂糖300g、レモン果汁180ml、ホワイトキュラソー90mlを合わせる。900mlを別に取り分けて温め、水で戻した板ゼラチン10gを溶かして冷やし固める。

❶柿を冷凍する。冷凍庫から取り出し表面が少し柔らかくなったら皮をむき、再び冷凍保存しておく。
❷供する30～40分前にブランデーを霧吹きでかけて、冷蔵庫に移してシャーベット状にする。
❸プレーンヨーグルトに1割のフロストシュガー、ブランデー少量を加えて香りをつける。
❹器にヨーグルトを流し、熟し柿を盛りつけて、混ぜたレモンゼリーを大さじ1杯ほどかける。真砂を天盛りしてミントを添える。

器● 蛸唐草六角皿

無花果薄蜜煮 胡麻クリーム掛け

いちじく 砂糖蜜（水3、砂糖1）
ホワイトキュラソー
胡麻クリーム＊
真砂 もって菊

＊胡麻クリーム：白あたり胡麻を天然水少量でゆるめて、砂糖蜜と塩水極少量でうっすらと甘みをつけ、マヨネーズ程度のかたさにする。

❶いちじくはヘタを切り、70℃の湯で霜降りして冷水にとり、薄皮をむく。
❷鍋に移し、砂糖蜜を注ぎ、紙蓋をして火にかける。90℃になったら弱火にしてアクを取り、5分間ほど煮たのち、砂糖蜜の5％のホワイトキュラソーを加える。鍋ごと冷水につけて冷ます。
❸いちじくを器に盛り、胡麻クリームをかける。真砂ともって菊の花弁を天盛りにする。

器● 見込み赤絵金彩菊皿

さつま芋天ぷら ヨーグルト掛け

器●焼〆木の葉皿

さつま芋（金時芋）
薄力粉　天ぷら衣＊　天ぷら油
ヨーグルトソース（プレーンヨーグルト500g、フロストシュガー40g、板ゼラチン10g）
レッドキウイ　ミント

＊天ぷら衣：冷水360mlに卵黄1個分を混ぜて卵水をつくり、ふるった薄力粉200gと合わせてさっくりと混ぜる。完全に混ざらなくてよい。

❶さつま芋は細めの金時芋を用意する。3cm厚さの輪切りにして、まだらに皮をむく。強火で10分間蒸して火を通す。火の通し方は、素揚げでもよいし、焼き芋を揚げても香ばしくてよい。
❷薄力粉をまぶして、天ぷら衣を8割ほどつけて160℃に熱した天ぷら油で揚げる。
❸ヨーグルトソースをつくる。水で戻した板ゼラチンを温めて溶かし、ヨーグルト、フロストシュガーを合わせて冷やし固める。
❹ヨーグルトソースを混ぜて芋にかけ、皮をむいたレッドキウイを添えてミントを飾る。

かぼちゃぷりん　酸橘果汁

器●日高麗万暦小鉢

栗かぼちゃ　400g
牛乳1リットル　砂糖120g　板ゼラチン15g
ブルーベリー　くこの実蜜煮＊
酸橘　ミント

＊くこの実蜜煮：くこはさっと水洗いし、砂糖蜜（水3、砂糖1）で一煮立ちさせて自然に冷ます。

❶かぼちゃは栗かぼちゃを使用する。皮むき器で皮をむき、半分に割って種を除き、適宜に切る。
❷強火で15分間ほど蒸して火を通し、裏漉しする。分量のかぼちゃと牛乳、砂糖をミキサーにかけて裏漉しする。
❸鍋に移し、火にかけて温める。火をとめて、水で戻した分量の板ゼラチンを煮溶かし、鍋ごと冷水につけて混ぜながら人肌まで冷まし、器に入れて冷やし固める。
❹ブルーベリーとくこの実蜜煮をあしらい、ミントを添える。食後さっぱりするように酸橘を搾って供する。

焼き芋豆乳ぷりん

焼き芋（紅あずま） 400g
豆乳 600ml
牛乳 400ml
砂糖 120g
板ゼラチン 10g
レモン果汁
さつま芋チップ（さつま芋、サラダ油）

❶さつま芋は皮つきのままぬれ新聞で包み、さらにアルミホイルで包む。オーブンで30分間蒸し焼きにして皮をむく。
❷焼き芋、豆乳、牛乳、砂糖を合わせて、ミキサーにかけ、裏漉しする。
❸湯煎にかけて火を入れる。湯煎から外して水で戻した板ゼラチンを加えて溶かし、鍋ごと冷水にあてて人肌まで冷まし、器に小分けにして冷やし固める。
❹さつま芋チップをつくる。小ぶりのさつま芋を薄い輪切りにして、水洗いしてアク抜きする。水分をふき取る。160～170℃に熱したサラダ油で小まめに両面を返しながらからっと揚げ、ペーパータオルで油をふき取る。
❺焼き芋豆乳ぷりんにレモン果汁を適量搾り、さつま芋チップを添える。

器●日高麗万暦小鉢

黒胡麻豆乳ぷりん

ぷりん地（黒あたり胡麻60g、白あたり胡麻60g、豆乳600ml、牛乳400ml、砂糖120g） 900ml
板ゼラチン10g
さつま芋 サラダ油
レモンゼリー＊
花穂紫蘇

＊レモンゼリー：水900ml、砂糖300g、レモン果汁180ml、ホワイトキュラソー90mlを合わせて熱し、900mlを取り分けて、水で戻した板ゼラチン10gを溶かし、冷やし固める。

❶黒と白のあたり胡麻を合わせて豆乳を少しずつ加えてすりのばす。牛乳、砂糖を加えて漉す。900mlのぷりん地を取り分け、湯煎で火を入れる。湯煎から外し、水で戻した板ゼラチンを溶かして鍋ごと冷水につけ、混ぜながら人肌まで冷ます。器に流し、冷し固める。
❷いちょう芋煎餅をつくる。さつま芋を薄い輪切りにし、いちょうの形に抜く。170℃に熱したサラダ油で、両面を小まめに返しながらからっと揚げて油をペーパータオルでふく。
❸ぷりんにレモンゼリーを大さじ1杯ほど流し、いちょう芋煎餅を飾り、花穂紫蘇をほぐして散らす。

器●仁清写し雷門菊小鉢

林檎ゼリー寄せ

りんご（紅玉）10個　塩　砂糖蜜（水6、砂糖1）　板ゼラチン
さつま芋　くちなしの実　砂糖蜜＊
黒タピオカ蜜煮（黒タピオカ、砂糖蜜＊）
ヨーグルト500g　フロストシュガー40g
林檎チップ（りんご、サラダ油、塩）
ミント

＊砂糖蜜：水2、砂糖1。

❶りんごは酸味のある紅玉10個を使用。皮をむき4等分のくし形に切って芯を取り除き、1％濃度の塩水で洗ったのち、砂糖蜜で煮て冷ましておく。りんごと半量の煮汁360mlをミキサーにかけて、荒く仕上げる。

❷残りの煮汁360mlを火にかけて、板ゼラチン10gを戻して溶かし、粗熱がとれたら、❶と合わせて器に流し入れて冷やし固める。都合液体810mlに対して板ゼラチン10gがゼリー地の目安。

❸さつま芋は1cm弱厚さの輪切りにし、いちょう形の型抜きで抜く。くちなしの実を砕いてガーゼに包み（いちょう芋30個にくちなしの実2～3個）、芋とともにゆでる。芋に竹串が通る程度。鍋に移して砂糖蜜を注ぎ、紙蓋をして煮含める。

❹林檎チップをつくる。りんごは皮つきのまま6等分のくし形切りにする。小口から薄く切り、1％濃度の塩水で洗って水分をきる。水分をふき取り、160℃に熱したサラダ油で両面を小まめに返しながらぱりっと揚げる。ペーパータオルで油をふき取る。

❺黒タピオカ蜜煮をつくる。黒タピオカはたっぷりの水で煮る。煮立ったら火をとめて密封し、余熱で戻す。白い芯がなくなって透明感が出れば戻っている。かたければ2～3回くり返す。冷水で洗い流し、ザルに上げて水分をきる。弱火で10～20分間ほど煮て戻してもよい。砂糖蜜でさっと煮て自然に冷まして含ませる。

❻林檎ゼリーにいちょう芋、フロストシュガーを混ぜたヨーグルト、黒タピオカ、林檎チップを盛り、ミントを添える。

器●三ポイント小鉢
竜田川平向
掻敷●柿の葉

柚子釜ゼリー

柚子
柚子シロップ（柚子果汁1＊、水5、砂糖1.5）720ml　板ゼラチン10g
黒タピオカ蜜煮（↓213頁林檎ゼリー寄せ5）
ミント

＊柚子果汁：柚子は時期により酸味が異なるので水と砂糖の割合は調整する。

❶葉つきの柚子を天地3対7の割合で横に切り、果肉を取り出して柚子釜をつくる。果肉を搾り、果汁をとる。
❷柚子シロップをつくる。水と砂糖を合わせて火にかける。沸騰したら火からおろして、柚子果汁と水で戻した板ゼラチンを溶かし、鍋ごと冷水につけて冷ます。
❸ゼリー液が固まりかけたら柚子釜に流して冷し固める。
❹黒タピオカ蜜煮とミントを添える。

器●かいらぎ高台鉢

冬

揚げ野菜　小倉餡　ヨーグルト添え

かぶ　かぼちゃ　金時人参　サラダ油
編笠柚子（↓232頁粉吹き柚子皮1〜4）
小豆餡（↓224頁新丸十素揚げ1〜3）
ヨーグルト500g　フロストシュガー25g
真砂　ミント

❶かぶは茎を1cmほど残してスジが残らないように厚く皮をむき、4〜6等分に切る。
❷かぼちゃは一口大の大きさに切り、皮を半分ほど残してむき、強火で10分間ほど蒸して火を通す。
❸金時人参は皮を薄くむき、乱切りにする。
❹3種の野菜を、170℃に熱したサラダ油で素揚げする。かぼちゃは芯までしっかり揚げて、かぶと人参は食感が残るように五割程度火を入れて、ペーパータオルで油をふき取る。
❺網笠柚子は一口大に切っておく。小倉餡は冷やしておく。
❻器にフロストシュガーを混ぜたヨーグルトを流し、揚げたての野菜と網笠柚子を盛りつける。小倉餡適量を添えて真砂をバランスよく散らしてミントを添える。

器●志野三つ足反り鉢

小かぶコンポート マンゴソース

かぶ　砂糖蜜（水2、砂糖1）1　ホワイトキュラソー0.1　レモン果汁0.1
いちご　グレープフルーツ
マンゴソース（マンゴー、レモン果汁2％、砂糖蜜＊）
ミント

＊砂糖蜜：水3、砂糖1。

❶かぶは茎を2cmほど残して切り落とし、スジが残らないよう皮を厚くむく。
❷砂糖蜜でさっと炊き、ホワイトキュラソー、レモン果汁を加えて鍋ごと冷水にあてて、かりかりした食感が残るように仕上げる。一晩おいて味を含ませる。盛りつけするとき、4等分に包丁を入れておく。
❸いちごは水洗いしてヘタを切り、食べやすく切る。グレープフルーツは皮をむいておく。
❹マンゴソースをつくる。マンゴーは皮をむいて果肉をミキサーにかける。レモン果汁をマンゴーの2％ほど加えてよく混ぜる。熟し加減で糖度が足りなければ砂糖蜜で調整する。
❺器にマンゴソースを流し、小かぶコンポート、いちご、グレープフルーツを盛り合わせてミントを添える。

器●白磁角皿

苺　みかん レモンゼリー掛け

いちご　温州みかん
刻みレモンゼリー＊（水180ml、砂糖90g、ホワイトキュラソー36ml、レモン果汁90ml、板ゼラチン20g）
柔らかレモンゼリー＊（水900ml、砂糖300g、レモン果汁180ml、ホワイトキュラソー90ml、板ゼラチン14g）
ブルーベリー蜜煮＊（ブルーベリー、水2、砂糖1）　ミント

＊刻みレモンゼリー、柔らかレモンゼリー：それぞれの分量の水、砂糖、レモン果汁、ホワイトキュラソーを合わせて火にかける。一煮立ちしたら火からおろし、80℃ほどに冷めたら、水で戻した板ゼラチンを入れて溶かし、冷やし固める。刻みレモンゼリーは包丁で刻んでおく。
＊ブルーベリー蜜煮：水と砂糖を合わせてブルーベリーを入れて紙蓋をし、弱火でさっと煮て鍋ごと冷水で冷ます。

❶いちごは水洗いしてヘタを取り、二等分にする。
❷温州みかんの皮をむき、甘皮をきれいに取り除く。芯抜きでみかんの芯を抜き取る。両端を切り落として二等分の輪切りにする。
❸❷のみかんと❶のいちごを盛り、柔らかレモンゼリーを適量かける。
❹刻みレモンゼリーとブルーベリー蜜煮を添えて、ミントをあしらう。

器●四方硝子中皿

デコポン柔らかゼリー　焼き金柑

デコポン果汁　540ml
板ゼラチン　10g
金柑

❶デコポンは縦半分に切り、果肉を取り出して釜をつくる。果肉はジューサーにかけて果汁を搾る。
❷デコポンの果汁を温めて（沸騰させない）、水で戻した板ゼラチンを煮溶かし、鍋ごと冷水で冷ます。固まりかけたらデコポン釜に流して冷し固める。これを半分に切る。
❸金柑は完熟したものを選び、天地を切る。ガスバーナーで全体に焼き目をつけて添える。

器● 銀彩淵反り皿

海老芋　南瓜　人参　レモン煮

海老芋
かぼちゃ
人参
蕨　灰
砂糖蜜（水3、砂糖1）　レモンスライス
野菜の煮汁　900ml　板ゼラチン10g
おろし山葵

❶海老芋は水洗いして丸ごと蒸して火を通す。縦半分に切り、くり抜き器で丸くくり抜く。皮は器に用いるのできれいにくり抜く。
❷かぼちゃ、人参は皮むきで皮をむいてから同じ大きさにくり抜く。
❸砂糖蜜にレモンスライスを入れて煮立て、くり抜いた海老芋、かぼちゃ、人参を、それぞれ別に甘酸っぱく煮る。
❹蕨蜜煮をつくる。蕨は灰でアク抜きをし、3cmほどに切る。砂糖蜜でさっと煮立たて、鍋ごと冷水で冷まして含ませておく。
❺海老芋の釜に海老芋、かぼちゃ、人参、レモンスライスを4～5個ずつ盛りつける。
❻野菜を煮た蜜をすべて合わせて温め、水で戻した板ゼラチンを溶かす。冷めたゼリー液を全体にかけて冷やしておく。蕨蜜煮をあしらい、おろし山葵を添えて供する。

器● 染付菊唐草 隅切り菱形皿 海老芋釜

黒豆　苺　大葉百合根
グレープフルーツゼリー掛け

黒豆蜜煮（→277頁）
百合根　塩　砂糖蜜（水2、砂糖1）
菜花　塩　砂糖蜜（水2、砂糖1）
いちご　グレープフルーツ
グレープフルーツゼリー（グレープフルーツジュース＊450ml、板ゼラチン5g）
レモンゼリー（レモン果汁90ml、砂糖蜜＊ホワイトキュラソー36ml、板ゼラチン20g）

＊グレープフルーツジュース：グレープフルーツ果汁を砂糖蜜（水1、砂糖3）適量で味を調える。
＊砂糖蜜：水180ml、砂糖90g。

❶百合根は1枚ずつばらし、大きな鱗片を使う。黒い部分を削って掃除し、形を整える。薄塩をふって蒸し器に入れ、蒸気を和らげるためにぬれたサラシをかけて中火で蒸す。蒸した百合根を冷たい砂糖蜜につける。

❷菜花は、塩を入れた熱湯で色よくゆでて、冷水にとる。軽く絞り、穂先を2～3cm長さに切っておく。砂糖蜜でさっと煮立て、鍋ごと冷水で冷やして味を含ませておく。

❸いちごは水洗いして半分に切る。

❹グレープフルーツは縦半分に切る。果肉を取り出して釜を2個つくる。果肉の半分は薄皮をむいて一口大に切る。半分は搾り、砂糖蜜で味を調える。

❺グレープフルーツジュースを温め、水で戻した板ゼラチンを溶かして冷やす。固まりかけを使用する。

❻グレープフルーツの釜にすべての材料を彩りよく盛りつけ、固まりかけた❺のゼリー液をかけて冷やしておく。

❼提供時に刻みレモンゼリーを散らす。レモンゼリーは、砂糖蜜、レモン果汁、ホワイトキュラソーを合わせる。一部を温めて、水で戻した板ゼラチンを溶かして戻し、冷やし固めて刻んだもの。

器●
リム正角皿
グレープフルーツ釜

春

さくら

漉し餡（→219頁菜の花1～3）
練り切り（→219頁菜の花4～6）　食紅
桜葉（塩漬け）

❶練り切りに食紅で桜色に色づけする。練り切りを目の粗いふるいで押し出し、そぼろをつくる。
❷漉し餡で1個10gの餡玉をつくる。餡玉にそぼろを箸で植えつけて桜に見立て、塩抜きした桜葉ではさむ。

器●手ぐり金銀彩銘々皿

山吹百合根金団

漉し餡（→219頁菜の花1～3）
練り切り（→219頁菜の花4～6）
抹茶　砂糖
食紅（黄色）

❶練り切りに色づけする。抹茶と同量の砂糖をお湯で溶き、練り切り3割に練り込んで薄い緑色をつける。残りは、食紅で黄色に色づけする。
❷抹茶を混ぜた練り切りは3㎜厚さにのばし、木の葉に型抜きして竹串で筋目をつける。
❸漉し餡を1個10gの餡玉に丸める。黄色く色づけた練り切りを目の粗いふるいで押し出し、そぼろをつくる。餡玉にそぼろと型抜きした木の葉を箸で添えて山吹に見立てる。

器●粉引き丸皿

菜の花

漉し餡（小豆500g、上白糖300g）
百合根餡（百合根500g、上白糖300g）
求肥（白玉粉90g、水180ml、上白糖180g）片栗粉
練り切り（百合根餡300g、求肥45g）
抹茶　砂糖　食紅（黄色）

❶漉し餡をつくる。小豆を水洗いして、小豆がつかる量の水を入れて火にかける。煮立ったらザルに上げて煮汁をきり、アク抜きする。小豆を鍋に戻して2倍ほどの水を入れ、竹皮を4分の1枚ほど入れて火にかける。竹皮を入れると小豆が早く柔らかくなる。沸騰したら弱火にしてことことと煮る。この間アクを小まめに取り、差し水をする。❷柔らかく煮上がったら竹皮を取り除き、煮汁ごとミキサーにさっとかけて、粗目の金漉しにかけて皮を取り除く。ここに水を加えてさらさらにする。再度目の細かい金漉しにかける。漉した小豆汁を布巾で漉し取り、しっかり絞る。❸鍋に移して上白糖を混ぜ合わせ火にかける。しゃもじで混ぜながら弱火で練って、漉し餡を仕上げる。❹練り切りをつくる。まず百合根餡をつくる。百合根を蒸して熱いうちに裏漉しする。分量の上白糖を混ぜ合わせて火にかけ、弱火で練る。手でさわってくっつかない程度のかたさに仕上げる。❺つぎに求肥をつくる。白玉粉に少量の水を加えて、耳たぶくらいのかたさに練り、残りの水を加えて、だまにならないようによく混ぜ合わせる。しゃもじで混ぜながらこげない程度の強火で練って、砂糖を3回ほどに分けて加え、10分間程度練る。指で触ってみて、くっつかなければ練り上がり。片栗粉をふるった抜き板の上に、求肥を丸めておく。❻練り切りを仕上げる。❹の百合根餡を鍋に移し、少量の水でゆるめる。求肥を加えて火にかけ、しゃもじで混ぜながら、耳たぶ程度のかたさに練る。❼練り切りに色づけする。抹茶と同量の砂糖を湯で溶き、3割ほどの練り切りに練り込んで薄い緑色をつける。残りの練り切りは、黄色の食紅で色づけする。❽漉し餡を1個10gの餡玉に取り、色分けした練り切りを目の粗いふるいで押し出してそぼろをつくる。餡玉の下のほうに、葉に見立てて緑のそぼろを、上のほうに花に見立てて黄色のそぼろを箸で植えつけて、菜の花に見立てる。

器●朱塗り銘々皿

＊食紅黄色のかわりに、乾燥したくちなしの実を煮出した汁やサフランを煮出した汁で色づけしたり、ゆで卵の卵黄に卵黄の半量の砂糖を練り込んだものと合わせてもよい。

関西風桜餅

道明寺粉　180ml
砂糖　40g
水　216ml（道明寺粉の1.2倍）
食紅　少量
漉し餡（→219頁菜の花1〜3）
手水蜜（水1、砂糖1）
桜葉（塩漬け）

①道明寺粉をザルに入れ、さっと水洗いして水分をきり、ボウルに移す。分量の水を温めて、食紅少量で桜色に色づけて道明寺粉と合わせる。軽く混ぜてラップフィルムで密封して冷めるまでおく。

②①の道明寺粉を布巾に包んで蒸し器に入れ、強火で20分間ほど蒸す。

③ボウルに移して、分量の砂糖をしゃもじでよく混ぜる。かたく絞ったぬれ布巾ではさみ、自然に冷まして砂糖をなじませる。冷めたら練り、餡を包める程度の粘りを出す。

④道明寺、漉し餡とも20gずつを取り分け、手水蜜（一旦沸かして冷ましておく）をつけて道明寺を広げ、漉し餡を包んで塩抜きした桜葉ではさむ。

器●正角皿

関東風桜餅

桜餅の皮（薄力粉90g、白玉粉30g、水180ml、砂糖30g、イスパタ＊1g、食紅少量）
漉し餡（→219頁菜の花1〜3）
桜葉（塩漬け）

＊イスパタ：イーストパウダーの略称。蒸物などに使われる膨張剤の1種。

①桜餅の皮をつくる。分量の水に砂糖を入れて泡立器で混ぜて溶かす。ここに薄力粉、白玉粉、イスパタを入れて手早く混ぜて、食紅少量で桜色に染める。

②フライパンを熱し、①を楕円形に流し（餡玉を包める程度の大きさ8×4cmほど）、こがさないように両面を焼く。

③漉し餡を1個20gほどの楕円に丸めて焼いた皮で包み、塩抜きした桜葉で包む。

器●朱塗り菓子器 丸皿

豌豆　タピオカ蜜煮

えんどう豆　塩　重曹
タピオカ
砂糖蜜（水1、砂糖1）
生姜

❶えんどう豆はサヤから取り出す。豆の表面を霧吹きでぬらす。塩と重曹（それぞれ豆の分量の1％）をふってまんべんなく混ぜて30分間ほどおく。

❷塩を入れた熱湯にえんどう豆を入れ、沸騰しないような火加減で5〜10分間ほどゆでる。沸騰させると豆の皮がはじけるので注意。指で潰して、柔らかくなめらかになったら、水道水を少しずつ加えて徐々に冷ます。冷えたらザルに上げる。

❸砂糖蜜を合わせて火を入れる。沸騰したら、ゆでたえんどう豆を入れ、煮立つ直前に火からおろして鍋ごと冷水で冷まし、味を含ませる。

❹タピオカを戻す。タピオカにたっぷりの水を入れて火にかける。煮立ったら火をとめて密封し、余熱で戻す。かたい場合は、これを2〜3回くり返す。白い芯がなくなり、透明感が出てきたら戻った目安。冷水で洗い流し、ザルに上げて水分をきる。弱火で10〜20分間くらい煮て戻してもよい。

❺タピオカを砂糖蜜でさっと煮て自然に冷まし、味を含ませる。

❻えんどう豆とタピオカを冷やして同量ずつを盛り、露生姜を絞って提供する。

器●白磁エスプレッソ
正角皿
掻敷●雪ノ下

蕗糖

蕗　塩　砂糖蜜（水1、砂糖1）
グラニュー糖

❶蕗は鍋の長さに切り、軽く塩もみして、塩を入れた熱湯で歯応えが残るように色よくゆでる。
❷冷水にとって皮をむく。4㎝ほどの長さに切りそろえる。
❸砂糖蜜を沸騰させ、蕗を入れてさっと一煮立ちさせたのち、鍋ごと冷水につけて、3時間ほどおいて味を含ませる。あるいは一煮立ちしたら、蕗をザルに引き上げて冷風にあて、冷ました砂糖蜜に蕗を戻してつけてもよい。
❹水分をきり、グラニュー糖をまぶして並べて乾かす。しばらくすると水分がにじんでくるので、再びグラニュー糖をまぶす。3〜4回くり返して、表面を乾燥させる。

器●灰流し丸皿

じゃが芋糖

新じゃが芋　砂糖蜜（水1、砂糖1）
グラニュー糖

❶新じゃが芋は、小粒の手ごろな大きさを選ぶ。水洗いして10分間ほど蒸して、かために火を通し、熱いうちに皮をむく。
❷砂糖蜜で1時間ほど柔らかく煮て、自然に冷まして味を含ませる。水分をきり、グラニュー糖をまぶして乾かす。
❸しばらくすると水分がにじんでくるので、再びグラニュー糖をまぶす。3〜4回くり返して表面を乾燥させる。

器●辰砂変形小皿

生姜べっ甲煮糖

新生姜
砂糖蜜（水1、砂糖1）　濃口醤油
グラニュー糖

❶新生姜の皮をこそげ取り、7〜8㎜厚さの輪切りにする。たっぷりの水でゆでて、冷水にさらす。
❷水分をきり、強火で30分間蒸して水分を抜く。
❸鍋に移し、生姜がつかるくらいの砂糖蜜を注いで落し蓋をして、中火にかける。
❹砂糖蜜が半分程度に煮詰まったら弱火にして、濃口醤油少量を4〜5回に分けて加えて煮詰め、べっ甲色に仕上げる。
❺冷めたらグラニュー糖をまぶして、表面を適度に乾かす。

●前菜や焼物のあしらいにも向く。

器●灰釉木の葉皿

夏

蚕豆糖

そら豆　塩　砂糖蜜（水1、砂糖1、塩微量）
グラニュー糖

❶そら豆はサヤから取り出して薄皮をむき、薄塩をあて、軽くもんで水洗いする。
❷鍋に移してそら豆がつかる分量の砂糖蜜を入れて、紙蓋をする。沸騰させないように弱火で10分間ほど煮て火を通し、鍋ごと冷水につけて冷ます。煮くずれしないように注意する。
❸そら豆の水分をきり、グラニュー糖をまぶして、重ならないように並べて乾かす。しばらくすると水分がにじんでくるので再びグラニュー糖をまぶす。3～4回くり返して、表面を乾燥させる。

器●緑釉かいらぎ平鉢

新蓮根糖

新蓮根　酢　砂糖蜜（水1、砂糖1）
グラニュー糖

❶新蓮根は、ナイロンたわしで皮をこすってむき、1cm弱の厚さの輪切りにする。熱湯に酢少量を加え、歯応えが残るようにさっとゆでる。
❷砂糖蜜でさっと一煮立ちさせたのち、鍋ごと冷水につけて冷まし、4～5時間おいて味を含ませる。
❸水分をきり、グラニュー糖をまぶして、重ならないように並べて乾かす。しばらくすると水分がにじんでくるので再びグラニュー糖をまぶす。3～4回くり返して表面を乾燥させて仕上げる。

器●色絵露草六寸皿

新丸十糖

新さつま芋　酢　くちなしの実　砂糖蜜（水2、砂糖1、塩微量）　レモン　グラニュー糖

❶新さつま芋は1cm弱の厚さの斜め切りにする。水にさつま芋、少量の酢、ガーゼに包んだくちなしの実を入れて火にかける。
❷きれいな黄色に色づいたら水洗いし、砂糖蜜にレモンスライスを入れてさつま芋を煮含める。
❸水分をきり、グラニュー糖をまぶして、重ならないように並べて乾かす。しばらくすると水分がにじんでくるので再びグラニュー糖をまぶす。3～4回くり返して表面を乾燥させて仕上げる。

器●金彩玉カット五寸皿

新丸十素揚げ　小倉餡

新さつま芋　サラダ油

小倉餡（大納言小豆1kg、砂糖800g、塩少量）

❶小豆餡をつくる。大納言小豆を水洗いして、小豆がつかる量の水を入れて火にかける。煮立ったらザルに上げて煮汁をきり、アク抜きする。

❷小豆を鍋に戻して2倍ほどの水を入れ、竹皮を2分の1枚ほど入れ、火にかける。沸騰したら弱火してことことと煮る。この間アクをこまめに取ったり、差し水しながら柔らかく煮る。

❸小豆が柔らかくなったら竹皮を取り出し、砂糖を入れ、塩を一つまみ入れて味を調える。小豆がひたひたになるくらいに煮詰まったら自然に冷まし、味を含ませる。供するときにもう一度温めるので煮詰めすぎず、少し柔らかめにつくっておく。

❹さつま芋は4cmほどの長さに切り、桂むきの要領でまだらに皮を残してむく。

❺竹串がすっと通るように蒸し器で蒸しておく。

❻170℃に熱したサラダ油で素揚げする。ペーパータオルで油をよくふき取り、小倉餡をかける。

器● 舟形薄呉須小鉢

葛きり

吉野葛　1

水　1.5

黒蜜＊

＊黒蜜：水900ml、黒砂糖500g、ザラメ糖150g、水あめ200gを合わせて火にかけ、一煮立ちさせて冷やしておく。

❶水と吉野葛をよく混ぜ合わせて裏漉しする。

❷バットに2～3mm厚さに流し入れる。バットの底面を熱湯につけ、白い葛水が固まってきたら、そのまま熱湯にさっと沈めて葛全体に火を通し、すぐにバットごと冷水に移して冷ます。

❸バットから外して短冊に切り、氷水に浮かせる。黒蜜を添えて供する。つくりおきはできないので、その都度つくる。

器● 白磁変形小向
祥瑞捻りぐい飲み
掻敷● 楓

梅甘露煮

梅（梅酒漬け）
砂糖蜜（水１、砂糖１）　濃口醤油

❶ここでは梅酒につけた梅を使用。梅の表面全体に針打ちをする。しわがよったものは水に浸して数日間おき、ふっくらさせてから用いる。
❷鍋に重ならないように梅を並べ、つかる程度の砂糖蜜を注いで、火にかける。
❸沸騰したら中火にしてゆっくりと煮る。煮汁が半分ほどに煮詰まったら、濃口醤油を少量加える。いよいよ煮汁が少なくなってきたら再び少量の濃口醤油を入れ、色と味を確認して、鍋をまわしながら煮詰めて仕上げる。
●前菜、弁当にも向く。

器●縁金クリスタル角小付

葛さくら

漉し餡（↓219頁菜の花１～３）
水　720ml
吉野葛　150g
砂糖　300g
桜葉（塩漬け）

❶漉し餡を１個15～20gに丸めて餡玉をつくる。
❷水、吉野葛、砂糖を混ぜ合わせて裏漉しし、鍋に移して火にかける。しゃもじで混ぜながら練り、葛が固まりはじめたら手早く混ぜる。全体が白く固まってきたら火からおろし、冷めないように湯煎にかける。
❸餡玉に❷の葛をかけてバットに並べる。
❹❸を強火の蒸し器でさっと蒸す。葛が透明になり、餡が透けて見えるようになったら取り出す。
❺霧吹きで水をかけて、粗熱をとって冷ます。塩抜きした桜葉で包む。

器●白磁小皿

ずんだ餅

枝豆　塩
砂糖蜜（水1、砂糖3）　塩水
のし餅

❶枝豆は塩ゆでしてザルに上げ、冷風で冷まして豆を取り出し、薄皮をむく。すり鉢ですり潰し、ほどよく粒々を残す。砂糖蜜で甘く味つけして、塩水少量で味を調える。
❷のし餅を一口大に切り、焼き目がつかないように焼き、湯につけて柔らかくしてから、ずんだ衣にからめる。

器● 白磁花縁菱小鉢

冷し汁粉　白玉餅

大納言小豆1kg　塩少量　砂糖400g
白玉粉

❶汁粉をつくる。大納言小豆を水洗いして、十分浸かる量の水を入れて火にかける。一煮立ちしたらザルに上げて煮汁を切り、アク抜きをする。
❷大納言小豆を鍋に戻して、2倍ほどの水を入れて、竹皮を2分の1枚入れて火にかける。竹皮を入れると小豆が早く柔らかくなる。沸騰したら弱火にしてことことと煮る。この間アクを小まめに取り、時々差し水しながら煮る。差し水（びっくり水）をすると、早く煮上がるだけでなく、豆全体が均一に柔らかくなる。
❸大納言小豆が柔らかくなったら、竹皮を取り出し、砂糖を2～3度に分けて加えて1時間ほど煮る。塩少量を入れて味を調整し、自然に冷ましたのち、冷蔵庫で冷やしておく。冷めると煮汁を含んで汁気が少なくなるので柔らかめに仕上げておく。
❹白玉粉は水少量ずつを加えて、耳たぶ程度のかたさに練る。5gほどの大きさに取って丸め、中心部に指でくぼみをつける。熱湯で3分間ほどゆでる。透明感が出てきたら、冷水にとって白玉餅をつくる。
❺冷やした汁粉を器に盛り、白玉餅を添える。

器● 菊割小吸物
太白輪花小鉢

秋

小菊

漉し餡
練り切り
食紅（黄色）

材料およびつくり方は２１９頁菜の花に準ずる。
使用する練り切りは黄色のみ。

器●引盃
掻敷●菊の葉

金時と紅芋茶巾絞り

さつま芋（金時芋、紅芋）　砂糖
漉し餡（→219頁菜の花１～３）

❶金時芋と紅芋は皮つきのまま、ぬれた新聞で包んだ上からアルミホイルで包む。オーブンで30分間蒸し焼きにして焼き芋をつくる。
❷皮をむいて別々に裏漉しして、砂糖を加えて練り混ぜる。芋の裏漉し５００gに対して砂糖50gが目安。芋の糖度により調整すること。
❸別々に10gずつに丸めて、卵のような形にして二色の芋の中央にくぼみをつける。１個10gに丸めた漉し餡を中に入れて包み込み、かたく水気を絞ったサラシで茶巾に絞る。

器●志野角小皿

栗茶巾しぼり

栗の裏漉し　５００g
和三盆　１００g
黒砂糖　10g

❶栗は鬼皮をつけたまま強火の蒸し器で15分間ほど蒸す。半分に切り、スプーンで実をかき出して裏漉しする。
❷栗の裏漉しに和三盆と黒砂糖を合わせて火にかけ、練り混ぜる。
❸１個25g程度に取り分け、かたく水気を絞ったガーゼで茶巾に絞る。裏漉しせずに粒々を残してつくってもよい。

器●織部四方三つ足小皿

栗鹿の子

栗　くちなしの実　砂糖蜜（水1、砂糖1）

漉し餡（→219頁菜の花1〜3）

艶寒天＊

＊艶寒天…水につけてふやかした寒天4分の1本をちぎって100mlの水で煮溶かし、砂糖60gを加えて、弱火で5〜6分間煮詰める。人肌に冷まして塗る。

1 栗は小ぶりのものを選ぶ。鬼皮をむき取り、渋皮を包丁で形よくむいて縦半分に切る。

2 栗を鍋に移し、水をはる。くちなしの実を砕いてガーゼに包んで入れる。栗30個に対してくちなしの実2〜3個が目安。竹串が通る程度にゆでて色づけし、流水で洗い流して水分を切る。

3 栗を鍋に移し、砂糖蜜を注いで紙蓋をし、30分間ほど煮含めて甘露煮とする。

4 漉し餡を1個12〜15gに丸めて、栗の甘露煮4切れをバランスよく餡玉に貼り合わせる。栗がはがれないように艶寒天を塗り、冷やし固める。

器● 紅葉松葉志野小皿

渋皮栗赤ワイン風味

栗　重曹

砂糖蜜（水2、砂糖1）　赤ワイン0.5

濃口醤油少量

1 栗に傷をつけないように鬼皮をむき取り、たっぷりの水に一晩つけてアク抜きをする。

2 水を取りかえて火にかけ、沸いてきたら重曹を一つまみ入れて、弱火でかためにゆでて火からおろし、自然に冷ます。

3 冷めたら水にさらして竹串などでスジや渋皮を取り除く。水をかえて再び火にかけて、煮立ってきたら弱火にして20分間ほどゆでて再び水をかえる。湯がにごらなくなるまで4〜5回くり返す。たっぷりの水に一晩つけてアク抜きをする。

4 水分を切り、蒸し器に入れて、強火で30分間蒸して水抜きする。

5 鍋に移し、栗がつかる分量の2倍の砂糖蜜を入れ、紙蓋をして30分間ほど煮含めたのち、火からおろして自然に冷ます。

6 5を3回くり返す。3回目に赤ワインを入れて煮含めて、火からおろす間際に濃口醤油少量を加えてコクを出し、自然に冷まして味を含ませる。

● 前菜、焼物のあしらい、弁当にも向く。前菜などに使用するときは甘さを控える。

器● 輪引彫小鉢

栗甘露煮ブランデー風味

栗　くちなしの実

砂糖蜜（水2、砂糖1）　ブランデー0.5

塩少量

❶栗は鬼皮をむき取り、渋皮は包丁で形よくむく。

❷鍋に移して水を注ぎ、くちなしの実を砕いてガーゼに包んで入れる。栗30個に対してクチナシの実2～3個が目安。竹串が通る程度にゆでて色づけし、流水で洗い流して水分をきる。

❸栗を強火の蒸し器で30分間ほど蒸して水抜きする。

❹鍋に移し、栗がつかる分量の2倍の砂糖蜜を入れ、紙蓋をして30分間ほど煮含めたのち、火からおろして自然に冷ます。これを3回くり返す。3回目のときにブランデーを入れて煮含め、火からおろす間際に塩少量を加えて、甘みを引き立て、自然に冷まして味を含ませる。

●前菜、焼物のあしらい、弁当にも向く。前菜などに使用するときは甘さを少し控える。

器●緑釉菊の葉小鉢

金時芋飴煮（大学芋）

さつま芋（金時芋）　サラダ油

砂糖蜜（水1、砂糖2）

黒煎り胡麻

❶さつま芋は中くらいの大きさを選び一口大の乱切りにする。

❷150℃に熱した低温のサラダ油でゆっくりと揚げる。

❸砂糖蜜を合わせて熱し、揚げたてのさつま芋を入れ、強火で煮詰めてからめる。

❹煎った黒胡麻を適量ふって、広げて冷ます。

器●紅志野小皿

銀杏　紅葉　さつま芋糖

さつま芋（紅あずま、紅芋）
くちなしの実
砂糖蜜（水1、砂糖1、塩微量）
グラニュー糖

❶紅あずまと紅芋は太いものを選び、切り口が広くなるように斜めに1cm厚さに切って、一切れでなるべく多く形取りできるようにする。
❷紅あずまは銀杏の形に、紅芋は紅葉の形に型抜きして水洗いする。
❸銀杏芋を鍋に移して水を注ぎ、くちなしの実を砕いてガーゼに包んで入れる。30個にくちなしの実3〜4個が目安。竹串が通るくらいにゆでて色づけし、流水で洗い流して水分をきる。
❹鍋に移して砂糖蜜を入れ、紙蓋をして煮る。沸騰直前に弱火にして、煮くずれないように煮含める。
❺紅葉芋は竹串が通るくらいに中火で10分間ほど蒸す。鍋に移し、砂糖蜜を注いで紙蓋をして煮る。沸騰直前に弱火にして煮含める。
❻煮含めた銀杏芋、紅葉芋の水分をよくきり、グラニュー糖をまぶして抜き板に並べる。風通しのよいところにおいて表面を乾燥させる。水分がにじんできたら再びグラニュー糖をまぶす。これを3回ほどくり返し、両面とも乾燥させて仕上げる。

器● 掛分六・五寸楽皿

冬

かぼちゃ黒豆茶巾

かぼちゃ　砂糖
黒豆蜜煮（↓277頁）

❶かぼちゃは水分の少ない、ほっこりした種類を使用。皮むき器で皮をむき、4等分に切って種を取り除く。
❷極薄く塩をして、強火で12分間ほど蒸して火を通す。熱いうちに裏漉しする。砂糖を1〜2割ほど加えて甘さを加減して練り合わせる。
❸1個25gほどの大きさに丸めて、黒豆蜜煮3粒を均等に押しつけて、かたく水気を絞ったサラシで茶巾に絞る。

器● 織部正角皿

黒豆鹿の子

黒豆蜜煮（↓277頁）
漉し餡（↓219頁菜の花１～３）
艶寒天＊
金箔

＊艶寒天：棒寒天２分の１本を水につけてふやかし、かたく絞ってちぎる。水１００mlと黒豆蜜１００mlを合わせて弱火にかけ、寒天を入れて５～６分間煮詰めて、人肌まで冷ます。

❶漉し餡を１個12ｇほどに丸める。
❷餡のまわりに黒豆蜜煮12個ほどを軽く押しつけてまとめて鹿の子をつくる。
❸黒豆の艶出しと成形のために艶寒天を２回ほど塗り、金箔を飾る。

器●色絵祝い皿

揚げ餅ぜんざい

小倉餡（↓224頁新丸十素揚げ小倉餡１～３）
のし餅　サラダ油
柚子

❶のし餅を４～５cm長さの拍子木に切る。
❷１６０℃に熱したサラダ油で形が変形しないように揚げる。
❸餅を盛りつけ、温めた小豆餡を適量かける。
❹みじん切りにした柚子皮を天盛りにする。

器●淡青釉銘々皿

お多福豆

そら豆（乾燥） 1kg 重曹30ml 塩15ml
砂糖蜜（黒砂糖200g、上白糖800g、水3リットル）
濃口醤油 15ml
芥子の実

❶大粒のそら豆を水洗いして、豆の量の5～6倍の水に2日間つけて戻す。
❷鍋に内籠を入れて、そら豆を入れる。水を豆より4～5cm上まで注ぎ、落し蓋をして重曹、塩を加えて火にかける。沸騰してきたら弱火にし、2時間ほど煮て、柔らかく戻す。この間、差し水しながら皮がはじけないように火加減をする。内籠ごと豆を引き上げ、しずかに水にさらし、皮がはじけた豆を取り除く。
❸再度鍋に内籠を沈め、❷の豆を入れて火にかける。沸騰したら弱火で10分間ほど煮る。しずかに水にさらして、再度はじけた豆を取り除く。
❹❸をもう一度くり返す。
❺❹の豆を内籠に入れて鍋に移し、豆が十分つかる程度の砂糖蜜を入れ、落し蓋をして火にかける、煮立ったら弱火にしてアクを取りながら煮る。残りの砂糖蜜を数回に分けて入れ、最後の砂糖蜜が豆の高さまで減ったら、濃口醤油を加えて、煮汁がなくなるまでしずかに煮含める。
❻器に盛り、芥子の実をふる。

器●金彩刷毛目扇面皿

粉吹き柚子皮

編笠柚子（柚子の皮、米の研ぎ汁、砂糖蜜＊）
パウダーシュガー
＊砂糖蜜：砂糖1、水1.5

❶網笠柚子をつくる。柚子は艶のある表面を、目の細かいおろし金で削り取る。縦に半分に切って、身を取り出す。
❷皮を米の研ぎ汁でゆで、甘皮のスジを取り除く。鍋に柚子を入れてたっぷりの水を注ぎ、もう一度ゆでる。
❸皮の両端を内側に包み込むように曲げて、編笠の形にし、穴あき面器に並べて20分間ほど蒸して水分を抜く。
❹水で戻した竹皮をところどころさいて鍋に敷き、❸の柚子を並べる。砂糖蜜を柚子が十分つかるくらい注ぎ、紙蓋をして火にかける。中火から弱火で煮含ませて、蜜がなくなるまで煮詰める。
❺網笠柚子にパウダーシュガーをまぶして、ほどよく乾かす。

器●金銀彩長方銘々皿

粉吹き林檎

りんご　酢
パウダーシュガー

❶蜜入りのりんごの皮をむき、12〜16等分のくし形に切る。種を取り除き、酢水で洗ったあと、オーブンに入れて20分間ほど焼き、焼きりんごをつくる。穴あきバットに移して水分をきる。

❷❶の焼きりんごにパウダーシュガーをまぶして、ほどよく乾かす。

器●朱塗り高台皿

カバー掲載料理解説

菜花芥子浸し　汲み湯葉

菜花　塩　浸け地
蕨　灰
椎茸　塩
汲み湯葉
芥子醤油（割り醤油＊、溶き芥子）

＊割り醤油…濃口醤油1、だし1。

❶菜花は塩一つまみを入れた熱湯で色よくゆでて冷水にとる。軽く絞って適宜に切る。

❷浸け地で地洗いしたのち、浸け地につける。

❸蕨をアク抜きし（↓43頁蕨寿司1）、適当な長さに切る。

❹椎茸は石突きを取り除いて、3％濃度の塩水に10分間つけて薄味をつけ、強火で焼いて薄切りにする。

❺菜花、蕨、椎茸に汲み湯葉をからめながら重ねて盛り、好みの辛さの芥子を溶き入れた芥子醤油をかける。

＊冷しおくらとろろ、苺と短冊独活については、それぞれカバー袖に記した参照頁にて解説。

第三章

野菜かいせき　野菜弁当　野菜お節

野菜料理でかいせきコース、弁当、お節を組み立てた献立事例を紹介。コースと弁当はそれぞれ春夏秋冬で１例ずつ、お節は一の皿（祝肴）、二の皿（口取・焼物）、三の鉢（煮物）とし、それぞれのつくり方を後半で解説した。季節に合わせた盛りつけや掻敷類も参考に。

春野菜かいせき

料理解説250〜254頁

［前菜・向付］
器●洗い朱長方盛り台　掻敷●しだ、桜枝
筍　蕨　木の芽味噌掛け
玉あられ
こごみ薄衣揚げ
器●筍皮盛り
田芹白和え
器●ぼんぼり小付
うるい胡麻よごし
煎り玉
器●太白桜小付

たらの芽桜の葉寿司
蓬麩田楽
野蒜ぐるぐる　田舎味噌
蚕豆みじん粉揚げ
桜長芋紫蘇酢漬け
器●黄交趾菱型小皿
蕗の薹とうふ
蕨　菜花
より野菜　おろし山葵
合せ醤油
器●筒青竹
掻敷●葉山葵

［椀］
筍桜餅　薄葛仕立て
紅白花びら野菜
桜花
器●桜花蒔絵煮物椀

［焼物］
筍　豆腐味噌味すてーき
蕨
花びら百合根
器●乾山風吉野山平向

［焚合］
春野菜旨煮
新馬鈴薯　独活　椎茸　蕨　蕗
木の芽
器●染付なずな紋蓋向

［酢物］
独活　若布　浜防風　ゼリー酢
ラディッシュ
器●かいらぎ釉舟形向付

［飯］
焼き椎茸めし釜炊き
三つ葉　油揚げ
もみ海苔
器●赤仁清刷毛目蓋付き茶碗

香物　菜花浅漬け
器●粉引き手捻り小付

夏野菜かいせき

料理解説254〜257頁

［前菜］

器●根来丸盆

掻敷●茅野輪、しだ、青紅葉、紫陽花

青梅梅酒煮

器●金彩食前酒杯

蕨とうふ

アボカド　山葵　旨だし

器●トルコブルー渦ぐい呑

胡瓜昆布締め黄身酢掛け

器●茄子形小付

花茗荷寿司

湯葉つけ焼き

蛇籠新蓮根アチャラ漬け

新丸十栂尾煮

器●舟形クリスタル珍味入れ

［椀］

にゅう麺

焼き茄子　焼き甘長唐辛子

浜防風　生姜

器●蓮花蛙煮物椀

［向付］

水無月とうふ　旨だしゼリー

山葵

器●筒青竹、白木杉板　掻敷●朴の葉

［焼物］

とまと丸焼き

ホワイトアスパラガス

粒芥子　もろへいやそーす

器●見込み丸祥瑞花形深皿

［焚合］

無花果風呂吹き　胡麻味噌掛け

三度豆

器●高麗波古紋蓋向

［酢物］

白芋茎　海そーめん掛け

新蓴菜　土佐酢

器●流水篭目沓形向付

［飯］

麦めし　湯葉餡掛け

もみ海苔　おろし山葵

器●内朱飯椀

香物　白瓜一夜漬け　谷中生姜

器●呉須小皿

秋野菜かいせき

料理解説258〜261頁

［前菜］

器●溜め塗り三つ足籠　掻敷●すすき、萩

新栗旨煮

器●いが栗　掻敷●栗の葉

柿胡麻白和え

器●柿釜

菊菜　榎木茸　菊花浸し

大葉百合根寿司

はじかみ

衣かつぎ小芋　ゆかり味

松葉刺し　新銀杏　零余子

ころ松茸床漬け

器●青竹　掻敷●里芋の葉

［椀］

名月かぼちゃとうふ

松茸　すすき芽葱

柚子

器●月見椀

［向付］

焼き茄子旨だしゼリー掛け

胡麻餡

二色菊花　生姜

器●乾山写し秋草向付

［焼物］

松茸炭火焼き

里芋　甘長唐辛子

酸橘醤油

器●乾山写し菊向付、菊彫三つ足小皿

七輪焜炉

［焚合］

菊花百合根　菊花餡掛け

軸三つ葉

器●ペルシャ釉四方鉢

［揚物］

里山薄衣揚げ

舞茸　あけび　柿

かぼす　旨塩

器●溜高盃木の葉小付、黄交趾

［止椀］

滑子茸味噌汁

葱

器●溜塗り小吸物

［飯］

秋の実おこわ　竹皮蒸し

軸三つ葉　松茸　銀杏　零余子

器●赤絵膳形長皿

香物　かぶ松前漬け

器●染付小判菊小皿

冬野菜かいせき

料理解説262〜265頁

［先付］

柚子膾
萵苣薹　独活　金時人参
柚子　岩茸

器●九谷吉田屋五・三寸皿、葉付柚子釜

［前菜］

器●樽板根来塗

壬生菜煮浸し
刻み柚子

器●色絵高台小付

岩茸白和え

器●黄瀬戸瓢小付

かぶら押し寿司
山牛蒡紫蘇巻き揚げ
せろりアチャラ漬け

器●染付木の葉小付

［椀］

かぼちゃすり流し
揚げきりたんぽ
軸三つ葉　山葵

器●椿蒔絵椀

［向付］

カリフラワーとうふ
カリフラワー
より人参　錨防風
山葵　割り醤油

器●黒織部日月筒向

［焼物］

自然薯すてーき
下仁田葱
糸賀喜　洗い葱　山葵

器●木の葉鉄鍋、飛騨焜炉

［箸休］

苺と短冊独活
塩ドレッシング

器●織部志野向付

［焚合］

粟麩白菜巻き薄葛煮
小松菜
針柚子

器●染付鹿紋蓋向

［止椀］

赤だし
粉山椒　千六本　油揚げ

器●小吸物椀

［飯］

百合根釜めし
梅干し
芹

器●三島飯碗

香物　かぶら柚香漬け　塩昆布

器●葦絵小皿

春野菜弁当

料理解説265～267頁

器●白竹丸籠　掻敷●はらん

［向付］
菜花と青大豆湯葉
紅白花びら野菜
山葵　割り醤油
器●黄交趾菱小皿

［口取］
蒟蒻白和え
軸三つ葉
器●乾山写し吉野山小付
筍木の芽田楽
はじかみ
筍桜の葉寿司
新馬鈴薯旨煮　青竹串刺し
卯の花　叩き木の芽
蕨薄衣揚げ
独活甘酢漬け

［焚合］
筍　若布　蕗
木の芽
器●染付角小皿

［飯］
ちらし寿司
錦糸玉子　椎茸甘露煮
土筆　桜花塩漬け　三つ葉
筍　黒豆　蕗当座煮　蕨
花びら百合根　木の芽
香物　野沢菜　生姜酢漬け

夏野菜弁当

料理解説268～270頁

[向付]
あぼかど　叩き長芋掛け
花付胡瓜　紫蘇　山葵
割り醤油
器●菊つなぎ紋反形角向付
染付渕さび堤形猪口

[飯]
玉蜀黍めし
軸三つ葉
器●呉須渦流し小蓋向
香物　淡竹当座煮
青唐辛子焼き浸し
器●古染釉草花角小皿

[口取]
器●青竹　掻敷●熊笹
胡瓜雷干し　白芋茎
黄身酢掛け
器●篭目切り子珍味入れ
新蓮根笹の葉寿司　花山椒
青竹串刺し
ホワイトアスパラ　みじん粉揚げ
もろ胡　山桃
水茄子赤味噌田楽
谷中生姜酢漬け
夏茗荷薄衣揚げ
青梅甘露煮

[焚合]
冬瓜揚げ煮　胡麻餡掛け
かぼちゃ　五三竹　拍子木人参
蚕豆青煮
掻敷●つわぶき

秋野菜弁当

料理解説271～273頁

［椀］
翡翠茄子　松茸
菠薐草軸菜
酸橘
器●五穂萩椀

［向付］
枝豆とうふ
枝豆　もって菊
山葵　割り醤油
器●変形菊形向付

［焚合］
菊花かぶら胡麻味噌射込み
菊花餡掛け
湿地茸　菊菜
柚子
器●御本手黄割小鉢

［口取］
器●赤絵縁高角切盛り鉢
網茸当座煮　芥子の実
器●黄交趾木の葉小付
舞茸竜田揚げ
松茸薄衣揚げ
蓮根くわ焼き
石川芋二色胡麻揚げ串刺し
焼き目栗
新銀杏松葉刺し
秋茗荷甘酢漬け

［飯］
栗めし　銀杏物相
黒胡麻　軸三つ葉
香物　茄子芥子漬け

冬野菜弁当

料理解説274～276頁

器●白木絵馬形重箱　掻敷●裏白

絵馬二段重ね弁当

上段

［向付］

柚子胡麻とうふ

芽甘草

山葵　醤油餡掛け

器●柚子釜

［口取］

紅白祝い膾

結び昆布　大根　人参

松の実　煎り胡麻

器●内金高台盃

海老芋西京焼き

干し柿百合根射込み

山牛蒡真砂焼き

蕗の薹薄衣揚げ田楽

大葉百合根　梅肉

黒豆　草石蚕　松葉刺し

下段

［焚合］

丸大根　新取菜　鈴慈姑

角人参　管山牛蒡　早蕨

針柚子

器●朱塗り銘々皿

［飯］

紅白俵物相

赤飯　白飯

胡麻塩

香物　西瓜奈良漬け

野菜お節

料理解説277〜284頁

一の皿

[祝肴]

器●洗い朱輪花形大皿

掻敷●裏白、南天、笹、ゆずりは

紅白膾

結び昆布　松の実　胡麻　大根

人参

器●竹小鉢

黒豆蜜煮

紅白草石蚕甘酢漬け

器●竹小鉢

栗きんとん

つくばね　玉あられ

器●竹小鉢

豆腐味噌漬け

やさい手綱寿司

かぶ　赤黄パプリカ　軸三つ葉

器●竹皿

寄せ湯葉刺し身

芽甘草　錨防風　山葵

割り醤油

閑山寺麩旨煮

芽甘草　防風　山葵

器●竹皿

松茸旨煮

笹巻き麩

青梅蜜煮

あんず梅紫蘇風味漬け

萵苣薹酒粕漬け

鈴慈姑

干し柿百合根射込み

青味大根　もろ味噌

紅白やさい酢漬け松葉刺し

結び大王松

二の皿

[口取・焼物]

器●染付転写　時代物

掻敷●南天、菊の葉、ゆずりは

胡桃甘露煮

芥子の実

器●柚子釜

山くらげキンピラ

煎り胡麻

器●柚子釜

勾玉海老芋西京焼き

花蓮根酢漬け

はじかみ

器●竹皿

海老芋柚香焼き

カリフラワーアチャラ漬け

はじかみ

器●竹皿

菊花かぶら酢漬け

一寸豆艶煮

太鼓長芋龍田揚げ

花百合根甘煮　梅肉

八つ橋山牛蒡胡麻たれ焼き

大葉百合根松の実焼き

湯葉と牛蒡の八幡巻き

葉付き金柑甘露煮

のし梅　酒粕博多揚げ

叩き酢牛蒡

紅白梅花やさい酢漬け

三の鉢

[煮物]

器●仁清意　色絵俸縞鉢　陶哉造

里芋　花蓮根　芽慈姑　松笠慈姑

筍　梅人参　勝栗　管牛蒡　椎茸

有平蒟蒻　手まり麩　早蕨　菜の花

梅麩　蕗青煮

松葉柚子

春野菜かいせき

カラー236〜237頁

［前菜］

筍　蕨　木の芽味噌掛け

筍　米糠　たかのつめ　八方だし（↓28頁）
蕨　灰　八方だし
木の芽味噌（玉味噌＊、木の芽100g、青寄せ適量）
玉あられ

＊玉味噌…白味噌1kg、酒180ml、味醂360ml、砂糖100gを合わせて火にかけ、弱火で30〜40分間練る。卵黄は仕上がる5〜6分前に入れる。湯煎で練ってもよい。裏漉しして使用する。

❶筍のアクを抜く。筍は皮つきのまま穂先を斜めに切り落とし、皮に縦に切り込みを入れて、米糠、たかのつめを加えた水で1〜3時間ほどゆでる。大きさに合わせて時間を調節すること。根元に串がすっと入ったらゆで上がり。火をとめてそのまま冷まし、アクを抜く。冷めたら絹皮（姫皮）を残して皮をむき、きれいに洗って冷水につけておく。
❷蕨をアク抜きする（↓43頁蕨寿司1）。
❸それぞれ適宜に切り、八方だしで一煮立ちさせ、鍋ごと冷水に一晩つけて下味をつけておく。
❹木の芽味噌をつくる。木の芽をすり鉢ですり、玉味噌をすり混ぜ、青寄せを適量混ぜて、淡い緑色に仕上げる。
❺竹皮に筍、蕨を盛りつけ、木の芽味噌をかけて、玉あられを天に盛る。
●先付、箸休めにも。

こごみ薄衣揚げ

こごみ
天ぷら薄衣＊
天ぷら油　旨塩

＊天ぷら薄衣…ふるった薄力粉180gに、卵黄1個を溶きほぐした冷水360mlを入れて合わせる。さーっと下に流れ落ちるくらい薄くする。

❶こごみは3〜4cm長さに切る。
❷170℃に熱した天ぷら油に、天ぷら薄衣をつけて入れ、180℃まで温度を上げて、からっと揚げて旨塩をふって、盛りつける。
●先付、揚物、弁当にもよい。

田芹白和え

田芹　塩　浸し地＊（↓28頁）
白和え衣＊

＊白和え衣…木綿豆腐10を昆布湯で煮立たせないようにゆでて、サラシで包み、抜き板ではさんで重しをし、3時間ほどおいて水きりをする。これを裏漉しする。白胡麻1をよく煎り、すり鉢で油が出るまですり潰し、裏漉しした豆腐を混ぜる。砂糖蜜（水180ml、砂糖450g）、塩水（水180ml、塩50g）、淡口醤油各少量で味を調えたのち、羽二重漉しをする。必要に応じてだしでのばして、かたさと味を調える。

❶田芹はよく水洗いして、塩を入れた熱湯でゆでて冷水にとる。
❷水気をきって、地洗いしてから浸し地に1時間ほどつける。水気をきり、3cm長さに切りそろえて白和え衣で和える。
●先付、箸休め、弁当にもよい。

うるい胡麻よごし

うるい　塩　浸し地＊（↓28頁）
切り胡麻
煎り玉＊

＊煎り玉…卵黄5個を鍋に入れて塩少量を加えて薄味に調える。割り箸を5〜6本束ねてかき混ぜながら一気に火を入れて裏漉しする。鍋に移して湯煎にかけ、束ねた割り箸で混ぜながらふんわりと仕上げる。ゆで玉子の卵黄を裏漉しするよりも、艶よく仕上がる。

❶うるいは水洗いして、塩を入れた熱湯でゆでて冷水にとる。
❷水気をきって、3cm長さに切り、地洗いしてから浸し地に1時間ほどつけて味を含ませる。

❸うるいを浸し地から上げて切り胡麻で和える。
❹器に盛り、浸し地を注ぎ、煎り玉を天盛りにする。
●先付、箸休め、焚合にもよい。

たらの芽桜の葉寿司

たらの芽　天ぷら油　塩
寿司飯＊　白煎り胡麻
おろし山葵
桜葉（塩漬け）

＊寿司飯：米1.8リットルを炊き、寿司酢を切り混ぜる。寿司酢は酢180mlに砂糖100g、塩40gを混ぜ合わせる。

❶たらの芽は枝つきのかたい部分を取り除き、170℃に熱した天ぷら油で素揚げにし、ペーパータオルで油をきって塩をふる。
❷寿司飯に白煎り胡麻を混ぜる。
❸たらの芽におろし山葵をつけて、寿司飯でにぎり寿司をつくり、塩抜きした桜葉で包む。
●凌ぎ、弁当にも向く。

蓬麩田楽

蓬麩　サラダ油
蕗のとう味噌＊

＊蕗のとう味噌：蕗のとうを170～180℃のサラダ油で揚げ、熱湯をたっぷりかけて油抜きをする。水分を絞って粗く刃叩きした蕗のとう150gに田舎味噌500g、酒180ml、味醂90ml、砂糖50gを合わせて火にかける。弱火で20分間ほどかけて練り上げる。

❶蓬麩は一口大の小角に切り、160℃に熱したサラダ油で形が変形しないように揚げる。
❷蕗のとう味噌を適量塗り、味噌をこがさないように注意して、天火の弱火で焼く。
●弁当、大きくつくって焼物にも。

野蒜ぐるぐる　田舎味噌

野蒜　塩
田舎味噌

❶野蒜は根を切り落として、きれいに水洗いして熱湯でゆでる。ザルに上げて軽く塩をふって冷ます。
❷野蒜の球根から4～5㎝のところで茎を折り曲げて、端からきれいにぐるぐると隙間なく巻いていく。
❸田舎味噌を添える。
●先付、焼物のあしらいにもよい。

蚕豆みじん粉揚げ

そら豆
薄力粉　卵白　みじん粉（新挽粉）
サラダ油　塩

❶そら豆はサヤから取り出して薄皮をむく。
❷卵白をガーゼで絞ってコシをきる。
❸そら豆の半分の部分に薄力粉をつけ、❷の卵白にくぐらせて、みじん粉をつける。
❹160℃に熱したサラダ油で❸のそら豆を揚げて和紙に取り、油をふき取って塩をふる。
●揚物、弁当にも向く。

桜長芋紫蘇酢漬け

長芋
合せ酢（水3、酢1、砂糖1、塩少量）
梅紫蘇

❶長芋を金切り用ノコギリで5～6㎜厚さに切る。
❷抜き型で桜花に抜き、水洗いする。水分をふき取り、合せ酢につけ、梅紫蘇を少量加えて、淡い色をつける。
●弁当、焼物、酢物のあしらいにも。

［向付］

蕗の薹とうふ

蕗の薹とうふ（蕗のとう50g、白煎り胡麻180ml、昆布だし1080ml、酒90ml、吉野葛150g、砂糖、塩、淡口醤油各少量）
蕨　灰　八方だし
菜花　塩
おろし山葵　人参　独活
割り醤油（だし2、濃口醤油1）

❶蕗の薹とうふをつくる。蕗のとうは、160℃に熱したサラダ油（分量外）で素揚げしたのち、熱湯をかけて油抜きし、包丁で細かく刃叩きする。
❷白煎り胡麻をすり鉢でクリーム状になるまでよくする。クリーム状になったら昆布だしで少しずつのばし、酒、吉野葛をすり混ぜる。砂糖、塩で薄味をつけて裏漉しする。
❸鍋に移し、中火で30～40分間練る。練り上がる少し前に、刃叩きした蕗のとうを混ぜて5分間ほど練る。最後に淡口醤油少量で味を調える。
❹流し缶に流し、乾かないようにぬれたサラシをかぶせ、水を少量加えて冷し固める。
❺蕗の薹とうふをほどよい大きさに切り出し、青竹の節つき台に葉山葵

を敷いて盛りつける。蕨（↓43頁蕨寿司1～2）、塩ゆでした菜花をあしらい、おろし山葵を添える。別に割り醤油を添える。より野菜で飾る。

●先付にもよい。

[椀]

筍桜餅　薄葛仕立て

筍　米糠　たかのつめ　吸地八方だし（↓28頁）
道明寺（道明寺粉1、吸地八方だし1、食紅ごく少量）
桜葉（塩漬け）
吸地（↓28頁）　吉野葛　淡口醤油　酒
人参　うど　吸地八方だし
桜花（塩漬け）

❶筍のアクを抜く。筍は皮つきのまま穂先を斜めに切り落とし、皮に縦に切り込みを入れて、米糠、たかのつめを加えた水で1～3時間ほどゆでる。大きさに合わせて時間を調節すること。根元に串がすっと入ったらゆで上がり。火をとめてそのまま冷ましてアクを抜く。冷めたら絹皮（姫皮）を残して皮をむき、きれいに洗って冷水につけておく。

❷筍の穂先の部分を使用する。椀に合わせて1㎝弱の厚さの短冊に切る。吸地八方だしで煮て味をつける。

❸道明寺粉を戻す。道明寺粉をさっと水洗いして水分をきり、同量の吸地八方を温めて混ぜ合わせ、食紅少量で桜色に色づけしてラップで密封しておく。冷めたら布巾に包んで強火で20分間ほど蒸す。冷めたら軽く練り、ほどよい粘りを出し、椀に合わせた大きさに丸めて❷の筍ではさみ、塩抜きした桜葉で包む。

❹あしらいの紅白花びら野菜をつくる。うど、人参を花びらに形取ってむく。うどは水洗いして水につけておく。人参は吸地八方だしでさっと煮て下味をつけておく。桜花は、水洗いして、ほどよく塩抜きしておく。

❺❸の筍桜餅を蒸し器で充分温めて椀に盛り、紅白花びら野菜、桜花を盛りつけ、吸地に水溶き吉野葛を薄く溶き入れ、淡口醤油、酒で味加減して椀に注ぎ入れる。

[焼物]

筍　豆腐味噌味すてーき

木綿豆腐
筍　米糠　たかのつめ
蕨　灰
塩　胡椒　薄力粉　サラダ油　酒
合せ味噌だれ（赤田楽味噌＊100g、白すり胡麻30g、濃口醤油5㎖、ラー油適量）
百合根　塩　砂糖蜜（水1、砂糖1）
梅紫蘇

＊赤田楽味噌：赤味噌1㎏、酒360㎖、味醂180㎖、砂糖500～400gを合わせて火にかける。弱火で30～40分間練る。仕上がる5分前に、溶きほぐした卵黄5個を入れて練り上げる。

❶筍はゆでてアク抜きする。ほどよい大きさに切っておく。

❷木綿豆腐はほどよい大きさに切り、抜き板にのせ、斜めにして1時間ほどおき、水きりしておく。

❸蕨は灰でアク抜きして、4～5㎝長さに切る。

❹花びら百合根をつくる。百合根を水洗いして根を取り除き、1枚ずつ外す。形のよいものを花弁の形にむく。火の通りが異なるので、大小に分けるとよい。穴あき面器に並べて薄塩をし、ぬらしたサラシをかけて、中火でかために蒸す。

❺鍋に移し、砂糖蜜を注ぎ、紙蓋をして沸騰させないくらいの火加減で火を通し、鍋ごと冷水につけて冷ます。沸騰させたり煮すぎると百合根がくずれる。ここに梅紫蘇を入れて薄く色づけし、花びら百合根とする。

❻準備した筍、豆腐、蕨に薄く塩、胡椒する。筍、豆腐には薄力粉を軽くつけ、余分な粉をおとしておく。フライパンにサラダ油をひき、筍、豆腐の両面をこんがりと焼く。あとから蕨を入れてさっと焼き、酒をふりかけ、香りづけしてアルコール分を飛ばす。合せ味噌だれを適量加えて味を調える。器に盛りつけ、花びら百合根をあしらう。

●合肴にもよい。

［焚合］

春野菜旨煮

新じゃが芋　八方だし（だし20、味醂1、塩少量、淡口醤油0.5）追がつお
うど　酢　塩八方だし（だし16、味醂1、塩）追がつお
椎茸　八方だし（だし12、味醂1、淡口醤油1）
蕨　灰　八方だし（だし10、味醂1、淡口醤油1）追がつお
蕗　塩　吸地八方だし（↓28頁）追がつお
木の芽

❶新じゃが芋は天地を切りそろえて皮をむく。水洗いして水分をきる。追がつおをした八方だしで煮て味を含ませる。

❷うどは4㎝長さの篠にむき、酢水につけてアク止めする。または薄いミョウバン水に1時間ほどつける。削りがつおをガーゼに包んでうどをはさみ、塩八方だしで歯応えが残るように煮上げて、鍋ごと冷水につけて冷ます。

❸椎茸は石突きを取り、鍋に移して、椎茸の半分量ほどの八方だしを注ぎ、上下返しながら煮る。だしを少なくすることで味を凝縮させる。

❹蕨をアク抜きする。熱湯に1割の灰を入れて蕨をゆで、水にさらしてアク抜きをする。八方だしを火にかけ、煮立ったら蕨を入れて一煮立ちさせる。鍋ごと冷水につけて冷まし、追がつおをし、2～3時間おいて味を含ませる。

❺蕗は鍋に入る長さに切って水洗いする。軽く塩もみしてから、熱湯を沸かし、強火で色よくゆでる。すぐに水にとり、皮をむく。

❻吸地八方だしを火にかけ、煮立ったら、蕗を入れて一煮立ちさせる。ザルに上げてあおいで冷ます。煮汁も冷まし、ともに冷めたら、蕗を煮汁に戻して、ガーゼに削りがつおを包んで煮汁につけて、2～3時間おいて味を含ませる。

❼蕨と蕗は器に合わせて切る。

❽それぞれ温め、器に盛りつけて木の芽を天盛りにする。

●先付、預け鉢にも向く。

［酢物］

独活　若布　浜防風　ゼリー酢

うど　酢
生わかめ
浜防風　塩
土佐酢（↓28頁）
ゼリー酢＊
ラディッシュ

＊ゼリー酢：合せ酢（だし10、酢1、淡口醤油1、味醂1を合わせて一煮立ちさせて追がつおして冷まし漉したもの）900mlを火にかけ水でふやかした板ゼラチン10gを煮溶かし冷やして固めておく。よく混ぜてから使用する。

❶うどは4㎝長さの短冊に切り、酢水で洗ってアク止めしておく。

❷生わかめのかたい茎を切り落とす。熱湯にさっとくぐらせて色出しして冷水にとる。食べやすく切る。

❸浜防風は熱湯で霜降りしてザルに上げ、軽く塩をふって、冷風で冷まし、3㎝長さに切る。

❹うど、わかめ、浜防風を適量ずつ混ぜ合わせ、土佐酢で和えて器に盛る。ゼリー酢をかけて、スライスしたラディッシュを添える。

●先付、前菜、箸休めにも向く。

［飯］

焼き椎茸めし釜炊き

米　合せだし（昆布だし18、酒1、淡口醤油1）
椎茸　塩　油揚げ
三つ葉
もみ海苔

❶米は洗米してザルに上げ、ぬれ布巾をかけて30分間ほどおく。

❷椎茸は石突きのかたい部分を取り除き、米の4割量を用意する。3％の塩水に30分間ほどつける。水分をきり、軽く網焼きして、粗く切る。油揚げは椎茸の1割量を用意して、あられに切る。

❸釜に洗米した米を入れ、合せだし

を米の量の1.2～1.3倍量入れる。焼き椎茸と、刻んだ油揚げを入れて、火にかけて炊飯する。

❹吹き上がってきたら、吹きこぼれない程度の火加減にして10分間炊く。弱火にしてさらに3分間ほど炊き、火をとめて10分間蒸らす。

❺提供時に、色よくゆでた軸三つ葉ともみ海苔を散らす。

[香物]

菜花浅漬け

菜花　塩　昆布

濃口醤油

❶菜花は水洗いして3～4㎝長さに切る。菜花の量の6％の塩をふり、よく混ぜる。重しをして3日ほどおき、荒漬けする。さっと水洗いして塩分を適量抜き、ザルに上げて水分をきる。

❷昆布を3㎝幅に切って適量混ぜ、軽く塩をふり、味加減して軽い重しをして1日つける。

❸提供時、少量の醤油で味を調える。好みで一味唐辛子少量と隠し味に昆布茶を使用してもおいしい。

夏野菜かいせき

カラー238～239頁

[前菜]

青梅梅酒煮

青梅　ミョウバン

食用色素（緑、黄色）

砂糖蜜（水3、砂糖1）

ホワイトリカー（分量の15％）

❶青梅の皮を薄くむき、青梅の重量の3％のミョウバンを溶かした水に2時間つける。

❷青梅を鍋に移し、たっぷりの水を注ぎ、食用色素を加えて（青梅の色が飛ばない程度に色づけする）、火にかける。90℃になったら火からおろし、密封して余熱で火を通す。冷めたら火が通った梅は取り出し、かたい梅はもう一度くり返す。火が通ったら青梅がかぶる程度の水を注ぎ、一晩寝かせて酸味をほどよく抜く。

❸砂糖蜜に❷の青梅を入れ、紙蓋をして火にかけ、90℃になったら火をとめて、自然に冷ます。冷めたら同じ作業を3回くり返し、3度目に火をとめたら、ホワイトリカーを加えて自然に冷まし味を含ませる。

●食前酒、お通し、箸休めに。

蕨とうふ

蕨とうふ（昆布だし6、酒0.5、蕨粉1、砂糖、塩、淡口醤油各少量）

旨だしゼリー＊

アボカド

おろし山葵

＊旨だしゼリー：合せだし（だし10、味醂0.5、濃口醤油1）900㎖を火にかける。ここに水で戻した板ゼラチン10gを入れて溶かす。容器に移して冷やし固める。

❶昆布だし、酒、蕨粉を混ぜ合わせ、砂糖、塩、淡口醤油各少量を加えて薄味をつけ、水嚢で漉して、鍋に移す。

❷中火で30～40分間ほど練ったのち、流し缶に流して、乾かないようにぬれたガーゼをかぶせ、水を流して冷やし固める。

❸角に切り出し、器に盛る。天にアボカドとおろし山葵を盛り、旨だしゼリーをかける。

●味をつけずに水で練って、黒蜜、黄粉をかけて甘味にしてもよい。

胡瓜昆布締め黄身酢掛け

胡瓜　塩　昆布

黄身酢＊

＊黄身酢：卵黄6個、酢90㎖、味醂90㎖、塩少量、吉野葛10㎖をすべて合わせてよく混ぜ、湯煎にかける。茶先で混ぜながら練り、マヨネーズくらいのかたさに

なったら、冷ます。

❶胡瓜は太いものを用意して、塩ずりして水洗いする。両端を落として二等分にし、打ち抜きで種を抜く。抜いた穴に割り箸を入れて回しながらきれいに種を取り除く。3％濃度の塩水に30分間つける。

❷種を抜いた穴に、細く切った昆布を差し込む。両面を昆布ではさみ、軽い重しをして一晩昆布締めする。

❸一口大に切り、黄身酢をかける。

●先付、酢物、香物に。

花茗荷寿司

花茗荷　なます用甘酢（↓28頁）
寿司飯＊　白煎り胡麻
吉野酢＊
おろし山葵

＊寿司飯：酢180mlに砂糖100g、塩40gを加えて寿司酢をつくる。米1.8リットルを炊き、寿司酢全量を切り混ぜる。

＊吉野酢：だし8、寿司酢1を合わせて火にかけ、適量の水で溶いた吉野葛を加えてとろみをつける。

❶花茗荷は外側の赤い部分を外して、これを熱湯にさっとくぐらせて、甘酢につける。

❷寿司飯に白煎り胡麻を適量混ぜる。

❸茗荷の水気をきり、おろし山葵をつけて寿司飯を包んで花茗荷の形をつくり、上に吉野酢を薄く塗って仕上げる。

●凌ぎ、弁当に向く。

湯葉つけ焼き

寄せ湯葉
たれ＊（酒2、味醂6、濃口醤油3）
サラダ油

＊たれ：酒、味醂を合わせて強火にかけ、煮切ったあと濃口醤油を加えて加熱する。

❶寄せ湯葉は器に合わせて高さ2.5cm、幅3cmに切る。たれにからめて1分間おいて味をなじませる。

❷アルミホイルに薄くサラダ油を塗り、上に湯葉をおいて天火で焼く。

❸途中3〜4回たれを塗りながら仕上げる。切り出して盛りつける。

●先付、焼物、折詰にもよい。

蛇籠新蓮根アチャラ漬け

新蓮根　酢　塩
なます用甘酢（↓28頁）　爪昆布　たかのつめ

❶新蓮根は皮をむき、1.5cm厚さの斜め切りにして縦半分に割る。角を丸くとり、蛇籠にむく。

❷熱湯に酢少量を加え、歯応えが残るようにさっとゆで、ザルに上げ、塩を少量ふって冷ます。甘酢に爪昆布と種を取り除いたたかのつめを入れて一晩つけ込む。

❸くるりと巻いて盛りつける。

●焼物のあしらい、酢物、弁当に向く。

新丸十栂尾煮

さつま芋　酢　くちなしの実
砂糖蜜（水2、砂糖1、塩微量）
レモンスライス

❶さつま芋は1cm弱ほどの厚さの輪切りにする。鍋にさつま芋を入れ、水と少量の酢、ガーゼに包んだくちなしの実を加えて火にかける。

❷色づいたら取り出し、さっと水洗いする。

❸これを鍋に移し、砂糖蜜を注ぎ、レモンスライスを入れて紙蓋をし、火にかけて煮含める。さつま芋1kgに対してレモン1個程度が目安。酸味を強めに効かせる。

●弁当、グラニュー糖をまぶして乾かして甘味に。

［椀］

にゅう麺

茄子　吸地八方だし（↓28頁）
甘長唐辛子　塩
浜防風　塩
素麺　塩
吸地（↓28頁）

❶茄子を直火焼きする。まわりがこんがり焼けたら、熱いので指を水につけながら皮をむく。ただし、茄子は水っぽくなるので水につけないようにする。吸地八方だしでさっと火を入れて下味をつけておく。

❷甘長唐辛子に隠し包丁を入れてしんなりと焼き、薄塩をふっておく。

❸浜防風は塩を入れた熱湯で霜降りして、ザルに上げ、薄塩をふる。

❹素麺10gを取り分け、片方の端を輪ゴムで結わき、塩一つまみを入れた熱湯で少しかためにゆでて、すぐ冷水にとり、もみ洗いする。

❺すべての材料を温めて椀に盛りつけ、吸地をはる。素麺は温めたのち、

輪ゴムごと切り落とし、端をそろえて盛りつけする。

●素麺の量を増やしてご飯替りにも。

［向付］

水無月とうふ　旨だしゼリー

水無月とうふ（白煎り胡麻2、昆布だし6.5、酒0.5、吉野葛1、砂糖、塩、淡口醤油各少量、大納言小豆）
合せだし
旨だしゼリー＊
おろし山葵

＊旨だしゼリー：合せだし（だし12、味醂0.5、濃口醤油1）900mlを熱し、水で戻した板ゼラチン10gを溶かし、容器に移して冷やし固める。

❶水無月豆腐をつくる。大納言小豆は水洗いして、かぶるくらいの水を注いで火にかけ、ゆでこぼして渋切りをする。再び鍋に竹の皮を敷いて水を注いで火にかけ、途中4～5回差し水をしながら2～3時間弱火で煮る。

❷白煎り胡麻をすり鉢でよくすり、昆布だしで少しずつのばし、酒、吉野葛を加えてよく混ぜ、水嚢で漉す。

❸鍋に移して砂糖、塩で薄味をつけて火にかける。最初は強火で練り、固まりはじめたら弱火にして手早く混ぜる。混ざったら中火にして30～40分間練り、淡口醤油で味を調えて流し缶に流す。

❹大納言小豆を温めて上に散らす。水でぬらしたサラシをかけて軽く押さえて大納言を落ち着かせる。さらに水少量（表面が乾かない程度の分量）を流し、自然に冷ます。

❺三角形に切り出し、旨だしゼリーをかけて、おろし山葵を添える。

●先付、前菜、椀盛にも向く。

［焼物］

とまと丸焼き

ホワイトアスパラガス　塩
モロヘイヤ　塩
トマト　塩　胡椒　サラダ油
白ワイン　濃口醤油
粒芥子

❶ホワイトアスパラガスは根元のかたい部分の皮をむき、塩を入れた熱湯でゆでる。根元にすっと竹串が通るくらい柔らかくなったら、そのまま自然に冷ます。5～6㎝長さに切りそろえて、薄塩をする。

❷モロヘイヤは塩を入れた熱湯でゆでる。冷水で冷やし、水分をきって細かく刻んでおく。

❸トマトは皮つきのまま、果汁がでない程度のところでそろえて天地を切る。塩、胡椒をふり、サラダ油をひいたフライパンで蓋をして両面を焼く。

❹途中でホワイトアスパラを入れる。白ワインをふりかけ、濃口醤油で味を調整する。

❺焼き汁に、❷のモロヘイヤを入れてソースをつくる。トマト、ホワイトアスパラを盛りつけ、ソースをかけて粒芥子を添える。

●合肴としてもよい。

［焚合］

無花果風呂吹き　胡麻味噌掛け

いちじく
天ぷら薄衣＊　サラダ油
三度豆（さやいんげん）　塩
吸地八方だし（↓28頁）
胡麻味噌＊

＊天ぷら薄衣：ふるった薄力粉180gに、卵黄1個を溶きほぐした冷水360mlを入れて合わせる。さーっと下に流れ落ちるくらい薄くする。

＊胡麻味噌：玉味噌（白味噌1kg、酒180ml、味醂360ml、砂糖50gを合わせて火にかける。弱火で30～40分間かけて練り上げる。卵黄5個は仕上がる5～6分前に入れる。裏漉しして使う）200gに白あたり胡麻60gを混ぜ合わせ、だしで濃度を調整する。

❶いちじくは天地を切り落とす。皮つきのまま、天ぷら薄衣をつけて150～160℃の低温のサラダ

油で揚げる。

❷三度豆はスジ無しを使用。塩を入れた熱湯でゆで、冷水にとる。切りそろえて、吸地八方だしでさっと煮立てて、鍋ごと冷水で冷まし、下味をつけておく。

❸いちじくを器に盛りつけ、温めた胡麻味噌をかけて三度豆を添える。

●先付、合肴にもよい。

[酢物]

白芋茎　海そーめん掛け

白ずいき（↓50頁おくら和え1〜3）
海そーめん（塩漬け）
新じゅんさい
土佐酢（↓28頁）　生姜

❶白ずいきは吸地八方だしで味を含めておく。

❷海そーめんは水洗いしてほどよく塩分を抜く。目の細かいザルに入れ、ザルごと70℃の湯につけてさっと箸で混ぜて色出しして冷水にとる。水分をきり7〜8cm長さに切る。

❸新じゅんさいは熱湯にくぐらせて色出しして冷水にとる。ザルに上げ水分をきっておく。

❹白ずいきの水分をきり、5〜6cmの長さに切りそろえる。器に盛り、海そーめんを盛りつける。新じゅんさいを適量散らし、露生姜を落とした土佐酢を適量かける。

●先付、箸休め、小付に入れて前菜に。

[飯]

麦めし　湯葉餡掛け

米10
押し麦3
湯葉餡（だし、塩適量、吉野葛、汲み湯葉適量、淡口醤油少量、酒少量）
もみ海苔　おろし山葵

❶米に押し麦3割を混ぜる。水洗いしてザルに上げ、ぬれ布巾をかけて30分間おく。普通のご飯を炊く要領で炊き上げる。

❷湯葉餡をつくる。だしに吸物より少し濃いめの塩味をつけ、水溶き吉野葛でとろみをつける。汲み湯葉を入れて、淡口醤油、酒で味を調えて湯葉餡とする。

❸麦めしを盛り、湯葉餡をかけて、もみ海苔、おろし山葵を添える。

[香物]

白瓜一夜漬け　谷中生姜

白瓜　塩　昆布
谷中生姜　はじかみ用甘酢（↓28頁）

❶白瓜は縦半分に割り、種を取り除く。塩ずりして1時間ほどおき、塩をなじませる。漬物容器に白瓜と昆布適量を入れる。2%の塩水を白瓜の3分の1の高さまで注ぎ、重しをして一晩つける。

❷谷中生姜は布巾でしごいて薄皮をこそげ落とす。軸を持って熱湯に根の部分だけをつけてさっとゆでる。全体を熱湯に入れて、軸の部分が赤くなったらザルに上げて冷まし、甘酢につける。甘酢の塩分は漬物なので少し多めに。

●先付、前菜に。

秋野菜かいせき

カラー240～241頁

［前菜］
新栗旨煮

新栗
だし8　味醂1　塩、淡口醤油各少量
追がつお

❶新栗の鬼皮をむき取り、渋皮は包丁で形よくむく。水洗いして水分をふく。
❷鍋に移し、分量のだしを注ぎ、ガーゼで包んだ追がつおをして火にかける。煮立ったら味醂を入れて栗が煮くずれないように弱火で煮る。
❸塩少量で味つけし、炊き上がり直前に香りづけの淡口醤油を少量落として火からおろして自然に冷ます。
❹新栗は出始めの採れたてならば、くちなしの実で色づけせずに、直炊きして自然の色と風味を生かす。
❺栗のイガは形よくはじけたものを選び、ゴム張りの軍手をはめてハサミでトゲをそろえて切っておく。
●先付、焚合、弁当に。

柿胡麻白和え　柿釜盛り

柿
胡麻白和え衣＊　だし
三つ葉

＊胡麻白和え衣：白みがき胡麻3をよく煎り、すり鉢ですって、木綿豆腐10をすり合わせる。砂糖蜜（水1、砂糖3）、塩水（水180ml、塩50g）各少量で味を調える。

❶柿は縦半分に切る。身をくり抜いて柿釜をつくる。くり抜いた柿と釜を塩水で洗っておく。
❷胡麻白和えをだしでゆるめて調整して、くり抜いた柿を和える。柿釜に盛りつけて、色よくゆでた軸三つ葉を天盛りにする。
●先付、箸休めに向く。

菊菜　榎木茸　菊花浸し

菊菜　塩
えのき茸　塩
菊花　塩　酢
浸し地（→28頁）

❶菊菜は塩を一つまみ入れた熱湯で色よくゆでて冷水にとる。そろえて水分をきり、3～4㎝長さに切る。
❷えのき茸は菊菜の分量の3割を用意する。石突きを切り落とし、根元をさばいて半分に切る。3％濃度の塩水で洗い、ザルに上げて水分をきる。網にアルミホイルを敷き、えのき茸を広げて強火の天火で焼く。しんなりしたら自然に冷ます。
❸菊花は菊菜の3割を用意する。花弁をむしり取り、塩と酢少量を加えた熱湯で色よくゆでて冷水にとり、軽く絞る。
❹菊菜と菊花を混ぜ合わせ、浸し地で地洗いしたのち、えのき茸とともに、浸し地に1時間ほどつける。
❺器に盛りつけし、酸橘を少し搾り落とす。
●先付、箸休め、焚合にも向く。

大葉百合根寿司　はじかみ

大葉百合根　塩
寿司飯＊　白煎り胡麻
おろし山葵
はじかみ（→49頁白瓜小袖寿司6）

＊寿司飯：酢180mlに砂糖100g、塩40gを加えて混ぜ合わせる。米1.8リットルを炊き、寿司酢全量を切り混ぜる。

❶大葉百合根は外側の大きな鱗片を外す。黒い部分を削って掃除し、形を整える。
❷薄塩をふって蒸し器に入れ、ぬれたサラシをかけて中火で蒸す。サラシをかけることで、蒸気を和らげ、蒸し器から出したとき空気にふれて生じる表面のひび割れを防ぐ。蒸し過ぎても割れるので注意。
❸寿司飯に白煎り胡麻を混ぜる。

❹塩蒸しした百合根２枚の内側におろし山葵をつけて、寿司飯を小さく丸めて百合根ではさむ。はじかみを添える。

●凌ぎ、弁当にもよい。

衣かつぎ小芋　ゆかり味

石川芋　昆布
ゆかり

❶石川芋を水洗いして、根つきの部分を平らに切り落とす。天地中央にぐるりと一周浅い包丁目を入れる。

❷穴あきバットに昆布を敷き、石川芋を並べて蒸し器に入れ、強火で15分間ほど柔らかく蒸し上げる。皮の上部を摘んで取り除き、ゆかりをつける。

●先付、箸休め、弁当にも。

松葉刺し　新銀杏　零余子

新ぎんなん　むかご　サラダ油　旨塩

❶新ぎんなんは殻を割って外し、140～160℃に熱したサラダ油で揚げてペーパータオルに移す。転がしながら油をふき取り、旨塩をふって味つけする。ぎんなんは揚げると7～8割の薄皮はむける。高温で揚げると表面にぶつぶつができて、見栄えが悪くなるので注意。

❷むかごは大きいものを選び、強火で10分間ほど蒸して火を通す。皮をむき170℃に熱したサラダ油でからっと揚げてペーパータオルに移し、転がしながら油をふき取り、旨塩をふる。

❸松葉にぎんなんとむかごを交互に刺す。

●先付、焼物のあしらい、箸休め、弁当に。

ころ松茸床漬け

松茸
粕床（練り粕１、白味噌１）

❶小さい松茸の石突きを鉛筆を削る要領で削り取り、さっと水洗いする。薄塩をふり、アルミホイルに包んで蒸し焼きにする。松茸をガーゼではさんで、合わせた粕床に１週間ほどつける。

●先付、箸休め、弁当に。

[椀]

名月かぼちゃとうふ

かぼちゃ裏漉し（栗かぼちゃ、塩）３
昆布だし６　酒0.5　白あたり胡麻0.5　吉野葛1.5　塩　淡口醤油
松茸
芽ねぎ　柚子

❶栗かぼちゃの皮をむき、ほどよい大きさに切り、薄塩をふって強火で20分間ほど蒸して火を通し、熱いうちに裏漉しする。

❷昆布だしと白あたり胡麻、吉野葛を混ぜ合わせて裏漉しで漉す。裏漉ししたかぼちゃを混ぜ合わせて塩少量で薄味をつける。

❸火にかけて胡麻豆腐の要領で30～40分間ほど練る。最後に淡口醤油少量で味を調える。

❹バットにセルクルを並べて❸を流し、乾かないように水少量を入れて、ぬれたサラシをかけて冷ます。または流し缶に流して冷まし、お椀に合わせて打ち抜きで丸く抜く。

❺かぼちゃとうふを蒸して温め、椀に盛る。吸地を熱し、松茸を入れて温める。松茸と芽ねぎをスキに見立てて盛りつけ、吸口に柚子を添える。吸地の味を確認して、必要なら淡口醤油と酒を少量ずつ加えて椀に注ぐ。

[向付]

焼き茄子　旨だしゼリー掛け

茄子　浸し地（↓28頁）
旨だしゼリー＊
胡麻餡＊
黄菊　もって菊
おろし生姜

＊旨だしゼリー：だし12、味醂0.5、淡口醤油１を合わせた合せだし９００mlを熱し、水で戻した板ゼラチン10gを溶かして冷やし固める。使用時よく混ぜる。

＊胡麻餡：白あたり胡麻１００gをだし60mlでのばし、淡口醤油少量、煮切り味醂微量を加えて味を調える。

❶茄子の中心に菜箸を差し込み、火の通りをよくする。網にのせて強火の直火でまんべんに焼き、ヘタのほうから皮をむいて焼き茄子をつくる。熱いので指先を水につけて冷ましながらむくとよい。皮をむくとき熱いが茄子を水につけないほうが香ばしさがある。

❷ヘタを切り落とし、焼き茄子を浸し地に1時間ほどつけて味を含ませる。

❸茄子を、まな箸で割き、器に合わせて切って盛る。旨だしゼリーと胡麻餡をかけ、二色の食用菊の花弁を天盛りにしておろし生姜を添える。

●先付、箸休めにもよい。

［焼物］

松茸炭火焼き

松茸　里芋　甘長唐辛子　塩

酸橘醤油（酸橘果汁1、濃口醤油1、だし1）

❶松茸の石突きを鉛筆を削る要領で削り取り、かたく絞った布巾できれいに掃除する。傘に包丁目を入れてさく。切るより割いたほうが香りがよい。

❷里芋は水洗いして1cm厚さの輪切りにして、強火で20分間ほど蒸して火を通す。

❸甘長唐辛子はヘタの部分に隠し包丁を入れておく。

❹それぞれ薄塩をして盛り、炭火を添えて提供する。

●先付、合肴にもよい。

［焚合］

菊花百合根　菊花餡掛け

百合根　塩　砂糖

ぎんなん　塩　重曹　吸地八方だし（↓28頁）

干し椎茸　砂糖　味醂　淡口醤油

木耳　吸地八方だし（↓28頁）

菊花餡＊

三つ葉

＊菊花餡：だし12を熱し、味醂0.5、塩少量を加えたのち、ゆがいた菊花適量を加え、水で溶いた吉野葛を加えてとろみをつける。

❶百合根は水洗いして、黒い斑点を取り除き、掃除して1枚ずつさばく。

❷形のきれいな花弁用と、裏漉しする饅頭用に分ける。薄塩をして別々に蒸す。花弁用はかために蒸し、饅頭用は柔らかく蒸して熱いうちに裏漉しして微量の砂糖と塩で薄味をつける。

❸ぎんなんは殻を取り、熱湯に塩と重曹を一つまみ入れて泡立て器で混ぜながらゆでて薄皮をむき、吸地八方だしで煮る。

❹干し椎茸は砂糖を一つまみ入れた湯に一晩つけて戻す。軸を切って漉した戻し汁に戻し、火にかける。柔らかくなったら八方だし（戻し汁10、味醂1、淡口醤油1）程度の味をつける。

❺木耳は湯につけて戻し、石突きを取る。熱湯でゆでて戻し、水洗いする。吸地八方だしで煮て下味をつける。

❻ぎんなん、椎茸、木耳を餡にして裏漉しした百合根で50g程度の饅頭をつくる。花弁用の百合根を花弁に見立てて下から饅頭に差して菊花百合根とする。中火の蒸し器で中心まで温める。

❼菊花百合根を器に盛り、菊花餡をかける。色よくゆがいた軸三つ葉を散らす。

●蒸物にしてもよい。

［揚物］

里山薄衣揚げ

舞茸　あけび　柿（種無し）

天ぷら薄衣＊　天ぷら油

かぼす　旨塩

＊天ぷら薄衣：ふるった薄力粉180gに、卵黄1個を溶きほぐした冷水360mlを入れて合わせる。さーっと下に流れ落ちるくらい薄くする。

❶舞茸は石突きを取り、食べやすい大きさに分けておく。

❷あけびは縦半分に割り、種を除いて、皮を食べやすい大きさに切る。

❸柿はヘタを取り、皮つきのまま食べやすい大きさに切る。

❹それぞれ天ぷら薄衣をつけて、

170℃に熱した天ぷら油でからりと揚げる。ペーパータオルで油をふき取って盛り、かぼすと旨塩を添える。

●弁当にもよい。

［止椀］

滑子茸味噌汁

なめこ茸
だし　900ml
田舎味噌　60～75g
青ねぎ

❶なめこ茸は石突きを取り除き、水洗いする。

❷だしになめこ茸を適量入れて一煮立ちさせてアクをすくい取り、田舎味噌を適量加えて味を加減する。味噌の分量は使用する製品の塩分濃度により異なる。

❸椀にはり、小口から刻んだ青ねぎを吸口に添える。

［飯］

秋の実おこわ　竹皮蒸し

松茸　吸地八方だし（↓28頁）
ぎんなん　サラダ油　塩
むかご　塩
もち米
三つ葉
かぶ松前漬け＊

＊かぶ松前漬け：小かぶを薄い銀杏切りにする。2％の塩をふり30分間ほどおき、しんなりさせる。切り昆布を5％ほど混ぜて、種を取り除いたたかのつめを入れて軽い重しをして一晩つける。

❶松茸は石突きを落とし、かたく絞った布巾で汚れをきれいに取り除いて薄切りにする。吸地八方だしでさっと一煮立ちさせてザルに上げる。煮汁はペーパータオルで漉して打ち水代わりに使用する。

❷ぎんなんは殻を取り、140～160℃に熱したサラダ油で揚げて薄皮をむき、ペーパータオルで油をふき取り、薄塩をしておく。高温で揚げると表面にぶつぶつができて見栄えが悪い。

❸むかごは水洗いして強火で10分間ほど蒸して火を通し、皮をむいて薄塩をしておく。

❹一晩つけたもち米をザルに上げて水分を切る。蒸し器にもち布巾を敷いてもち米を広げ、中央を開けて火の通りをよくして強火で30分間ほど蒸す。途中4～5回打ち水（松茸煮汁）をして蒸す。最後に松茸、ぎんなん、むかごを混ぜて5分間ほど蒸して仕上げる。

❺水で戻した竹の皮に、❹のおこわを丸めて三つ葉の軸を散らして包み、イグサで結ぶ。提供時、再度蒸す。香物はかぶ松前漬け。

冬野菜かいせき

カラー242～243頁

［先付］

柚子膾

柚子（葉つき）　ちしゃとう　うど　金時人参　岩茸　塩　酢　重曹　吸地八方だし（→28頁）

なます用甘酢（→28頁）

❶葉つきの柚子を横に3対7に切り、果肉を取り出して釜をつくる。❷ちしゃとうは太いところを3.5cm長さの短冊に切る。塩を一つまみ加えた熱湯でさっとゆでて冷水にとり、水分をきって薄塩をあてておく。❸うどはちしゃとうにそろえて短冊に切り、酢水で洗いアク抜きをする。❹金時人参もちしゃとうにそろえて、薄い短冊切りにし薄塩をあてる。❺岩茸は熱湯につけて戻し、石突きを取り除いてゆでる。かたければ重曹を少量加えて柔らかく戻し、流水にさらしてアク抜きする。かたく絞って、吸地八方だしで一煮立ちさせる。❻❷～❺の材料を同量ずつ合わせて、甘酢で和えて5～6分間おく。せん切りにした柚子皮を混ぜて釜に盛りつける。

●箸休め、酢物にもよい。

［前菜］

壬生菜煮浸し

壬生菜　胡麻油　合せだし（だし12、淡口醤油1、味醂0.5）

柚子

❶壬生菜は水洗いして、3cmほどの長さに切る。鍋を熱して胡麻油をひいて、壬生菜を強火でさっと炒める。❷合せだしを加えてさっと炊き、色がとばないように鍋ごと冷水で冷ます。❸煮浸しを盛り、天に刻み柚子を盛る。

●先付、箸休め、焚合にも向く。

岩茸白和え

岩茸　重曹　旨だし（だし6、味醂2、濃口醤油1）

白和え衣＊

＊白和え衣：木綿豆腐10を昆布湯で煮立たせないようにゆでて、サラシで包み、抜き板ではさんで重しをし、3時間ほどおいて水きりをする。これを裏漉しする。白胡麻1をよく煎り、すり鉢で油が出るまですり潰し、裏漉しした豆腐を混ぜる。砂糖蜜（水180ml、砂糖450g）、塩水（水180ml、塩50g）、淡口醤油各少量で味を調えたのち、羽二重漉しをする。必要に応じてだしでのばして、かたさと味を調える。

❶岩茸は熱湯につけて戻し、石突きを除いてゆでる。かたいようであれば重曹を少量加えて柔らかくして、流水にさらしてアク抜きする。かたく絞って、旨だし少量で炒り上げる。❷岩茸を適宜に切り、白和え衣で和える。

●先付、箸休めにもよい。

かぶら押し寿司

千枚かぶら（→76頁千枚かぶら寿司1～2）

磯の雪

海苔

寿司飯＊

＊寿司飯：米1.8リットルを炊き、寿司酢を切り混ぜる。寿司酢は酢180mlに砂糖100g、塩40gを加えて混ぜ合わせてつくる。白煎り胡麻を混ぜる。

❶千枚かぶらの水分をふき取り、押し枠で寿司飯、千枚かぶら、寿司飯の順に2cm高さになるようにつくり、海苔で巻き、上から磯の雪で巻いて切り出す。ラップフィルムで巻くと切りやすい。

●凌ぎ、弁当にも。

山牛蒡紫蘇巻き揚げ

山ごぼう　八方だし（だし10、味醂1、淡口醤油1）　煮干し
梅紫蘇
天ぷら薄衣＊　サラダ油

＊天ぷら薄衣：ふるった薄力粉180gに、卵黄1個を溶きほぐした冷水360mlを入れて合わせる。さーっと下に流れ落ちるくらい薄くする。

❶山ごぼうは、香りのよい皮をはがさないように水洗いする。両端を切り落とす。

❷鍋に移して山ごぼうがつかる程度の八方だしを加えて、頭と腹を取り除いた煮干しを数本入れて火にかける。一煮立ちしたら鍋ごと冷水につけてかために仕上げる。4～5時間おいて味を含ませる。

❸ごぼうの水分をふき取り、梅紫蘇で巻く。天ぷら薄衣をつけて170℃に熱したサラダ油で揚げて、一口大に切る。

●先付、箸休め、弁当にも向く。

せろりアチャラ漬け

セロリ　サラダ油
合せ酢（水5、酢2、砂糖1.5、塩少量、淡口醤油0.5、たかのつめ）

❶セロリは皮をむいて一口大に切る。170℃に熱したサラダ油で霜降り程度にさっと揚げて、熱湯をかけ、油抜きする。

❷バットに移して、合せ酢を温めて上からかけて、4～5時間つけ込む。種を取ったたかのつめを適量加える。

●先付、焼物のあしらい、弁当にも向く。

[椀]

かぼちゃすり流し揚げきりたんぽ

かぼちゃ裏漉し600g　玉ねぎ（みじん切り）150g　バター30g　薄力粉40g
牛乳180ml　だし1.5リットル　塩少量
きりたんぽ　サラダ油
三つ葉　おろし山葵

❶かぼちゃは水分の少ないほっこりしたものを使用。皮むきで皮をむいて適当に切り分け、薄塩をして強火の蒸し器で12分間ほど蒸して火を通す。熱いうちに裏漉しする。

❷玉ねぎと薄力粉を合わせ、バターで30分間ほど炒めて、裏漉ししたかぼちゃを加えて練り合わせる。

❸牛乳、だしを加えて煮立て、塩少量で味をつけ、裏漉ししてすり流しとする。

❹きりたんぽは市販のものを使用。椀の高さに合わせて切り、170℃に熱したサラダ油で揚げる。

❺揚げきりたんぽを椀に盛り、温かいすり流しをはって、色よくゆでた軸三つ葉を散らし、おろし山葵を添えて供する。

●箸休めとしてもよい。

[向付]

カリフラワーとうふ

カリフラワーとうふ（カリフラワー3、昆布だし6、酒0.5、白あたり胡麻0.5、吉野葛1.5、砂糖、塩、淡口醤油各少量）　カリフラワー
人参　防風　おろし山葵
割り醤油（だし1、濃口醤油1）

❶カリフラワーとうふをつくる。カリフラワーは塩を一つまみ加えた熱湯でゆでる。ザルに上げて塩を少量ふり、冷風で冷ます。昆布だしを少量加えてミキサーにかける。

❷残りの昆布だし、酒、白あたり胡麻、吉野葛を合わせて裏漉しする。

❸❷を鍋に移して強火にかける。固まりだしたら弱火にして、だまができないように手早く混ぜ合わせる。中火にして30分間ほど練り、❶を入れて混ぜ合わせ、砂糖、塩で薄味をつける。5～6分間練り、淡口醤油少量を加えて味を加減して流し缶に流す。ぬれたサラシをかけて水を注ぎ、乾燥を防いで冷ましてカリフラワーとうふとする。

❹カリフラワーとうふを切り出して盛り、ゆでたカリフラワーとより人参、防風、おろし山葵をあしらい、割り醤油を別に添える。

●先付、前菜、椀種、焼物、揚物にも。

[焼物]

自然薯すてーき

自然薯　卵白　塩　サラダ油
下仁田ねぎ　酒　塩　サラダ油
合せたれ（だし4、味醂0.5、濃口醤油1）
糸がきかつお　洗いねぎ　おろし山葵

❶自然薯の皮をむいてすりおろす。5％の卵白をすり合わせて、塩少量で極薄く味をつけて、ふんわり仕上げる。
❷1枚100g程度の小判形にまとめ、170℃に熱したサラダ油で表面が固まる程度に揚げる。
❸小鍋を熱してサラダ油をひき、揚げたての自然薯と下仁田ねぎの両面を焼いて酒をふる。アルコールが抜けたら合せたれをかけて、洗いねぎ、糸がきかつお、おろし山葵を添えて、炭火にのせて供する。
●先付、合肴にも向く。

[箸休]

苺と短冊独活塩ドレッシング

いちご
うど
塩ドレッシング（サラダ油1.5、酢1、塩、白胡椒）

❶いちごはヘタを切り、縦に4～5枚にスライスする。
❷うどは皮をむいて短冊に切り、水洗いしてアク抜きする。
❸いちごとうどを交互に盛りつけて塩ドレッシングをかける。
●先付、酢物にもよい。

[焚合]

粟麩白菜巻き薄葛煮

粟麩　サラダ油
白菜　塩
合せだし（だし16、味醂0.5、淡口醤油1）
吉野葛
小松菜　塩　胡麻油　合せだし（だし10、味醂0.5、淡口醤油1）
柚子

❶粟麩は縦半分に切って150℃に熱したサラダ油で、変形しないように注意して揚げる。長く揚げすぎても変形する。
❷白菜は1枚ずつはがして、塩一つまみを加えた熱湯で、さっとゆでて冷水にとる。水分をきり、茎のかたい部分をすりこ木で押しつぶす。巻き簾に白菜を並べて、揚げた粟麩を芯にして巻き、4～5ヵ所竹皮紐で結ぶ。
❸鍋に移して合せだしをはり、煮立ったら弱火にして白菜が柔らかくなるまで煮る。仕上げに水溶き吉野葛で薄くとろみをつける。
❹小松菜は塩を一つまみ加えた熱湯で、さっとゆでて冷水にとる。軽く絞り、3㎝長さに切りそろえる。鍋を熱して胡麻油をひいて、強火でさっと炒める。合せだしを加えてさっと炊き、鍋ごと冷水で冷ます。
❺白菜巻きを切り出して盛り、温めた小松菜を添えて、針柚子を天盛りにする。

[止椀]

赤だし

大根
油揚げ
だし
赤だし味噌
粉山椒

❶大根は千六本に切ってゆでる。油揚げは短冊切りにして油抜きする。
❷だしを温め、赤だし味噌を溶き入れ、大根と油揚げを加えて一煮立ちさせる。
❸椀に盛り、吸口に粉山椒をふる。

春野菜弁当

カラー244頁

［飯］百合根釜めし

百合根
芹
梅干し
米
昆布だし　塩

①米は洗米してザルに上げて、ぬれた布巾をかけて30分間ほどおき、水分をなじませる。

②百合根はきれいに掃除してさばき、米の分量の３割を用意する。

③芹は水洗いして２cmほどの長さに切り、米の分量の５%用意する。

④洗米した米を釜に移して、塩（昆布だしの1.5%）を加えた昆布だしを普通のご飯を炊く要領で仕込む。百合根と芹、梅干し（米２合に対して１個）を加えて炊き上げる。

［香物］かぶら柚香漬け　塩昆布

かぶ
合せだれ（煮切り酒0.5、味醂1、濃口醤油2、たかのつめ数本、柚子の皮適量）

①かぶは５～６mm厚さに切り、ザルに広げて表面を乾燥させてから、合せだれにつけ込み、一晩おく。

●先付、前菜にも向く。

［向付］菜花と青大豆湯葉

菜花　塩
生湯葉
紅白花びら野菜（うど、人参）
割り醤油（だし2、濃口醤油1）
おろし山葵

①菜花は塩を入れた熱湯で色よくゆでて冷水にとる。軽く絞って３cm長さに切る。

②紅白花びら野菜をむく。うど、人参を花びらに形取ってむく。水にさらしてぱりっとさせておく。

③菜花と、青大豆でつくった生湯葉を交互に重ねて盛りつけ、紅白花びら野菜を天盛りして、割り醤油を適量注ぎ、おろし山葵を添える。

●先付、前菜、箸休めにもよい。

［口取］蒟蒻白和え

こんにゃく　吸地八方だし（↓28頁）
白和え衣＊
三つ葉

＊白和え衣：木綿豆腐10を昆布湯で煮立たせないようにゆでて、サラシで包んで重しをし、３時間ほどおいて水きりする。これを裏漉しする。白煎り胡麻1をすり鉢で油が出るまですり潰し、裏漉しした木綿豆腐を混ぜる。砂糖蜜（水１８０ml、砂糖４５０g）、塩水（水１８０ml、塩50g）、淡口醤油各少量で味を調えたのち、羽二重漉しをする。必要に応じてだしでのばして、かたさと味を調える。

①こんにゃくは３cm長さの拍子木に切る。さっとゆでてアク抜きして冷水にとる。水分をきり、こんにゃくの半量の吸地八方だしで上下混ぜながら、さっと煮て下味をつける。

②こんにゃくの水分をよくきり、白和え衣で和える。色よくゆでた軸三つ葉を天盛りにする。

●先付、前菜、箸休めにもよい。

筍木の芽田楽

筍　米糠　たかのつめ
吸地八方だし（↓28頁）
木の芽味噌＊
はじかみ（↓49頁白瓜小袖寿司６）

＊木の芽味噌：まず玉味噌をつくる。白味噌１kg、酒１８０ml、味醂３６０ml、砂糖１００gを合わせて火にかける。弱火で30〜40分間かけて練り上げる。卵黄３個は仕上がる５〜６分前に入れる。湯煎にかけて練ってもよい。裏漉しして玉味噌とする。木の芽１００gをすり鉢でよくすり、玉味噌をすり混ぜ、青寄せ適量で色をつける。

❶筍は米糠とたかのつめを入れてゆでる。柔らかくなったらそのまま冷ましてアク抜きする。食べやすい大きさに切り、吸地八方だしでさっと煮て味を含めておく。
❷筍の水分をきり、天火の強火で焼く。ほどよく焼き色がついたら木の芽味噌を塗り、天火の弱火でさっと焼く。
●前菜、焼物としても向く。

筍桜の葉寿司

筍　米糠　たかのつめ
吸地八方だし（↓28頁）
寿司飯＊　木の芽
おろし山葵
桜葉（塩漬け）

＊寿司飯：酢１８０mlに砂糖１００g、塩40gを加えて混ぜ合わせて寿司酢をつくる。米1.8リットルを炊き、寿司酢全量を切り混ぜる。

❶筍は米糠とたかのつめを入れてゆでる。柔らかくなったらそのまま冷ましてアク抜きする。穂先の部分を５cmほどの長さに切り、縦割にして吸地八方だしで煮て味を含ませる。
❷寿司飯に叩き木の芽を適量切り混ぜておく。
❸❶の筍の水分をふき取り、縦に４〜５mm厚さにスライスして、おろし山葵をつけてにぎり寿司をつくり、塩抜きした桜葉で包む。
●前菜、凌ぎにもよい。

新馬鈴薯旨煮　青竹串刺し

新じゃが芋　サラダ油
旨だし（だし６、味醂1.5、淡口醤油１）
おから
叩き木の芽

❶新じゃが芋は小粒を選び、皮をむきやすいよう１８０℃に熱したサラダ油でさっと揚げて皮をむく。
❷鍋に移して旨だしで柔らかく煮て、自然に冷まして味を含ませる。
❸おからは水でとろりとのばし、ミキサーにかけたのち、水を加えながら少し目が粗い漉し器で漉す。この漉し水を布巾で絞って水気をきる。
❹❷の煮汁をきり、おからと叩き木の芽をまぶして青竹の鉄砲串に刺す。
●前菜にもよい。

蕨薄衣揚げ

蕨　灰
天ぷら薄衣＊　天ぷら油
塩

＊天ぷら薄衣：ふるった薄力粉１８０gに、卵黄１個を溶きほぐした冷水３６０mlを入れて合わせる。さーっと下に流れ落ちるくらい薄くする。

❶蕨は穂先の部分を５cmほどの長さに切り、天ぷら薄衣をつけて天ぷら油で揚げる。
❷ペーパータオルで油をふいて薄塩をふる。
●前菜、揚物、弁当にも向く。

独活甘酢漬け

うど　酢　塩
なます用甘酢（↓28頁）　爪昆布　たかのつめ

❶うどは３cm長さに切り、篠にむく。酢水（または薄いミョウバン水）につけてアク止めする。
❷水洗いして水分をきり、２％の塩をまぶして１時間ほどおき、甘酢に３時間ほどつける。
●前菜、酢物、焼物のあしらいにもよい。

［焚合］

筍　若布　蕗

筍　米糠　たかのつめ
若布
八方だし（だし16、淡口醤油１、味醂0.5、塩少量）
蕗　塩　吸地八方だし（↓28頁）追がつお
木の芽

❶筍は米糠とたかのつめを入れてゆでる。柔らかくなったらそのまま冷ましてアク抜きする。根元は輪切りに、穂先はくし形切りにする。
❷若布は茎を取り除き、熱湯につけて色出しをし、７〜８cmに切る。
❸筍を八方だしで30分間ほど炊いた

ら、筍と同量の若布を入れてさっと煮る。味がなじみ合ったら火からおろし、自然に冷まして味を含ませる。

❹蕗は鍋に入る長さに切って水洗いする。軽く塩もみしてから、熱湯を沸かし、強火で色よくゆでる。すぐに水にとり、皮をむく。

❺吸地八方だしを沸かし、蕗を入れて一煮立ちさせる。ザルに上げてあおいで冷ます。煮汁も冷まし、ともに冷めたら、蕗を煮汁に戻す。ガーゼに削りがつおを包んで煮汁に入れ、2～3時間おいて味を含ませる。

❻提供時は温めなおして盛りつけて、木の芽を添える。

●先付、弁当にも向く。

［飯］

ちらし寿司

錦糸玉子（卵、砂糖、塩、淡口醤油）
椎茸甘露煮（干し椎茸適量、戻し汁6、砂糖1.2、濃口醤油1、味醂0.5、たまり醤油少量）
つくし　サラダ油　塩
桜花（塩漬け）
三つ葉　塩
筍　米糠　たかのつめ　吸地八方だし（↓28頁）
黒豆蜜煮（↓277頁）
蕗当座煮（蕗、塩、胡麻油各適量、だし4、味醂1、濃口醤油1）
蕨（↓253頁春野菜旨煮4）
花びら百合根（↓252頁筍豆腐味噌すてーき4）
寿司飯＊　木の芽
野沢菜漬け（解説省略）
生姜酢漬け（解説省略）

＊寿司飯：酢180mlに砂糖100g、塩40gを加えて混ぜ合わせて寿司酢をつくる。米1.8リットルを炊き、寿司酢全量を切り混ぜる。

❶錦糸玉子をつくる。卵を溶いて、砂糖、塩、淡口醤油で淡い甘さに調え、薄く油（分量外）を引いた鍋で薄焼玉子を焼く。細いせん切りにする。

❷椎茸甘露煮をつくる。干し椎茸を少量の砂糖を加えた水で戻す。椎茸と戻し汁を合わせて火にかける。上記の割合のとおり、砂糖、濃口醤油を少しずつ加えて煮詰める。最後に味醂、たまり醤油を加えて艶を出す。冷めたら薄切りにする。

❸つくしは、はかまを取り除き、サラダ油で揚げて油をふき取り、薄塩をあてる。桜花は水洗いしてほどよく塩分を抜いておく。三つ葉の軸を色よくゆで、1.5㎝に切っておく。

❹筍は米糠とたかのつめでゆでてアク抜きし、穂先の部分をスライスして吸地八方だしで煮て薄味をつけておく。黒豆蜜煮、蕗当座煮、蕨、花びら百合根を用意する。蕗当座煮は、塩もみして下ゆでして皮をむいた蕗を胡麻油で炒め、だし、味醂、濃口醤油で炒り上げたもの。

❺寿司飯に叩き木の芽を適量混ぜておく。俵物相で型押しして、錦糸玉子をまんべんなく広げる。下ごしらえした材料を盛りつけ、木の芽を添える。野沢菜漬けと生姜酢漬けを添える。

夏野菜弁当

カラー245頁

［向付］あぼかど　叩き長芋掛け

アボカド　レモン水
長芋
紫芽　おろし山葵　花付胡瓜
濃口醤油

❶アボカドは半割にして種を取り、皮をむく。食べやすい大きさに切り出し、レモン水で洗ってアク止めをする。
❷長芋を包丁で細かく叩く。
❸アボカドを盛りつけ、叩き長芋を天に盛り、紫芽とおろし山葵を添え、花付胡瓜を飾る。別に濃口醤油を添える。
●先付、造りのあしらいなど。

［飯］玉蜀黍めし

とうもろこし
米
昆布だし　塩
三つ葉

❶とうもろこしの粒を外す。米に対して3割のとうもろこしを用意する。
❷米を洗い、ザルに上げて、ぬれ布巾をかけて30分間ほどおき、水分を浸透させる。
❸ご飯を炊くときの水加減と同量の昆布だし（1％の塩を加えたもの）ととうもろこしを入れて炊く。蒸らしたら色よくゆでた軸三つ葉を混ぜる。

［香物］淡竹当座煮　青唐辛子焼き浸し

淡竹　米糠　たかのつめ　胡麻油
酒1　味醂1　濃口醤油1
青唐辛子　サラダ油
割り醤油（だし1、濃口醤油1）

❶淡竹は米糠とたかのつめでゆでてアク抜きし、笹打ちする。
❷胡麻油で淡竹を炒めて、酒、味醂、濃口醤油を入れ、煮汁がなくなるまで炒り上げる。好みで赤唐辛子を入れる。
❸青唐辛子は平串を打ちサラダ油を塗る。両面を直火で焼き、割り醤油をからませて味つけする。
●先付、焼物のあしらい、弁当に。

［口取］胡瓜雷干し　白芋茎　黄身酢掛け

胡瓜　塩　昆布
白ずいき（↓50頁おくら和え1～3）
黄身酢＊（卵黄6個、酢90ml、塩少量、吉野葛10ml）

＊黄身酢：材料をすべて合わせてよく混ぜ、湯煎にかける。茶筅で混ぜながら練り、マヨネーズ程度のかたさになったら、混ぜながら冷ます。

❶胡瓜雷干しをつくる。胡瓜は塩ずりする。両端を切り落とし、半分の長さに切って、芯抜きで種を抜く。抜いたところに割り箸を入れて回しながら残っている種を取り除く。
❷再度箸を入れ、胡瓜にぐるぐると

斜めに回しながら包丁を入れて、らせん状に切る。これを３％の塩水に１時間ほどつける。これを竹串にかけて、風通しのよいところにおいて、半乾きにする。

❸これを昆布ではさんで一晩おく。

❹胡瓜雷干し、味を煮含めた白ずいきとも３㎝ほどに切り、交互に盛りつけて、黄身酢をほどよくのばして鞍がけする。

●先付、前菜、箸休めにも。

新蓮根笹の葉寿司

新蓮根　酢　酒　塩
なます用甘酢（↓28頁）　たかのつめ
寿司飯＊
花山椒　塩　なます用甘酢

＊寿司飯：酢１８０mlに砂糖１００g、塩40ｇを加えて混ぜ合わせて寿司酢をつくる。米1.8リットルを炊き、寿司酢全量を切り混ぜる。

❶新蓮根は薄く皮をむく。小口から薄切りにする。酢水でさっと洗い、ザルに上げる。

❷酒を鍋に少量入れ、沸いたら新蓮根を入れて、歯応えが残るように、さっと酒煎りする。ザルに上げ、薄塩をふって、冷風にあてて冷ます。

❸甘酢に種を取り除いたたかのつめを入れて、蓮根をつける。

❹花山椒は熱湯でゆでて色出しし、ザルに上げ、薄塩をふって冷まし、甘酢につけておく。

❺寿司飯を一口大に丸めて甘酢につけた新蓮根の寿司をつくり、花山椒をのせて熊笹で包み、イグサで結わく。

●前菜、凌ぎ、弁当などにも。

青竹串刺し

ホワイトアスパラガス　薄力粉　卵白
みじん粉　サラダ油　塩
もろ胡瓜　塩
山桃　塩　シロップ（水２、酢0.5、ホワイトリカー１、砂糖１）

❶ホワイトアスパラガスは茎のかたい部分の皮をむき、２㎝長さに切る。薄力粉をまぶし、卵白にくぐらせて、みじん粉をまわりにつける。白く揚がるように低温に熱したサラダ油で揚げる。薄塩をあてる。

❷もろ胡瓜は両端を切り落として塩ずりし、熱湯にくぐらせ色出しする。ホワイトアスパラと同じ長さに切り出し、塩をふる。

❸山桃はたっぷりのごく薄い塩水につけて１日おく。水洗いしてザルに上げて水気をきる。鍋に移し、山桃が充分にかぶる量のシロップを入れて火にかける。さっと煮て山桃に火が通ったら火からおろし、鍋のまま冷水につけて冷ます。

❹青竹で鉄砲串をつくり、３種を刺す。

●前菜、弁当によい。

水茄子赤味噌田楽
谷中生姜酢漬け

水茄子　胡麻油
赤田楽味噌＊
谷中生姜　はじかみ用甘酢（↓28頁）

＊赤田楽味噌：赤味噌１kg、酒３６０ml、味醂１８０ml、砂糖５００～４００gを合わせて火にかける。弱火で30～40分間かけて練り上げる。卵黄５個は仕上がる５～６分前に入れる。

❶水茄子は2.5㎝高さの輪切りにして、両面に胡麻油をたっぷり塗る。平串を打ち、両面を焼く。

❷七割程度まで火が通ったら、赤田楽味噌を適量塗り、こがさないように温めて仕上げる。

❸谷中生姜は布巾でしごいて、薄皮をこそげ落とす。軸を持って熱湯に根の部分だけをつけてさっとゆでる。全体を熱湯に入れて、軸の部分が赤くなったらザルに上げて冷まし、甘酢につける。

●前菜、大きくつくって焼物、弁当に。

夏茗荷薄衣揚げ

茗荷
天ぷら薄衣＊　天ぷら油　塩

＊天ぷら薄衣：ふるった薄力粉１８０gに、卵黄１個を溶きほぐした冷水３６０mlを入れて合わせる。さーっと下に流れ落ちるくらい薄くする。

❶茗荷は縦半分に切る。天ぷら薄衣をつける。１７０℃に熱した天ぷら油で揚げて、油をきり、薄塩をふる。

●前菜、揚物、弁当に向く。

青梅甘露煮

青梅　１kg
砂糖蜜（水１リットル、砂糖７５０g）
濃口醤油

❶青梅は表面全体に針打ちをする。針打ちには、割り箸を芯にして５～６本の針を均等に並べて糸でぐるぐるときつく巻いて固定させたものを使用するとよい。

❷水から火にかけて沸騰させないよう静かな火加減で20分間ほどゆでる。青梅をたっぷりの水に移して一晩おいてほどよく酸味を抜く。
❸鍋に移して砂糖蜜を入れ、紙蓋をして中火でゆっくりと煮る。
❹煮汁が半分ほどに煮詰まったら、紙蓋を外し、濃口醤油を少量入れてゆっくりと煮ていく。
❺いよいよ煮汁が少なくなってきたら、さらに少量の濃口醤油を入れて、色と味を確認して鍋を回しながら煮詰めて仕上げる。
●前菜、弁当、甘味にも向く。

[焚合]

冬瓜揚げ煮　胡麻餡掛け

冬瓜　塩　サラダ油　八方だし（だし16、味醂0.5、淡口醤油1）　追がつお
胡麻餡（白あたり胡麻、冬瓜煮汁）

❶冬瓜は皮をむき、小角に切って面取りする。塩を入れた熱湯でかためにゆでる。ザルに上げて水分をふき取る。
❷１８０℃に熱したサラダ油で揚げる。たっぷりの熱湯をかけて油抜きする。八方だしに追がつおをして煮含める。
❸胡麻餡をつくる。白あたり胡麻を冬瓜の煮汁でのばし、流れ落ちないほどのかたさに調える。
❹冬瓜を盛り、胡麻餡をかける。
●先付、前菜、弁当に。

かぼちゃ

かぼちゃ
八方だし（だし12、味醂1、淡口醤油1）
追がつお

❶かぼちゃは半分に切り、種を取り除く。小角に切って皮を半分程度残してむき、面取りする。
❷八方だしに追がつおをして、面取りしたかぼちゃを煮含める。

五三竹

五三竹　米糠　たかのつめ
八方だし（だし12、味醂1、淡口醤油1）
追がつお

❶五三竹は、米糠とたかのつめを入れた水で1時間ほどゆでる。自然に冷ましてアクを抜き、皮をむく。
❷根元のかたい部分を切り落とす。鍋に移して、八方だしに追がつおをして煮含める。
●前菜、弁当に向く。

拍子木人参

人参　八方だし（だし10、味醂1、淡口醤油1）　追がつお

❶人参は皮をむき、拍子木に切る。
❷八方だしに追がつおをして、人参を煮含める。

蚕豆青煮

そら豆　塩
だし10　砂糖1　塩少量　追がつお

❶そら豆はサヤから取り出して皮をむく。薄塩をして軽くもみ、水洗いする。
❷だし、砂糖、塩を右記の割で合わせ、火にかける。煮立ったら、そら豆を入れて、沸騰しない程度の火加減で煮る。火からおろし、追がつおをし、鍋ごと冷水につけて冷まし、味を含ませる。
●先付、前菜、焼物のあしらいにもよい。

秋野菜弁当

カラー246頁

［椀］

翡翠茄子

茄子　サラダ油　吸地八方だし（↓28頁）
松茸　吸地（↓28頁）
ほうれん草　塩　吸地八方だし
酸橘

❶茄子はヘタを切り落とし、皮を薄くむく。火の通りがよくなるよう茄子の中心に菜箸を通し、150℃に熱したサラダ油で色よく揚げる。強火で揚げると色がついて仕上がりが悪くなる。
❷たっぷりの熱湯で煮て油抜きしたのち、吸地八方だしでさっと一煮立ちさせて鍋ごと冷水で冷まし味を含ませておく。
❸松茸は石突きを削り取り、かたく絞った布巾で汚れをふき取り、椀に合わせて切り出して、吸地でさっと一煮立ちさせて火を通す。吸地はペーパータオルで漉しておく。
❹ほうれん草は塩一つまみを入れた熱湯で色よくゆでて冷水にとる。椀に合わせて長さをそろえ、吸地八方だしにつけて下味をつける。
❺すべての材料を温めて椀に盛り、吸口に輪切りの酸橘を添える。吸地は温めて味を確認し、淡口醤油、酒を少量落として椀に注ぐ。

［向付］

枝豆とうふ

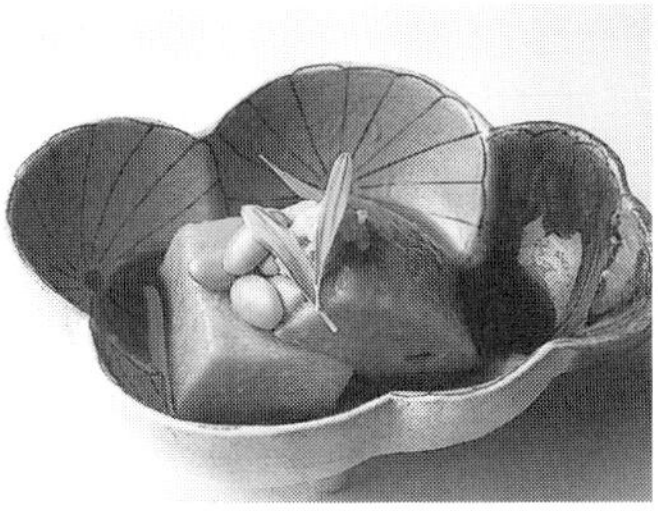

枝豆とうふ（枝豆3、昆布だし5、酒0.5、吉野葛1、砂糖、塩、淡口醤油各適量）
枝豆　もって菊
おろし山葵　割り醤油（だし2、濃口醤油1）

❶枝豆は塩を一つまみ入れた熱湯で色よくゆでて、ザルに上げて冷風で冷ます。
❷サヤから豆を取り出し、薄皮を取り除く。分量の昆布だしと合わせてミキサーにかけ、粗めの裏漉しで漉す。
❸吉野葛を加えて混ぜ合わせ、目の細かい裏漉しで再度漉してなめらかにする。酒を加え、砂糖、塩各少量で味をつけて強火にかけてよく混ぜる。
❹固まりはじめたら弱火にして、だまができないように手早く混ぜる。混ざったら中火にして30～40分間練り、淡口醤油少量で味を調える。
❺流し缶に流す。表面が乾燥しないようにぬれたサラシをかけて水少量を流し入れ、自然に冷ます。
❻器に合わせて枝豆とうふを切り出して盛る。ゆがいた枝豆、もって菊の花弁、おろし山葵を添えて割り醤油を注ぐ。
●先付、前菜に。枝豆とうふは椀種、揚物にも利用できる。

［焚合］

菊花かぶら胡麻味噌射込み　菊花餡掛け

小かぶ　米の研ぎ汁
牛すねスープ（↓19頁）12　味醂0.5　塩
淡口醤油
胡麻味噌（赤田楽味噌＊2　白あたり胡麻1）
菊花餡＊
しめじ茸　八方だし（だし12、味醂1、淡口醤油1）
菊菜　塩　八方だし（だし16、味醂0.5、淡口醤油1）
柚子

＊赤田楽味噌：赤味噌1kg、酒360ml、味醂180ml、砂糖500～400gを合わせて火にかける。弱火で30～40分間かけて練り上げる。卵黄5個は仕上げる5～6分前に加える。湯煎にかけて

練ってもよい。

＊菊花餡：菊花かぶらの煮汁を火にかけ、ゆがいた菊花を適量混ぜて、水溶き吉野葛でとろみをつける。

❶小かぶの茎を切り落とし、スジが残らないように丸く皮をむく。むきもの用の小刀でかぶを菊にむく。底をくり抜きでくり抜いて穴を開ける。

❷米の研ぎ汁でかためにゆでて、流水できれいに洗う。

❸かぶに牛すねスープを注ぎ、味醂、塩で味を調えてさっと煮て、淡口醤油少量で香りをつけてそのまま冷まして味を含ませておく。

❹菊花かぶらの水分を切り、くり抜いた部分の水分をふき取る。胡麻味噌を詰めて銀カップにのせて、味噌が流れないようにする。蒸し器で温め、銀カップを外し、器に盛る。

❺菊花餡を菊花かぶらにかける。温めたしめじ茸と菊菜を添えてすりおろした柚子をふる。しめじ茸は石突きを取り、八方だしでさっと煮て味を含ませたもの。菊菜は塩を入れてゆがいたのち、冷たい八方だしにつけたもの。

●合肴としてもよい。

[口取]

網茸当座煮

網茸（塩漬け）　塩
胡麻油　だし3　味醂1.5　濃口醤油1
一味唐辛子
芥子の実

❶網茸を水洗いして表面の塩を洗い流す。1％濃度のたっぷりの塩水につけて塩抜きする。網茸の塩分濃度により2～3回くり返して塩分を抜き、ザルに上げて水分をきる。

❷鍋に胡麻油を少量ひいて網茸を強火で炒める。だし、味醂、濃口醤油でさっと炒め煮にして仕上げて、一味唐辛子少量をふる。盛りつけして芥子の実を天盛りにする。

●先付、前菜、箸休め、弁当にもよい。

舞茸竜田揚げ

舞茸
酒1.5　濃口醤油1　片栗粉　サラダ油

❶舞茸は石突きを取り、食べやすい大きさに分けておく。

❷酒、濃口醤油をからめて10分間ほどおく。

❸片栗粉を適量まぶして170℃に熱したサラダ油でからりと揚げる。ペーパータオルで油をふき取る。

●前菜、揚物、弁当に向く。

松茸薄衣揚げ

ころ松茸
天ぷら薄衣＊　サラダ油
旨塩

＊天ぷら薄衣：ふるった薄力粉180gに、卵黄1個を溶きほぐした冷水360mlを入れて合わせる。さーっと下に流れ落ちるくらい薄くする。

❶ころ松茸（小さい松茸のこと）の石突きを削り取り、かたく絞った布巾で汚れをふき取り、5㎜厚さにスライスする。

❷天ぷら薄衣をつけて170℃に熱したサラダ油でからりと揚げる。

❸ペーパータオルで油をふき取り、旨塩をふる。

●前菜、揚物、弁当に向く。

蓮根くわ焼き

蓮根　酢　片栗粉　サラダ油
くわ焼きのたれ（酒1、味醂2、濃口醤油1）

❶蓮根は皮を薄くむき、5～6㎜厚さの輪切りにして、酢水に30分間ほどつけてアク抜きする。

❷酢少量を入れた熱湯で歯応えが残るようにゆでて、ザルに上げ冷風で冷ます。

❸蓮根1枚ずつに片栗粉をしっかりまぶす。フライパンにサラダ油をひき、蓮根の両面をきつね色に焼いたのち、たっぷりの熱湯をかけて油抜きする。

❹蓮根をフライパンに戻し、くわ焼きのたれを適量加えて、強火で煮詰めて蓮根にからめる。

●前菜、焼物、弁当に向く。

石川芋二色胡麻揚げ串刺し

石川芋　薄力粉　卵白
白胡麻　黒胡麻　サラダ油
旨塩

❶石川芋は小粒のものを選ぶ。水洗いして強火で15分間ほど蒸して自然に冷まし、皮をむく。
❷薄力粉をまぶして卵白（サラシで絞ってコシをきる）にくぐらせ、別々に白胡麻と黒胡麻をつける。
❸170℃に熱したサラダ油でからっと揚げて、ペーパータオルの上で転がしながら油をふき取り、旨塩をふる。青竹の串に1個ずつ刺す。
●先付、前菜、揚物、弁当に。

焼き目栗

新栗　くちなしの実
砂糖蜜（水3、砂糖1、塩少量）

❶新栗の鬼皮をむき取り、渋皮は包丁で形よくむく。
❷栗を鍋に移し、水をはり、くちなしの実を砕いてガーゼに包んで入れる。栗30個にくちなしの実2〜3個が目安。竹串が通る程度にゆでて色づけし、流水で洗い、水分をきる。
❸フライパンに栗を並べて、中火でから焼きして焼き目をつける。焼き栗を鍋に移し、砂糖蜜を入れて紙蓋をして30分間ほど煮含める。
●前菜、焼物のあしらい、弁当、もう少し甘くして甘味に。

新銀杏松葉刺し

新ぎんなん　サラダ油
旨塩

❶新ぎんなんは殻を割って外す。
❷140〜160℃のサラダ油で色よく揚げてペーパータオルに移し、ぎんなんの薄皮をすべて取り除く。転がしながら油をふき取る。
❸旨塩をふって松葉に刺す。
●先付、前菜、焼物のあしらい、箸休め、弁当にもよい。

秋茗荷甘酢漬け

秋茗荷　塩　なます用甘酢（↓28頁）

❶秋茗荷は塩を一つまみ入れた熱湯でさっとゆでて、ザルに上げる。
❷薄塩をあて、冷風で冷ましたのち、甘酢につける。
●前菜、焼物のあしらい、弁当、漬物にもよい。

栗めし　銀杏物相

栗
米
昆布だし　塩　淡口醤油
黒煎り胡麻　三つ葉

❶米は水洗いしてザルに上げ、ぬれ布巾をかけて30分間ほどおき、水分をなじませる。
❷新栗の鬼皮をむき取り、渋皮を包丁で形よくむき、2〜4等分に切る。米の分量の3割ほど用意する。
❸洗米した米を釜に移し、昆布だしに塩と微量の淡口醤油を加えて吸物より少し濃いめに味をつけて、米の分量に合わせて仕込む。栗を入れてご飯を炊く要領で炊き上げる。
❹銀杏型の物相で型押しして、黒胡麻をふり、色よくゆでた軸三つ葉を散らす。

冬野菜弁当

カラー247頁

絵馬二段重ね弁当

上段

[向付]

柚子胡麻とうふ　醤油餡掛け

柚子胡麻とうふ（昆布だし6.5、白煎り胡麻1、酒0.5、吉野葛1、砂糖、塩、淡口醤油、すり柚子各適量）
醤油餡＊
芽甘草　塩
おろし山葵

＊醤油餡：だし10、濃口醤油1、味醂0.5を合わせて熱し、水で溶いた吉野葛適量でとろみをつける。

❶柚子胡麻とうふをつくる。白煎り胡麻をすり鉢でよくする。クリーム状になったら昆布だしで少しずつのばし、酒、吉野葛をすり混ぜる。砂糖、塩で薄味をつけて裏漉しする。
❷鍋に移し、中火で30～40分間練り、最後に淡口醤油少量をたらして味を調える。すり柚子をたっぷり混ぜて、流し缶に流し、乾かないようにぬれたサラシをかぶせ、水を少量加えて、冷やし固める。
❸とうふを切り出し、醤油餡をかける。塩湯で色よくゆがいた芽甘草をあしらい、おろし山葵を添える。
●先付、前菜にもよい。

★醤油餡は仕込み置きするときは、吉野葛は透明度がなくなるのでゼラチンのほうが便利。この場合、だし、味醂、濃口醤油を合わせた地900mlを熱して、ふやかした板ゼラチン10gを溶かし入れてつくる。

[口取]

紅白祝い膾

（↓277頁紅白膾）

海老芋西京焼き

海老芋、米の研ぎ汁、塩
味噌漬け床（白粒味噌1kg、酒90ml、味醂36ml、好みで一味唐辛子）

❶海老芋は皮をむき、縦4等分のくし形に切り、面取りする。米の研ぎ汁でゆでてアク抜きする。
❷薄塩をして1時間ほどおき、水分を抜いて下味をつける。
❸ガーゼにはさんで味噌漬け床に4～5日間漬ける。味噌漬け床は材料をすべて混ぜ合わせたもの。
❹オーブン、または焼き台の弱火でこんがりと焼く。
●前菜、焼物、弁当にも向く。

干し柿百合根射込み

干し柿
百合根　塩

❶百合根をほぐして掃除し、薄塩をふって蒸したのち、裏漉ししておく。
❷干し柿の中をくり抜き、❶の百合根を詰める。
❸輪切りにする。
●前菜、弁当、甘味にも。

山牛蒡真砂焼き

山ごぼう
濃口八方だし（だし12、味醂1、濃口醤油1）
卵白、真砂

❶山ごぼうの太い部分を水洗いして、4㎝長さに切り、縦半分に切る。芯抜きでくり抜いて、八つ橋の形に整える。
❷濃口八方だしで、山ごぼうを歯応えが残るようにさっと煮て下味をつける。
❸❷の汁気をきり、弱火の天火であぶる。表面に卵白を塗り、真砂をまんべんなくまぶし、弱火で焼いて仕上げる。
●前菜、弁当にもよい。

蕗の薹薄衣揚げ田楽

蕗のとう
天ぷら薄衣＊
サラダ油
赤田楽味噌＊

＊天ぷら薄衣：ふるった薄力粉180gに、卵黄1個を溶きほぐした冷水360mlを入れて合わせる。さーっと下に流れ落ちるくらい薄くする。

＊赤田楽味噌：赤味噌500g、酒180ml、味醂90ml、砂糖250gを合わせて火にかける。弱火で30〜40分間練り、仕上がる5〜6分前に卵黄2.5個を加えて練り上げる。

❶蕗のとうは、つぼみのまわりの葉（ガク）を1枚ずつ開いて、天ぷら薄衣をつけ、160〜170℃に熱したサラダ油で揚げて油をきる。
❷中央に赤田楽味噌を添える。
●前菜、揚物、弁当にも向く。

大葉百合根　梅肉

百合根　塩
砂糖蜜（水2、砂糖1）
梅肉＊

＊梅肉：甘塩梅干し10個を裏漉しし、砂糖小さじ1を混ぜる。煮切り酒を適量加えて濃度を調節する。

❶百合根を1枚ずつばらし、大きな鱗片の黒い部分を削って掃除し、形を整える。
❷薄塩をふって、蒸し器に入れ、ぬれたサラシをかけて中火で蒸す。サラシをかけるのは蒸気を和らげるため。また蒸し器から取り出したとき空気にふれて生じる表面のひびを防ぐため。長時間蒸しすぎても、ひびや形くずれが起こるので注意する。
❸百合根を冷たい砂糖蜜につける。
❹水分をきり、百合根の中心に梅肉を落として仕上げる。
●前菜、弁当にもよい。

黒豆　草石蚕　松葉刺し

黒豆蜜煮（→277頁黒豆蜜煮）
ちょろぎ（→277頁黒豆蜜煮7）

❶大王松葉を結び、黒豆蜜煮とちょろぎを刺して仕上げる。
●前菜、弁当にも向く。

下段

［焚合］
丸大根含ませ煮

丸大根　米の研ぎ汁
八方だし（だし20、味醂1、淡口醤油0.5、塩少量）　追がつお

❶丸大根は3cm厚さの輪切りにする。スジが残らないように皮を厚くむき、器に合わせて銀杏形に切り面取りする。
❷米の研ぎ汁でかためにゆでてアク抜きする。
❸八方だしに追がつおをして1時間ほど煮て含ませ煮にする。
●弁当、薄味にして椀物にも。

新取菜煮浸し

新取菜
胡麻油
合せだし（だし12、味醂0.5、淡口醤油1）

❶新取菜は水洗いして5cmほどに切る。
❷胡麻油少量でさっと炒め、合せだしを新取菜の半分ほど入れて、強火でさっと煮て、緑色が飛ばないように鍋ごと氷水で冷ます。
●先付、箸休め、弁当にも向く。

鈴慈姑八方煮

くわい　くちなしの実
塩八方だし（だし12、味醂1、塩適量）

❶くわいを角と丸の鈴の形にむく。
❷鍋に水を注ぎ、くちなしの実（くわい20個に対して2〜3個が目安）を砕いてガーゼに包んで鍋に入れ、くわいを入れて火にかけてゆで、色づけする。
❸❷のくわいを鍋に移し、塩八方だしを注いで火にかける。くわいに火が通ったら火からおろしてこのまま冷まして味を含める。
●前菜、弁当にも向く。

角人参八方煮

人参
八方だし（だし12、味醂1、淡口醤油1）
　追がつお

❶人参は皮をむき、つの形に切る。
❷八方だしに追がつおをして人参を煮る。
●弁当にも向く。

管山牛蒡含ませ煮

山ごぼう　米糠
八方だし（だし12、味醂1、淡口醤油1）
　追がつお

❶山ごぼうの細い部分を3～5㎝長さに切り、米糠を入れた湯でゆがき、打ち抜き、あるいはごく細い金串を使って芯を抜いて管牛蒡をつくる。
❷八方だしに追がつおをし、管牛蒡を煮含める。
●前菜、弁当にも。

早蕨

蕨　灰
吸地八方だし（↓28頁）　追がつお
針柚子

❶蕨をアク抜きする（↓43頁蕨寿司1）。
❷吸地八方だしを火にかけ、煮立ったら蕨を入れて一煮立ちさせる。鍋ごと冷水につけて冷ます。ガーゼに削りがつおを包んで入れ、2～3時間おいて味を含ませる。水気を切って4㎝ほどに切る。
●弁当、薄味にして吸物、和物に。

以上を盛り合わせて、天に針柚子を盛る。

［飯］

紅白俵物相

赤飯（もち米10、小豆1）
ご飯
胡麻塩

❶赤飯の小豆をたっぷりの水でゆでる。豆が割れないように火加減して、差し水をしながら、ゆっくりと、少しかためにゆで上げる。
❷もち米を洗って水気をきり、小豆のゆで汁に一晩つけておく。
❸水気をきり、ゆでた小豆を混ぜる。セイロにもち布巾を敷き、もち米を平らに入れる。10分間ごとに上下を返しながら、小豆のゆで汁をふる。これを4～5回くり返して40分間ほど蒸す。
❹俵物相に詰めて型押しをして、胡麻塩をつける。
❺ご飯も俵物相で型押しして、胡麻塩をつける。香物を添える。

野菜お節

カラー248～249頁

お節は通常、数日前より仕込みをして、30日または大晦日に仕上げをして、水分をきって盛りつけし、1日おいた元日に食べるので、味がぼけたり、いたみを防ぐために、かつおだしを煮干しだしにかえたり、だしに酒を1～2割加えて煮たり、通常の料理よりも味つけをしっかりとつけるようにする。

私の場合は、お節の煮物はかつおだしを煮干しだしにかえている。

一の皿

［祝肴］

紅白膾

結び昆布　なます用甘酢（↓28頁）
松の実　白煎り胡麻　大根　人参（大根の15%）　塩　昆布
なます用甘酢

❶結び昆布は甘酢に浸して、柔らかくしておく。
❷松の実、白煎り胡麻はそれぞれ香ばしく煎っておく。
❸大根、人参はそれぞれ短冊に切り、2%濃度の塩水に1時間ほどつけてしんなりさせて水気を絞る。大根、人参を混ぜて、甘酢に差し昆布して一晩つける。ラップで軽く押さえてつかる程度の甘酢の量。
❹昆布を取り出し、同じ長さの糸切りにして結ぶ。紅白なますと白煎り胡麻を合わせて盛りつけ、松の実と結び昆布を天盛りにする。
●祝いの先付、前菜、酢物にも。

黒豆蜜煮

黒豆1kg
還元鉄　重曹　塩各大さじ1
砂糖蜜（水4リットル、ざらめ糖1kg）
濃口醤油54ml
紅白ちょろぎ（瓶詰め）
なます用甘酢（↓28頁）

❶黒豆1kgは水洗いしたのち、水4リットルに対して還元鉄（灰黒色の粉末状の鉄。薬局などで購入できる）大さじ1、重曹大さじ1を加えた中に一晩浸しておく。
❷そのまま水ごと大鍋に移し、塩大さじ1を加えて火にかける。沸騰したら、豆がかすかに踊る程度の火加減にし、時々差し水をしながら4時間ほど煮る。豆が柔らかくなったら、静かに水にさらす。冷めたらボウルに移しかえて、水でよくさらし、皮が破れた豆を取り除く。
❸水を入れた鍋に❷の豆を移し、再び火にかけてアクを抜く。沸騰しないように火加減し、30分間ほどこまめにアクをひいたのち、そっと水にさらして、もう一度皮が破れた豆を取り除く。
❹水分をきり、もち布巾に並べ、強火で30分間ほど蒸して水抜きをする。
❺別鍋に砂糖蜜を入れ、蒸した黒豆を入れて火にかける。煮立ったら火を弱め、アクを取り除き、紙蓋をして煮含めたのち、自然に冷ます。
❻3回目の火入れをし、濃口醤油を加えて自然に冷ましてでき上がり。
❼ちょろぎは紅白別々に水洗いして、たっぷりの水に一晩つけて味を抜き、甘酢に一晩つけ直す。
●先付、前菜、甘味にも。

栗きんとん

栗甘露煮　600g
さつま芋1.3kg　くちなしの実3個
合せ蜜（さつま芋裏漉し1kgに対し、水1リットル、砂糖800g、水飴200g、くちなしの実0.5個）
玉あられ

❶さつま芋の皮をむき、1cm厚さに切って冷水にさらす。
❷くちなしの実3個を砕き、ガーゼに包む。鍋にさつま芋とくちなしの実を入れ、水を注いで火にかけて

ゆで、色づけする。冷水で洗って水切りをする。
❸これを蒸し器で蒸し、温かいうちに裏漉しする。
❹合せ蜜をつくる。水、砂糖、水飴、❷のくちなしの実を合わせて火にかけて色づけする。
❺裏漉ししたさつま芋と合せ蜜を鍋に入れて火にかけ、栗甘露煮を加える。鍋を回しながら中火で20分間ほど練り、水分が詰まって栗きんとんが回らなくなったら火からおろし、広げてバットに移す。広げると艶が出る。
❻盛りつけて、天に玉あられを散らす。
●甘味、弁当にも向く。

豆腐味噌漬け

木綿豆腐
味噌漬け床（白粒味噌1kg、酒90ml、味醂36ml、好みで一味唐辛子適量）

❶木綿豆腐を4cmほどの幅に切って、抜き板に上げて3時間ほどおいて水切りをする。
❷オーブン、または天火で焼いて豆腐に火を通す。
❸ガーゼにはさんで、味噌漬け床につけて2日間ほどおく。味噌漬け床は材料の調味料をすべて混ぜ合わせてつくったもの。
❹味噌漬け床から取り出し、食べやすい大きさに切って盛りつける。
●先付、前菜、弁当にもよい。

やさい手綱寿司

かぶ
パプリカ赤・黄
なます用甘酢（↓28頁）
寿司飯＊　白煎り胡麻
三つ葉
はじかみ（↓49頁白瓜小袖寿司6）

＊寿司飯：酢180mlに砂糖100g、塩40gを加えて混ぜ合わせて寿司酢をつくる。米1.8リットルを炊き、上記分量の寿司酢全量を切り混ぜる。

❶かぶ、パプリカはそれぞれ7cm×0.5cm幅の短冊に切りそろえる。薄塩をして30分間ほどおき、しんなりしたら別々に甘酢につける。
❷三つ葉は葉を落とし、熱湯でゆでて、7cmに切って軸三つ葉とする。
❸寿司飯に白煎り胡麻を適量混ぜる。
❹巻き簾にラップを敷いて、赤と黄のパプリカ、かぶ、三つ葉を交互に斜めに敷き詰め、その上に寿司飯を棒状にまとめてのせて巻く。
❺切り出したらラップフィルムを外し、吉野酢を一刷毛塗る。
●前菜、弁当にも向く。

寄せ湯葉刺し身

寄せ湯葉
防風
おろし山葵
割り醤油（だし1、濃口醤油1）

❶寄せ湯葉はすくいたての温かい時点で、流し箱に3cmほどの高さに並べて、冷まして固める。
❷さく取りして切り出し、盛りつける。
❸防風をあしらう。おろし山葵と割り醤油を添える。
●先付、前菜、向付にもよい。

閑山寺麩旨煮

生麩　サラダ油
酒1　だし10　砂糖0.5　味醂1　濃口醤油1
芽甘草

❶生麩をほどよい大きさに丸め、70〜80℃の湯で、まんべんなく熱が入るように混ぜながら1時間ほどゆでる。水にとって冷ます。温度が高すぎるとふやけてしまう。
❷160〜170℃に熱したサラダ油できつね色に揚げる。たっぷりの熱湯で5分間ほどゆでて油抜きする。
❸酒、だし、砂糖、味醂、濃口醤油を加えて煮含める。
❹食べやすい大きさに切り出して盛る。ゆがいた芽甘草を添える。
●先付、前菜、焚合、酢物、弁当にも向く。

松茸旨煮

ころ松茸（冷凍）
酒8　味醂1　砂糖0.5　濃口醤油1　たまり醤油1

❶たまりを除いた調味料を合わせて火にかけ、沸騰したら、ころ松茸を凍ったまま入れて、ことことと煮る。
❷煮汁が2割ほどに詰まったら、たまり醤油を入れて煮汁がなくなるまでころがしながら煮て仕上げる。
●前菜、焚合、弁当にも。

笹巻き麩

生麩
柚子味噌＊

＊柚子味噌：赤田楽味噌にすりおろした柚子を混ぜる。赤田楽味噌は、赤味噌500g、酒180ml、味醂90ml、砂糖250〜200gを合わせて火にかける。弱火で30〜40分間練り、仕上がる5〜6分前に卵黄2.5個を加えて練り上げる。

❶生麩で柚子味噌を包んで、熱湯でゆでる。えびす笹で三角粽に包む。
●前菜、弁当にもよい。

青梅蜜煮

青梅　ミョウバン
食用色素（緑、黄色）
砂糖蜜（水3、砂糖1）
ホワイトリカー（分量の15％）

❶青梅の皮を薄くむき、青梅の重量の3％のミョウバンを溶かした水に2時間つける。
❷青梅を鍋に移し、たっぷりの水を注ぎ、食用色素を加えて（青梅の色が飛ばない程度に色づけする）、火にかける。90℃になったら火からおろし、密封して余熱で火を通す。冷めたら火が通った梅は取り出し、かたい場合はもう一度くり返す。火が通ったら青梅がかぶる程度の水を注ぎ、一晩ねかせて酸味をほどよく抜く。
❸砂糖蜜に❷の青梅を入れ、紙蓋をして火にかけ、90℃になったら火をとめて、自然に冷ます。同じ作業を3回くり返し、3度目に火をとめたときに、ホワイトリカーを加えて自然に冷まし、味を含ませる。
❹冷酒グラスに盛る。
●先付、前菜、弁当、甘味としても。

あんず梅紫蘇風味漬け

干しあんず
梅紫蘇
合せだれ（煮切り酒5、砂糖1、蜂蜜1、塩少量＊）

＊梅紫蘇の塩分で調整する。あんずの5％。

❶干しあんずと梅紫蘇を交互に重ね、軽い重しをする。
❷全体がつかるくらいの合せだれを入れ、1週間ほどつけ込む。
●前菜、弁当、甘味にも。

萵苣薹酒粕漬け（床漬け）

ちしゃとう　塩
粕床（練り粕＊1、白味噌1）

＊練り粕：板粕500g、酒50ml、水400mlを合わせて柔らかくして裏漉しする。

❶ちしゃとうを4cm長さの篠にむき、歯応えが残るように、少量の塩を加えた熱湯でゆで、冷水にとる。
❷水気を切り、薄塩をして、30分間ほどおいて味をなじませる。
❸バットに粕床を広げ、❷のちしゃとうをガーゼにはさんでのせ、上からさらに粕床をかぶせて一晩つける。
❹取り出して盛りつける。
●前菜、弁当にも。

鈴慈姑

くわい　くちなしの実
塩八方だし（だし12、味醂1、塩適量）
追がつお

❶くわいを角と丸の鈴に見立ててむく。
❷鍋に水を注ぎ、くちなしの実（くわい20個に対して2〜3個が目安）を砕いてガーゼに包んで鍋に入れ、くわいを入れて火にかけてゆで、色づけする。
❸❷のくわいを鍋に移し、塩八方だしに追がつおをして火にかける。くわいに火が通ったら、火からおろしてこのまま冷まして味を含める。
●前菜、焚合、弁当にもよい。

干し柿百合根射込み （↓274頁）

青味大根　もろ味噌

青味大根
塩水（2％濃度）　昆布
もろ味噌

❶青味大根は皮をむき、葉のつけ根を掃除する。ぬらした新聞紙で葉を1本ずつ巻いて包む。
❷新聞紙に金串を通して大根の白い部分だけ湯につかるような状態で吊って鍋に入れ、しんなりする程度にゆでて、冷水にとる。
❸白い部分だけを昆布を入れた塩水につけて、味をなじませる。葉はつけないように注意する。
❹もろ味噌を添えて供する。
●先付、前菜、焼物のあしらいにも。

紅白やさい酢漬け松葉刺し

かぶ　人参　塩
なます用甘酢（↓28頁）　昆布　たかのつめ

❶かぶと人参をくり抜き器で丸くくり抜く。
❷薄塩をして2～3時間おいたのち、甘酢につけ、昆布と種を除いたたかのつめを数本入れて一晩おく。
❸根元を結んだ大王松に、かぶと人参を刺す。
●先付、前菜、酢物、弁当にも。

二の皿

［口取・焼物］

胡桃甘露煮

くるみ　サラダ油　合せだれ（酒1、味醂1、濃口醤油1、砂糖1、水飴0.5）
芥子の実

❶渋皮をむいたくるみを用意し、170℃のサラダ油で揚げて熱湯をかけ、油抜きする。
❷水飴以外の合せだれの調味料を合わせてくるみがひたるくらい注いで、❶のくるみを煮る。煮汁が少なくなったら水飴を入れ、煮汁を詰め、からめて仕上げる。
❸芥子の実を適量ふる。
●先付、前菜、弁当にも向く。

山くらげキンピラ

山くらげ　胡麻油
合せだれ（酒1、味醂2、濃口醤油2）
一味唐辛子

❶山くらげはたっぷりの水に一晩つけて戻す。軽くもみ洗いして水をきり、3～4cm長さに切りそろえる。
❷胡麻油でさっと炒めて、合わせだれを入れ、きんぴらの要領で炒め煮にして、一味唐辛子を好みの辛さにふりかけて仕上げる。
●先付、前菜、弁当にもよい。

勾玉海老芋西京焼き

海老芋　塩
味噌漬け床＊

＊味噌漬け床：白粒味噌1kg、酒90ml、味醂36mlを混ぜ合わせる。好みで一味唐辛子を入れてもよい。

❶海老芋は勾玉の形にむき、研ぎ汁でかためにゆでてアク抜きする。
❷薄塩をあてて1時間ほどおき、水分をふいて下味をつける。
❸ガーゼにはさんで味噌漬け床に4～5日間つける。
❹オーブンまたは焼き台の弱火でこんがりと焼く。
●先付、前菜、焼物、弁当にもよい。

花蓮根酢漬け

蓮根　酢　塩
甘酢（水5、酢2、砂糖1.5、塩少量）
爪昆布　たかのつめ

❶蓮根は細めのものを選ぶ。切り口が花の形になるよう、穴に沿ってむく。
❷熱湯に酢少量を加え、歯応えが残るようにさっとゆで、ザルに上げて塩を少量ふって冷ます。
❸甘酢に蓮根を入れ、爪昆布と種を取り除いたたかのつめを加えて一晩つけ込む。
❹蓮根をほどよい厚さに切って盛る。たかのつめの輪切りを散らす。
●前菜、焼物のあしらい、酢物、弁当にも。

はじかみ（↓49頁白瓜小袖寿司6）

海老芋柚香焼き

海老芋　米の研ぎ汁
合せだれ（酒4、味醂1.5、濃口醤油1、輪切り柚子適量）
柚子

❶海老芋は皮をむき、4等分のくし形に切り、面取りする。米の研ぎ汁でゆでてアク抜きをする。
❷合せだれに一晩つける。
❸平串を打ち、4～5回合せだれをかけながらこんがりと焼き、おろした柚子をふる。かけだれは合せだれを少し煮詰めて使う。
●前菜、焼物、弁当にもよい。

カリフラワーアチャラ漬け

カリフラワー　塩
はじかみ用甘酢（↓28頁）　昆布　たかのつめ

❶カリフラワーは一口大に切り分

け、塩を入れた熱湯で歯応えを残してゆでる。ザルに上げて塩をふり、冷風で冷ます。

❷昆布とたかのつめを入れた甘酢につけて用いる。

●前菜、焼物のあしらい、酢物、弁当に。

菊花かぶら酢漬け

かぶ　塩　昆布

なます用甘酢（↓28頁）　昆布　たかのつめ

❶かぶは皮をむき、3cm厚さの輪切りにする。かぶをはさんで手前と向うに割り箸を置いて下まで切り落とさないように細かく包丁目を入れる。90度向きをかえ、同様に細かく包丁目を入れて、格子に切る。

❷塩水（3％濃度）に昆布を入れて、かぶを1時間ほどつける。

❸かぶを軽く絞り、たかのつめと昆布を入れた甘酢に一晩つける。

❹かぶを裏から2cm角に切り分け、切り目を入れた側を花びらのように広げて、たかのつめを輪切りにして中心に飾る。

●前菜、焼物のあしらい、酢物、弁当に。

一寸豆艶煮

そら豆　塩

砂糖蜜（水1、砂糖1、塩少量）

❶そら豆はサヤから取り出して薄皮をむき、薄塩をして軽くもんで水洗いする。

❷鍋に移してそら豆がつかる分量の砂糖蜜を入れる。紙蓋をして沸騰させないように弱火で10分間ほど煮て火を通し、鍋ごと冷水につけて冷ます。煮くずれしないように注意する。

●前菜、弁当、甘味にも。

太鼓長芋龍田揚げ

長芋

つけだれ（酒2、味醂1、濃口醤油2）

片栗粉　サラダ油

❶長芋は皮をむき、金切り用ノコギリで輪切りにする。水洗いしてぬめりをふき取り、1時間ほどつけだれ（火を入れず調味料を合わせる）につける。

❷たれを別容器に移し、容器にはたれを少し残した状態で長芋に片栗粉をたっぷりとつけて、160～170℃に熱したサラダ油で、長芋のさくさくした食感が残るように揚げる。

●前菜、揚物、弁当にもよい。

花百合根甘煮　梅肉

百合根　塩

砂糖蜜（水3、砂糖1）

梅肉（甘塩梅干し10個、砂糖小さじ1、煮切り酒適量）

❶百合根は水洗いして、直径4cmくらいになるように形取り、花のように飾り切りをする。薄塩をして蒸し器に並べ、ぬれたサラシをかけて中火で蒸す。

❷鍋に百合根を並べて、完全につかるくらい砂糖蜜を注いで、紙蓋をして弱火で含め煮にする。煮くずれないように注意する。

❸百合根の中心に梅肉を落とし、山茶花の枝を添えて盛りつけ、山茶花の花に見立てる。梅肉は、梅干しを裏漉しし、砂糖を混ぜる。煮切り酒を適量加えて濃度を調節する。

●前菜、弁当、甘味にも。

八つ橋山牛蒡胡麻たれ焼き

山ごぼう　濃口八方だし（煮干しだし12、味醂1、濃口醤油1）

胡麻だれ（白あたり胡麻100g、卵白1個、煮切り酒、淡口醤油、味醂各少量）

❶山ごぼうの太い部分を4cm長さに切り、縦半分に割る。芯抜きで中心をくり抜いて、八つ橋の形に整える。

❷濃口八方だしで、山ごぼうの歯応えが残るくらいに煮る。

❸山ごぼうの汁気をきり、弱火の天火であぶる。胡麻だれを薄く塗って天火で乾かす。乾いたら取り出して胡麻だれを塗る。これを3～4回くり返す。

●前菜、焼物、弁当にも向く。

大葉百合根松の実焼き

百合根　塩　砂糖蜜（水2、砂糖1）

松の実　卵黄　塩

❶百合根を1枚ずつばらし、大きな鱗片の黒い部分を削って掃除する。薄塩をふって、蒸し器で蒸す。

❷蒸した百合根を冷たい砂糖蜜につける。

❸煎った松の実に卵黄をからませ、塩少量で味をつける。

❹百合根の水分をきり、松の実をのせて天火であぶる。

●前菜、焼物のあしらい、弁当にも。

湯葉と牛蒡の八幡巻き

引き上げ湯葉
ごぼう　米糠
八方だし（だし8、味醂1、淡口醤油1）

❶ごぼうは水洗いし、30㎝ほどの長さに切り、米糠を加えた水からゆでたのち、八方だしでさっと煮て下味をつける。
❷引き上げ湯葉で❶のごぼうをらせんに巻き、両端を竹皮紐で結んでとめる。
❸八方だしで煮て味を含める。湯葉が柔らかくなったら、そのまま自然に冷ます。
❹平串を打って、煮汁を3回ほどかけながら表面をこんがりと焼く。
❺串を外して切り出す。青柚子の皮のすりおろしなどをふってもよい。
●前菜、焼物、弁当に向く。

葉付き金柑甘露煮

金柑（葉つき）　塩
砂糖蜜（水1、砂糖1）

❶金柑はきれいな葉を2枚つけて枝を切る。包丁の刃元で実に縦の切り目を8本ほど深めに入れる。
❷熱湯を沸かし、塩を加えて❶の金柑を柔らかくなるまでゆでる。すぐに冷水にとり、切り目から竹串を入れて中の種をすべて取り除く。たっぷりの水につけて一晩おき、ほどよくアク抜きをする。
❸金柑をザルに上げて水分をきり、20分間強火で蒸して水抜きをする。
❹金柑を鍋に移し、砂糖蜜をかぶるくらい注ぎ、紙蓋をして中火にかけ、砂糖蜜が半分くらいになるまで煮詰める。
●前菜、焼物のあしらい、弁当、甘味にも。

のし梅　酒粕博多揚げ

のし梅
板粕
薄力粉　天ぷら衣＊　サラダ油　塩

＊天ぷら衣：冷水360㎖に卵黄1個分を混ぜて卵水をつくり、ふるった薄力粉250gと合わせてさっくりと混ぜる。完全に混ざらなくてよい。

❶板粕をのし梅と同じ大きさにそろえて切る。
❷板粕とのし梅を2枚ずつ博多に重ねる。薄力粉を薄くまぶし、天ぷら衣にくぐらせて、170℃のサラダ油で揚げる。天ぷら衣は、通常よりも少し薄力粉を増やして濃いめにつくる。
❸薄塩をして切り出し、盛りつける。
●先付、前菜、弁当にも向く。

叩き酢牛蒡

山ごぼう　酢
なます用甘酢（→28頁）
胡麻酢（白胡麻100g、土佐酢100㎖→28頁）
白切り胡麻

❶山ごぼうは水洗いして4㎝長さに切る。太い部分は半割または4等分に割って酢水にさらす。
❷熱湯に酢を少量加え、❶の山ごぼうを入れて、歯応えを残してゆでる。ザルに上げ、あおいで冷ます。形がくずれないよう加減しながらすりこ木で軽く叩いて甘酢につける。
❸水気をきり、胡麻酢で和える。胡麻酢は白胡麻をよく煎り、すり鉢で半ずりにして、土佐酢でのばして味を調えて、とろりとした状態に仕上げたもの。ここでは砂糖は加えない。
❹器に盛りつけ、天に切り胡麻をふる。
●先付、前菜、酢物にも向く。

紅白梅花やさい酢漬け

かぶ　人参　塩
甘酢（水5、酢2、砂糖1.5、塩少量）

❶かぶと人参を梅花の抜き型で抜いてねじり梅をつくる。
❷薄塩をして2〜3時間おいたのち、甘酢につけ、昆布と種を取り除いたたかのつめを数本入れて一晩おく。
●前菜、焼物や弁当のあしらいにも。

三の鉢

［焚合せ］
里芋

里芋　米の研ぎ汁
八方だし（煮干しだし12、酒1、味醂1、淡口醤油1）　煮干し

❶里芋は天地を3㎝に切りそろえ、一口大の六方にむく。米の研ぎ汁で

竹串がやっと通るくらいかためにゆでる。通常は直焚きにするが、お節の場合は日持ちするよう、下ゆでしてぬめりを取っておく。
❷八方だしにガーゼで包んだ煮干し（頭と腹を抜く）を入れて、里芋を含ませ煮にする。
●焚合、弁当にも。

花蓮根

蓮根　酢
八方だし（煮干しだし12、酒1、味醂1、淡口醤油1）　煮干し

❶蓮根は細い部分を使う。両端を切り落として穴に沿って花にむき、5mm厚さに切る。流水にさらしたのち、酢をたらした熱湯で歯応えを残してゆでる。
❷八方だしにガーゼで包んだ煮干し（頭と腹を抜く）を入れて、蓮根を含ませ煮にする。
●焚合、弁当にも。

芽慈姑

芽くわい　くちなしの実
八方だし（煮干しだし12、酒1、味醂1、淡口醤油1）　煮干し

❶芽くわいの芽を適当に残して六方にむく。ガーゼに包んだくちなしの実を入れた水でくわいをゆでて色をつける。
❷八方だしにガーゼで包んだ煮干し（頭と腹を抜く）を入れて、芽くわいを含ませ煮にする。
●前菜、弁当にもよい。

松笠慈姑

くわい　サラダ油
八方だし（煮干しだし12、味醂1、淡口醤油1）　煮干し

❶くわいを松笠に見立ててむき、180℃に熱したサラダ油で素揚げする。こんがりと色づくように揚げ色をつける。
❷揚げたてのくわいに熱湯をかけて、油抜きする。
❸くわいを鍋に移し、ガーゼで包んだ煮干し（頭と腹を抜く）を入れて、くわいを含ませ煮にする。火が通ったら火からおろしてこのまま自然に冷まして味を含める。
●前菜、弁当にも。

筍

筍　米糠　たかのつめ
八方だし（煮干しだし12、酒1、味醂1、淡口醤油1）　煮干し

❶筍のアクを抜く。筍は皮つきのまま穂先を斜めに切り落とし、皮に縦に切り込みを入れて、米糠、たかのつめを加えた水で3時間ほどゆでる。根元に串がすっと入ったらゆで上がり。火をとめてそのまま冷ましてアクを抜く。冷めたら絹皮（姫皮）を残して皮をむき、きれいに洗って冷水につけておく。
❷一口大に切って、八方だしにガーゼで包んだ煮干し（頭と腹を抜く）を入れて、筍を含ませ煮にする。
●焚合、弁当にも。

梅人参

人参
八方だし（煮干しだし12、酒1、味醂0.5、淡口醤油）　煮干し

❶人参を1cm厚さの輪切りにする。梅花の型抜きで抜き、ねじり梅にする。熱湯でさっとゆでてアク抜きをする。
❷八方だしにガーゼで包んだ煮干し（頭と腹を抜く）を入れて、人参を含ませ煮にする。
●焚合、弁当にも。

勝栗

勝栗　米の研ぎ汁
濃口八方だし（煮干しだし8、酒1、味醂1.5、濃口醤油1）　煮干し

❶勝栗をたっぷりの米の研ぎ汁に二昼夜つけて戻し、水洗いする。
❷水をとりかえて土鍋に移し、アクを取りながら弱火で2時間ほど煮戻す。途中差し水をしながら煮る。
❸湯がにごってくるので、水をかえて火にかける。この作業を3〜4回くり返す。割れやすいので注意。
❹味が淡白なので、濃口八方だしにガーゼで包んだ煮干し（頭と腹を抜く）を入れて、勝栗を含ませ煮にする。
●前菜、焚合、弁当にも。

管牛蒡

新ごぼう　米糠
八方だし（煮干しだし10、味醂1、淡口醤油1）　煮干し

❶新ごぼうの細い部分を3〜5cm長さに切り、米糠を入れた湯でゆがき、打ち抜きか、ごく細い金串を使って芯を抜いて管牛蒡をつくる。
❷八方だしにガーゼで包んだ煮干し

（頭と腹を抜く）を入れて、管牛蒡を含ませ煮にする。

●前菜、吸物、焚合にも。

椎茸

干し椎茸　砂糖
戻し汁4　煮干しだし4　酒1　味醂1.5
濃口醤油1

❶小粒のどんこ椎茸を砂糖を一つまみ入れたぬるま湯に一晩つけて戻す。石突きを切り取る。
❷椎茸の戻し汁を水嚢で漉して火にかけ、2～3時間ほど差し水をしながら柔らかく煮る。
❸柔らかくなったら同量の煮干しだし、酒、味醂、濃口醤油を入れて含ませ煮にする。

●焚合、弁当にも。

有平蒟蒻

こんにゃく
濃口八方だし（煮干しだし8、味醂1、濃口醤油1）　煮干し

❶こんにゃくは短冊に切り、中央に切り目を入れて、有平によって、下ゆでする。
❷濃口八方だしにガーゼで包んだ煮干し（頭と腹を抜く）を入れて、こんにゃくを含ませ煮にする。こんにゃくは煮すぎると縮むので、短時間で煮る。

●焚合、弁当にもよい。

手まり麩

手まり麩
八方だし（煮干しだし8、味醂1、塩少量、淡口醤油0.5）　煮干し

❶手まり麩を戻し、八方だしにガーゼで包んだ煮干し（頭と腹を抜く）を入れて、手まり麩を含ませ煮にする。煮すぎると変形するのでさっと煮る。

●吸物のあしらい、焚合にも。

早蕨

蕨　灰
八方だし（煮干しだし8、酒1、味醂0.2、塩、淡口醤油各少量）

❶蕨をアク抜きする。熱湯に灰（蕨の1割ほど）を入れて蕨をゆで、水にさらしてアク抜きをし、3cm長さに切る。
❷八方だしを火にかけ、煮立ったら蕨を一煮立ちさせる。鍋ごと冷水につけて冷ます。

●焚合、弁当、味を薄くして吸物、酢物、和物にも。

菜の花

菜花　塩
八方だし（煮干しだし8、酒1、味醂0.2、塩少量、淡口醤油少量）

❶菜花は塩を入れた熱湯でゆでて冷水にとって軽く絞り、4cm長さに切る。
❷八方だしを火にかけ、煮立ったら菜花をさっと煮立てて鍋ごと冷水につける。色がとばないように、鍋をくるくる回しながら手早く冷まし、味を含ませる。

●先付、前菜、焚合にも。

梅麩

梅麩
八方だし（煮干しだし8、酒1、味醂1、塩少量、淡口醤油0.5）　煮干し

❶棒状の梅麩を1cmほどの厚さに切り、八方だしにガーゼで包んだ煮干し（頭と腹を抜く）を入れて、梅麩を含ませ煮にする。煮すぎると変形するのでさっと煮る。

●焚合、弁当、味を薄くして吸物としても。

蕗青煮

蕗　塩
八方だし（煮干しだし8、酒1、味醂0.2、塩少量、淡口醤油少量）

❶蕗は鍋に入る長さに切って水洗いする。軽く塩もみしてから、塩を入れた熱湯で色よくゆでる。冷水にとって冷まし、皮をむいて4cm長さに切る。
❷八方だしを火にかけ、煮立ったら蕗を入れて、さっと煮立てて鍋ごと冷水につける。色がとばないように、鍋をくるくる回しながら手早く冷まし、味を含ませる。

●先付、前菜、焚合、弁当にも。

松葉柚子（解説省略）

野菜かいせき●材料別料理さくいん

材料別料理さくいん

●著者紹介

田中博敏［たなか・ひろとし］

一九四九年長崎県生まれ。長崎料理店「吉宗」に入社。日本料理の修業をはじめる。その後、関西に移り、「割烹豊仙」「ホテル白雲荘」「箕面観光ホテル」「峰山和久傳」を経て、滋賀「ホテルレークビワ」で熊野保氏の師事を受ける。

一九七四年㈱灘萬（現在㈱なだ万）に入社し、「帝国ホテル店」勤務となる。一九八〇年「仙台東急ホテル店」の料理長に就任。一九八五年には、本店「山茶花荘」調理長となり、その後㈱なだ万の調理部長を歴任し、一九九七年には「なだ万厨房」取締役調理部長の任に就く。この間、一九八六年には、東京サミットにて、中曽根総理大臣主催の公式晩餐会の調理担当を任命され、腕をふるう。

一九九九年㈱黒茶屋の総料理長となり、「井中居」の料理長を兼務する。現在は同社を退社し、日本料理アドバイザーとして後進の指導にあたっている。

また、二〇〇五年に開催された愛知万博にちなみ、㈱ジェイアール東海の新幹線および構内で販売している「味博覧」や「野菜たっぷり幕の内」などの弁当のメニュー開発を行なうなど、多方面で幅広い活躍をしている。主な著書に『日本料理大皿の盛り込みと提供の工夫（共著）』『お通し前菜便利集』『旬ごはんとごはんがわり』（ともに柴田書店刊）がある。

●協力

井中居
〒198-0022
東京都青梅市藤橋二-三-二
電話　〇四二八-三〇-一六六一

うつわ屋文尚
〒177-0053
東京都練馬区関町南二-三-五
電話　〇三-五九九一-〇七七九

飯能窯
〒357-0051
埼玉県飯能市大字苅生二八-一
電話　〇四二-九七三-九〇九九

野菜かいせき

先付から甘味まで野菜料理五九〇品

初版発行●二〇〇八年八月二〇日
七版発行●二〇一八年一一月三〇日

著者©●田中博敏［たなか・ひろとし］

発行者●丸山兼一
発行所●株式会社柴田書店
〒一一三-八四七七　東京都文京区湯島三-二六-九　イヤサカビル
電話●書籍編集部　〇三-五八一六-八二六〇　営業部　〇三-五八一六-八二八二（注文・問合せ）
ホームページ●http://www.shibatashoten.co.jp
印刷所●凸版印刷株式会社
製本所●凸版印刷株式会社
ISBN 978-4-388-06037-5